大学における
書く力 考える力

認知心理学の知見をもとに

井下 千以子【著】

東信堂

　　　　　　まえがき

　「書く力」を突き詰めていくと、結局「考える力」が大事だということになる。「書くこと」に真剣に向き合ってきた人であれば、誰でも皆そう感じているのではないか。
　本書は「大学における書く力考える力とは何か」「いかに育むか」という問題を、認知心理学の知見をもとに基礎的理論的研究と応用的実践的研究の両面から探究したものである。筆者はこれまでにも「書くことの教育」をテーマとして理論的考察に基づき授業をデザインし、それを自らの授業実践として記述分析してきた。本書ではそれを学士課程カリキュラムにどう意味づけ位置づけていくかという観点から考察している。
　本書は、10章から成っている。序章としての第1章、理論編としての第2章から第5章、実践編としての第6章から第9章、終章としての第10章である。各章の内容を素描しよう。
　第1章では、大学における書く力考える力を「ディシプリンでの学習経験を自分にとって意味のある知識として再構造化する力」と定義し、本書のねらいが「書くこと考えることの教育」をデザインすることに留まらず、学士課程教育や初年次教育のあり方、大学での学びとは何かを問い直すことにあることを明らかにした。
　第2章では、大学における文章表現教育の歩みを5つの発達段階に分析することを通じて、ディシプリン・教養・学習技術という文章表現教育の3要素を導き出した。さらに、これまでの研究方法をレビューし、理論的研究か実践的研究かの選択ではなく、その対立を越えていくところに新しい研究の方向性があることを指摘した。
　第3章では、学士課程における教育内容を区分し、授業形態を類型化する

ことによって、それらの授業で指導対象としているライティングの方略の違いを知識獲得の観点から比較した。さらに、ディシプリンでの学習経験を高いレベルで転移させていくには、知識構成型ライティングに「教養」の要素を導入する指導や、専門教養科目の役割が重要であると指摘し、それを学士課程カリキュラムの全体構図に位置づけていく必要があることを示唆した。

第4章では、看護記録の認知に関する質的調査研究から導き出された「看護学生の自律を促すメタ認知の発達段階モデル」をもとに、大学での文章表現教育のねらいを定めていく上で重要な視点となる「メタ認知の教育」と「転移」の問題について考察した。

第5章では、看護学生の認知モデルを一般化し、「高次の転移を促すメタ認知的気づきのある学習環境モデル」を提示した。そのモデルをもとに、いかに授業をデザインするか、カリキュラムをデザインするか、書く力考える力を育む学士課程教育をデザインするための視点とその手順を示した。

実践編は、第6章「考えるプロセスを支援する」、第7章「議論することを支援する」、第8章「初年次の学生の学びを支援する」、第9章「専門分野での学びを支援する」から成る。理論編での考察に基づき、デザインし、実施した、筆者の授業実践記録である。ねらいや内容構成については、実践編の冒頭で詳述しているので、ここでは省略する。

終章の第10章では、現職を持つ社会人や社会人大学院生を対象とした筆者の授業実践について言及し、社会人学習者にとっての「書くこと」の意味や、深い学びへと誘う授業のあり方について検討した。

さらに、組織的取組みとしては今後どのような方向が考えられるか、組織におけるライティングセンターの役割について、単に読み書きクリニックに留めることのないよう、大学の教育力向上という観点からFDも視野に入れて考察し、むすびとした。

ここで、本書の成り立ちについて少しふれておきたい。本書は、2006年6月に大学教育学会第1回奨励賞を受賞した論文を軸として構成されている。受賞の対象となった、大学教育学会誌に掲載された論文は、次の3本である。

「高等教育における文章表現教育プログラムの開発――メタ認知を促す授業実践――」23(2), 2001.
「考えるプロセスを支援する文章表現指導法の提案」24(2), 2002.
「学士課程教育における日本語表現教育の意味と位置――知識の構造化を支援するカリキュラム開発に向けて――」27(2), 2005.

　当初の執筆計画では、これらの受賞論文を軸として、その他の論文や学会発表も含めれば、何とか体裁を成すのではないかと簡単に考えていた。が、結局、第3章、第6章、第7章以外は、ほとんど書き下ろしに近い内容となった。たとえば第4章の看護記録の研究はデータを再分析して書き直し、大学教育研究へとつなげている。

　本書では、このように、書く力考える力を育む学士課程教育のデザインを探究することを通じて、大学での学びとは何か、深い学びへと誘う授業やカリキュラムのあり方について考えていくことにしよう。

大学における書く力考える力——認知心理学の知見をもとに——／目次

まえがき……………………………………………………………… i

第1章　書く力考える力を育む学士課程教育の
　　　　デザインに向けて ……………………………………… 3

1. 大学における書く力考える力とは何か ……………………… 3
    1　書く力と大学での学び　3
    2　学士課程教育と知識　5
    3　初年次教育とディシプリン　7
    4　認知心理学と学習観　8

◇　理　論　編　◇

第2章　文章表現に関連する教育と研究方法の
　　　　問題 …………………………………………………………12

1. 大学の文章表現教育はどのように発展してきたか …………12
    1　発達の5段階　13
    【黎明期】読み書き教育に対する問題意識の芽生え　13
    【草創期】日本語表現科目の創設　13
    【普及期】初年次教育としての文章表現科目の位置の確立　15
    【転換期】転換点に立ち、模索する多様な取組みの4類型　17
    【発展期】ディシプリンと教養が発展の鍵　21
    　　　　　文章表現に関連する取組みの基本3要素：
    　　　　　学習技術、ディシプリン、教養（21）
    2　文章表現教育にディシプリンと教養をどう位置づけるか　22
    　ディシプリンとは何か（22）
    　教養教育とは何か（23）
    　4類型の授業を学士課程カリキュラムにどう位置づけるか（24）
    　ディシプリンとの関係性をどう築いていくか（25）

2. 研究方法の問題 …………………………………………………26
    1　高等教育研究の鳥瞰図　26
    2　心理学研究と教育実践　27
    3　文章産出研究と教育実践　29
    4　「研究の棲み分け」ではなく「研究の統合」　31

第3章　学士課程教育における文章表現教育の意味と位置 ……………33
——知識の構造化を支援するカリキュラム開発に向けて

1. 文章表現教育とカリキュラム ………………………………………33
   1. 文章表現科目の何が問題か　33
   2. ポートランド州立大学の学士課程カリキュラム改革　34
   3. 知識獲得と転移観——学習はいかに転移するのか　35
   4. カリキュラムには転移観が反映する　37
   5. 本章の目的　37

2. 学士課程における教育内容の区分 ……………………………………38
   1. 教育内容の区分　39
   2. 図3-1の目的　39

3. ライティングの方略からカリキュラムを考える ………………40
   1. ライティングを取り入れた授業の類型化　40
   2. ライティングの方略　41
   3. 方略モデルの問題点　42
   4. 心理学実験演習でのレポート課題　43
   5. 知識構成型ライティングは教えられるか　44

4. 知識の構造化を支援する授業デザイン ………………………………46
   1. 知識構成型ライティングを取り入れた授業例　46
   2. 教養とは自らを相対化すること　47

5. 知識の構造化を支援するカリキュラム ……………………………48

6. 研究の方法について ……………………………………………………50

第4章　基礎研究から教育のねらいを定める：
　　　　メタ認知の発達と教育 ………………………………………53
——看護記録に関するグループインタビューの分析から

1. 研究の背景と目的 ………………………………………………………54
   1. 看護記録とは　54
   2. これまでの看護記録に関する問題　56
   3. 研究の枠組みと目的　58
   4. 方法論の検討　60

2. 【調査1】看護学生と看護師に対するグループインタビュー ……61
   ——「記録の認知」の発達に着目して

1　目　的　61
　　　2　調査方法　61
　　　3　発話分析——中堅看護師・新人看護師・看護学生の発話内容の比較　64
　　　4　考　察——看護師と看護学生が認知した記録の問題　69
　　3.【調査2】看護学生に対する個人インタビュー …………………70
　　　　　　　　——臨床実習記録におけるメタ認知活動と転移に着目して
　　　1　目　的　70
　　　2　調査方法　71
　　　3　発話分析——実習前と実習後の「記録の認知」の比較　73
　　　4　考　察——看護学生の自律を促すメタ認知の発達段階モデルの導出　76
　　4．まとめ—— Benner の看護論とモニタリング ……………………81
　　5．おわりに——看護研究から大学教育研究に向けて ………………84
第5章　学習環境をデザインする ………………………………………88
　　　　——高次の転移を促すメタ認知的気づきのある学習環境のデザイン
　　1．「学習環境をデザインする」とは ……………………………………88
　　2．高次の転移を促すメタ認知的気づきのある学習環境モデル
　　　の導出 ……………………………………………………………………90
　　3．大学の授業をデザインする ……………………………………………92
　　　　——ラーニング・ポートフォリオとティーチング・ポートフォリオの活用
　　4．学士課程カリキュラムをデザインするための4つの視点 ………97

◇　実　践　編　◇

実践編のまえに …………………………………………………………104
　　1．認知心理学の知見をどのように授業デザインに
　　　活かしていくのか………………………………………………………104
　　2．実践編の構成 …………………………………………………………106
　　3．実践編のねらい ………………………………………………………108
　　4．実践編の記載様式と FD ……………………………………………109
第6章　考えるプロセスを支援する ……………………………………112
　　1．はじめに：問題と目的 ………………………………………………113

2. 理論的背景 …………………………………………………115
   3. 「書くことを通して考えるプロセスを支援する」
      授業実践 ……………………………………………………117
   4. 授業実践の結果 ……………………………………………120
   5. 考　察 ………………………………………………………128
   6. 今後の課題 …………………………………………………129
第7章　議論することを支援する …………………………………131
   1. 授業成立の経緯 ……………………………………………133
      1　「学びの導入教育」に「表現指導」が組み入れられた経緯　133
      2　授業計画の立案　134
   2. 「学びを支援する表現指導」とは ………………………138
      1　「学びを支援する表現指導」の目標とその理論的背景　138
      2　何を指導するのか──表現指導の対象　140
   3. 表現指導は授業でどのように展開されたか ……………141
      ──指導内容とポートフォリオ学習の概要
   4. 表現指導は学生にどのように受け入れられたか ………157
      ──学生による授業評価と最終レポートをもとに
      1　学生による授業評価から　157
      2　学び探求レポート　164
   5. 「学びを支援する表現指導」の成果と今後の課題 ……166
      1　学びを支援する表現指導の3つの成果　166
      2　今後に向けた表現指導の課題　168
第8章　初年次の学生の学びを支援する …………………………183
   1. 初年次支援プログラム「大学での学びと経験」…………185
   2. 「学び経験レポート」………………………………………186
第9章　専門教養科目での学びを支援する ………………………193
   1. 「心理学概論」の授業………………………………………193
      1　問題と目的　195
      2　授業におけるレポート作成指導とワークシート　196
      3　レポート作成指導の効果　197

4　今後の可能性　200
2.「生涯発達心理学」の授業……………………………………………201
　　　1　学び確認レポート：ディシプリンでの学びを確認する　204
　　　2　学び深化レポート：ディシプリンでの学びを深める　209
　　　3　学生による授業評価　215
3.　専門教養科目「生涯発達心理学」の授業における
　　　レポート指導を振り返って……………………………………216

第10章　「転移」につながる文章表現教育　……………………219
　　　　　──深い学びを目指して

1.　現職を持つ社会人の教育…………………………………………220
　　　　──多様な学生のニーズから授業を「創発」する
　　　1　現役看護師の看護研究研修を担当して　220
　　　2　現職を持つ社会人大学院生の授業を担当して　222
　　　　　a．京都大学大学院教育学研究科の授業（222）
　　　　　b．桜美林大学大学院大学アドミニストレーション研究科の授業（224）
　　　3　多様な学生のニーズから、授業を「創発」する　225
2.　転移につながる文章表現カリキュラム………………………227
　　　　──組織として取り組むには
　　　1　Writing Across the Curriculum の本当の意味　227
　　　2　ライティングセンターの位置づけ　229
　　　3　ライティングセンターとFD　235
　　　4　研究と実践の往復──深い学びを目指して　236

引用文献　………………………………………………………………237
【初出一覧】………………………………………………………………246
あとがき　………………………………………………………………249
事項索引　………………………………………………………………254
人名索引　………………………………………………………………259

大学における書く力考える力
――認知心理学の知見をもとに――

第1章
書く力考える力を育む学士課程教育のデザインに向けて

1. 大学における書く力考える力とは何か

1　書く力と大学での学び

　大学において「書く」という活動は様々な場面で求められる。あらゆる授業において、また就職活動においても「書くこと」が求められる。そして学生は「書いたもの」によって評価されてきた。しかし、本書は「どう書いたらよりよく評価されるか」といったようなスキルを磨くことに応えるものではない。むしろ、「書く」ということが学生にとって、また人としてどのような意味を持つのか、学生が自分にとって意味あるように書くということはどういうことなのかという根源的な問いと向き合い、学生が自分にとって意味あるように書くためにはどう支援したらよいのか、その具体的な試みを大学教育に位置づけて検討したものである。

　本書では、書くという行為を認知心理学の枠組みから人間の内的知識表現の一つとして捉えている。すなわち、本書で扱う「書く力」とは文法知識や文章作法を基礎とする修辞能力だけを指すのではなく、「ことばで思考し、ことばに表現することを通して自己を認識するという内的にして知的な行為」と捉え、それを文章として具現化する力のことを指している。さらにそうした能力を高めることを目的とする教育を本書では「文章表現教育」と定義し、アカデミックな論文形式の習得や実学と直結し定型的な文書作成を目的とする「形式技術重視訓練」とは明確に区別している。

　もちろん、基礎となる知識や技術の習得を軽視するということではない。

むしろ、その基礎の上に立ち、「学生自らが主体的に書くこと考えることによって、学びをメタ的に俯瞰し、自分にとって意味ある知識として再構築することができる」というところに本書で扱う「大学での文章表現教育」が目指すところがある。認知心理学的に言えば、「知識の再構造化(再体制化)」とも言い換えることができる。

つまり、書くという行為を通して、自分は何に関心があるのかを考え、自分が明らかにしたいことあるいは明らかにしたことは何かとか、自分が伝えたいことや主張したいことは何かなど、「知識を自分に引き寄せて意味づけし直し、学んだこと学んでいることを自分のことばでいかに表現できるか」というところにねらいがある。なぜなら、そこにこそ「大学での学び」の本質があると考えるからである。

であるならば、従来の「生活綴り方教育」とはどう異なるのか。出来事作文や感想文など日常の出来事や自分の思いをそのまま素直に表出させることで子どもたちの自由な発想と情緒的な発達を促そうとしてきた生活綴り方教育は、初等中等教育において歴史と実績がある。日常での生活経験を基軸とし、書くことを通して生きることそして自己を見つめさせる教育でもあった。また、学校教育ではないが、随筆講座・文章教室・自己表現セミナー、ブログなどの様々なソーシャル・ネットワーキング・サービスも含めて、書くことは日々の生活を通して生きていることを自覚的に受けとめ、それを相手に伝える行為であり、表現したい伝えたいという人間の根源的な欲求を満たすための行為であるとも言えよう。

では、それらと大学での文章表現教育には違いはあるのか。大学教育においては何が重要なのか。大学で学生が育むべき書く力考える力とは何なのか。本書では、その違いをディシプリン(学問分野)での学習経験にあると考えている。ディシプリンでの学習経験から得た知識を、学生自身が自分にとって自分の人生において意味ある知識として再構築できるかどうか、そこに大学教育の真価が問われているのではないか。すなわち、大学における書く力考える力とは「ディシプリンでの学習経験を自分にとって意味のある知識として再構造化する力」とも言えよう[1]。

2 学士課程教育と知識

そうした観点から見てくると、書く力考える力の育成は転換期にあると言われる大学教育に求められる力のひとつとも考えられる。知識基盤社会の到来は急速に知識の価値を高めたものの、一方でその陳腐化のスピードも著しい。だからこそこれまで以上にそれに対応する力、知識を鵜呑みにするのではなく知識を運用する力、自分に引き寄せて知識を加工する力が必要となる。書く力考える力はその基盤となる。

たとえば、金子 (2007) は、日本の大学がいま大きな転換点にたっている要因の一つとして知識社会化の進展を挙げ、次のように説いている。

> 近代大学は個々の職業に要する特定の知識や技能のセットを伝達することに社会的な使命をおいてきた。これに対していま始まろうとしている社会では、専門化・細分化された知識が直線的に発展するだけではない。様々な専門分野の知識が組み合わされて新しい知的地平が拓け、新しい市場が創られ、経済活動が始まる。しかもそうした知識は恒常的に発展し、更新され続けていく。大学の卒業生は専門化された職業知識をあらかじめ蓄積し、それを職業で使っていくだけではない。常に新しい知識を身につけていくことが要求される。

こうした指摘からも、高度に高速に複雑に知識が進展していく社会において大学教育に求められることは、単に知識の伝授に留まらず、むしろそこから新しい知識を身につけていく力を養成することであることが確認できる。

また、中央教育審議会大学分科会「学士課程教育の在り方に関する小委員会」における審議経過報告 (2007年9月) においても知識基盤社会の到来が改革の背景として述べられている。この報告を受け、寺﨑 (2007) は小委員会の報告に具体的な提案が見られることを評価した上で「知識基盤社会という言葉自体は1960年代から紹介されており、知識とは何かという前提をはっきりさせる必要がある」ことを指摘している。

そこで、こうした指摘も考慮した上で、本書が扱う「知識」の意味するところは何かをもう少し明確にしておく必要があるだろう。本書では、認知心理学の立場から安西 (1985) の『問題解決の心理学』に基づき、「知識」を「客

観的情報としての知識」と「主観的経験を通した知識」に分けて捉えている。安西は科学哲学者ポパーと動物行動学者ローレンツの知識に関する2者の見解を引きながら知識の持つ多面的な側面を紹介している。それによれば、ポパーが知識の普遍性や客観性を重視するのに対し、ローレンツは知識が作り出されていく経験的なプロセスを重視しているという。どちらの見解が真実かというより、両者とも知識の異なる側面に焦点を当てているのであって、互いに矛盾するものではない。ただし、安西は次のように指摘する。

> 問題解決者にとっての知識というのは、ポパー流の「知識」というよりも、ローレンツがいう「知識」に近いと考えてよい。（中略）自分の経験を通して身についた知識でなければ、自分にとっての問題解決のためには役立たないし、そこから新しい知識が得られないからである。

そうであるならば、大学に学ぶ学生たちはどのような知識をどのように身につけていくと考えればよいのか。筆者は次のように考えている。たとえば、前者の「客観的情報としての知識」とは、大学での講義や書物などを通し、事実や情報として学習者にそのままインプットされる受け売りの知識を指す。学習者の判断が加わらない状態での知識でもある。初心者としての学習者であれば、その段階では「知っている」「憶えている」という浅いレベルでの学習に留まる。ただし、学問とは何か、科学とは何かを心得た熟達者であれば、学問の進歩の過程においてそれまで明らかにされてきた事実や理論を位置づけようとするとき、知識の普遍性や客観性という概念は重要な意味を持つ。

一方、後者の「主観的経験を通した知識」は学習者が主体的に身につけた知識と言える。学習者自身が「なぜ」「どうして」という問いを発し、その問いを明らかにしようとある目標を持ったとき、また自分の関心や経験と照らし合わせようとしたとき、客観的情報としての知識は吟味され、その知識は学習者にとって意味ある知識、すなわちそれが初心者であれ、熟達者であれ、学習者が経験獲得した主体的主観的知識となると考えられる。

そう考えてくると、書くという行為は、まさに学習者が「客観的情報としての知識」を「主観的経験を通した知識」として再構造化するプロセスを支

援するものとも言えよう。ある目標やテーマに向かい、考えながら書くプロセスは、一種の問題解決のための行動であり、創造的で発見的なプロセスでもある。また、そこでは深いレベルでの学習、「学び」が期待できる。であるならば、大学ではそうした深いレベルでの学習経験を保証する教育をこれまでに十分提供してきたと言えるだろうか。

3 初年次教育とディシプリン

そこで、これを初年次における文章表現の指導を例に考えてみたい。近年、初年次教育の一環として、文章表現法や文章表現入門などのプログラムを盛り込む大学が増えてきた。大学がユニバーサル化の段階に入り、学生の学力が著しく低下したことによって読み書きなど基礎的な能力を補完するための教育が大学でも必要とされるようになってきたこともその理由のひとつと考えられる。授業内容を見ると、レポートの定型的な書き方や、読み手に伝わる文章の書き方などで構成され、スキル科目・オリエンテーション科目・基礎ゼミとして実施されている。いずれも大学1年次に集中して開講されており、大学での学習習慣や学習技術の習得を目的とした、汎用性が高く、標準的な内容で構成されている。

だが、果たして短期間の訓練でどのような「書く力」がどの程度身につくのだろうか。どこに向けられた基礎か。汎用性の高さは幅広い知識の進展を促すとともに、一方では方向性の曖昧さにつながる場合もある。初年次でのレポートの定型的な書き方や読み手に伝わる文章の書き方は、2年次3年次での学習とどうつながっていくのか。初年次における基礎学習を深い学習へとどう導いていけばよいのか。

ここでの深い学習とは、学習者自身がディシプリンでの学習を自分にとって意味ある知識として再構築できるかどうかということを指している。だが、それはすぐさま専門基礎教育に結びつくような、限定したディシプリンでの学習を短絡的に指すものではなく、緩やかに広やかにディシプリンへの学習へと誘うことを意味する。

とすれば、初年次であっても、学習者がディシプリンと絡め、主観的知識

として再構築できるような方向づけがどれだけ示せるかということも重要な課題となるのではないか。基本を教える、基礎を築くということは知識を単純化して効率的生産的な学習を目指すことだけではないから、一見非効率的に見えても学習者の経験を通して知識が生成されるプロセス、学習者に多様な知識のあり方をディシプリンを通じて幅広く示しつつ、主体的に考えるプロセスを支援していくことも必要ではないか。

　一方で、スキル学習は短期間で効果を上げることが可能であるから、あらゆるディシプリンに共通する形式的なレポートの書き方を早期に教えることにこそ意味があるという考え方もあろう。他方では、すべての基礎という意味でディシプリンに捕らわれず自由に、また縛ることなく、学生を広い世界へと導いていくという考え方もあるだろう。すなわち、そうしたこれらの問題は、文章表現教育という枠には収まり切れず、初年次教育とは何か、初年次教育を学士課程での4年間にどう位置づけるか、ディシプリンをどう捉えていくのかという学士課程教育そのもののあり方とも関連してくる。

4　認知心理学と学習観

　さらにそれは認知心理学から見ると、どのような学習観を持つかという問題に行き着く。初年次で基礎的な学習を積み上げておけば専門教育の段階で応用できるであろうという「知識の積み上げ論」による学習観が前提としてあるように見える。しかし、現実の学習はそううまくはいかない。複雑で高度な学習内容ほど積み上げ論や単純な反復など、量で学習の様相を説明することは難しくなる。

　これは先に学習した内容が後の学習にどのような影響を与えるかという、すなわち「学習の転移」をどう捉えるかという転移観と結びつく問題でもある。優れた学習者は転移させる能力が高い。転移の質が異なる。また、「メタ認知能力」にも長けている。自己の認知過程を俯瞰的（メタ的）に眺めることができるメタ認知能力に長けた学習者は、自分の学習した内容が他のどの場面に適用できるのかを的確にモニタリングできるから、転移においても優れた能力を発揮する。したがって、知識を再構造化することができる。

とすれば、どう教えたら優れた学習者は育つのか。何を教えたら優れた学習者に育っていくのか。優れた学習者が育つには適切な学習環境も必要となる。適切なレディネスも必要とされる。であるならば学習に対して構えが不十分な学習者はその基礎を補完してからでなければ前へ進めないのか。その基礎力とは何を指すのか。大学教育での基礎とは何か。初年次という短期間の枠組みでどこまで踏み込んで教えられるのか。リメディアル教育や導入教育としてだけでなく、その後の教育との連関をどこまで考慮していくのか。大学4年間を通した学士課程教育として「学習環境をデザインする力」が問われてくる。文章表現という科目の授業デザインだけでなく、ディシプリンでの学習経験も絡めて学士課程全般にわたって「書く力考える力を育む」一貫したカリキュラムとして総合的に学習環境をデザインする必要がある。

　本書では、以上のような問題意識に立ち、「書く力考える力を育む学士課程教育」のデザインを探究することを通じて、大学教育や初年次教育のあり方、大学での学びとは何かを深く問い直す契機としていきたい。

注
1　田口（2002）は、「考える力」について辰野（1991）を引用しつつ「自分がもともともっている知識を記憶の中から「引っ張り出してくる」だけでなく、「教えられたことをそのまま入れる」だけでもない、まさに自分なりの「新しい」関係をつけることこそ、「考えること」だ」と述べている。こうした見解は本書での「大学における書く力考える力」の定義、「ディシプリンでの学習経験を自分にとって意味のある知識として再構造化する力」と一致する。まさに、書くことは考えることであり、考える力とは「自分なりの新しい関係をつけること」、すなわち「自分にとって意味のある知識として再構造化する力」なのである。さらに本書では、大学において書く力考える力を育むには、'授業'でのディシプリンの学習経験が重要であると指摘している。

理論編

第2章　文章表現に関連する教育と研究方法の問題

第3章　学士課程教育における文章表現教育の意味と位置
　　　　──知識の構造化を支援するカリキュラム開発に向けて

第4章　基礎研究から教育のねらいを定める：
　　　　メタ認知の発達と教育
　　　　──看護記録に関するグループインタビューの分析から

第5章　学習環境をデザインする
　　　　──高次の転移を促すメタ認知的気づきのある学習環境のデザイン

第2章
文章表現に関連する教育と研究方法の問題

　大学では、学生の書く力考える力をいかに育んできたのか。これまでの教育や研究方法は学生の「学び」を保証するものとなっているか。まずは、これまでの大学教育において「書くこと」に関わる指導がどのようにおこなわれてきたかを見ていくこととしよう。

1. 大学の文章表現教育はどのように発展してきたか

　ここでは、大学の文章表現教育の変遷過程を5つの発達段階に区分して見ていく。黎明期、草創期、普及期、転換期、発展期である（図2-1）。読み書き教育に対する問題意識が芽生え始めた黎明期、大学生のための日本語表現

年代	発達区分	発達の様相
1980	黎明期	読み書き教育に対する問題意識の芽生え
1990	草創期	日本語表現科目の創設
2000	普及期	初年次教育としての文章表現科目の位置の確立
2010	転換期	転換点に立ち、模索する多様な取組
	発展期	ディシプリンと教養が発展の鍵

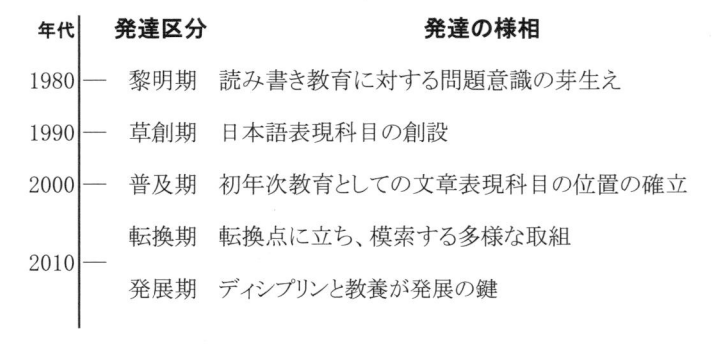

図2-1　文章表現教育における5つの発達段階

科目が初めて開設された創設期、初年次教育の広がりとともに急速に普及していった普及期、そして現在は転換期にあると筆者は考えている。なぜ転換期にあると考えるのか。何が問題なのか。発展期へ向けての課題は何か。これからどう進めばよいのか。そうした観点から、これまでの教育の問題を見ていくこととする。

1　発達の5段階

【黎明期】読み書き教育に対する問題意識の芽生え

　これまで長い間、大学教師の多くは自分自身の専門分野の立場から講義をおこない、研究者としての書く力に依拠して学生を指導し、研究者の視点から評価をおこなってきた。たとえば、レポートを課すとき、課題内容に関する説明はしても、書き方そのものを細かく指導することは稀で、学生の側からすれば、レポートは提出したままで教師からのフィードバックはなく、成績評価だけが後から戻ってくる、どこが良かったのか悪かったかも分からない、いわゆる「出しっぱなし状態」になっていることも少なくなかった。これまでは指南書や友人などのレポートなどを見よう見まねで何とか書き方を学ぶという学生の自主的個別学習に依拠してきたのではないかと思う。

　一方、大学教育学会のあゆみを見ると、1981年の第2回課題研究では「大学教育における論述作文、読書及び対話討議に関する意味づけと方策」というテーマが掲げられている (堀地, 1982)。初回の集会記録には「今の学生は日本語の文章を理解する能力が低下……書けない……本を読まない……学問研究に不可欠な理解・思考整理能力、問題意識が非力、稀薄」と記されており、すでに80年代初頭に教育に対して意識性の高い教師の間では読み書き教育問題がこれからの大学教育の課題として取り上げられていたことが分かる[1]。

【草創期】日本語表現科目の創設

　1990年代になると、東大生も文章が書けない、漢字も書けない、自発的に考えられない (立花, 1990) とか、分数少数ができない大学生がいる (岡部, 1999) など学力低下問題が指摘されるようになる。大学はユニバーサル化の

段階に入り、学生に対する読み書き教育の問題意識も高まってきた時期である。

　この頃、富山大学の「言語表現」をはじめとして(筒井, 2005)、高知大学など(吉倉, 1997)日本人学生のための日本語の科目が相次いで開設された。こうした科目の開設に伴い、学内での運営上の問題やその対策、体制作りについて盛んに論議されるようになるものの、科目草創のこの時期には情報交換に終始し、テーマを絞り込んで教育の内容を互いに吟味しあうには至っていない。

　大学教育学会での研究交流部会「大学における言語技術教育の課題」の討論報告(筒井, 1999)によれば、「表現力の指導が大学で必要とされるようになった理由として、大学生の表現力低下を指摘する報告があったのに対し、ロジカルな表現力が元来低いことを強調する指摘もあった」という。前者がリメディアル教育としてこれまでの教育の足りない部分を補っていくボトムアップ的な捉え方に力点をおいているのに対して、後者は専門教育から見て学問一般の基礎となるロジカルな表現力を教育することが重要だとするトップダウン的な捉え方をしているとも言えよう。両者共、学生に確かな表現力を身につけさせたいとするところで一致しており、教育目標の捉え方に違いがないようにも見えるが、前者は専門教育との連関が弱いため、到達目標が明確になっているとは言えない。

　また、「アカデミックな基礎力の習得、論理的な書き方の指導、批判的思考力の訓練」など他にも様々な目標が掲げられているが、どのような力をつけたらアカデミックな基礎力を習得したと言えるのか、論理的表現力や批判的思考力とは具体的には何を指すのかなど、踏み込んだ分析はなく、用語の明確な定義もなければ、その目標を達成するための具体的な教育内容や方法が授業案として綿密に設計されているわけではなかった。

　さらに、様々な専門分野の教員が担当しているため、科目として教える中核部分に共通性がないという問題も明らかになっており(向後, 1999)、そうした例からも明確な教育目標、教育方法、運営体制が定まっていなかった草創期の実状を垣間見ることができる。

　このように、日本語表現科目の草創期においてはその教育の必要性は十分

に議論され実施に漕ぎつけたものの、「一体、何をどう教えるのか」という教育内容、教授法に対する戸惑いや混乱も見られた。

【普及期】初年次教育としての文章表現科目の位置の確立

　1990年代後半から、大学のユニバーサル化はさらに進行する。文部科学省の学校基本調査によれば、1996年に39.0％であった大学等進学率は2006年度には49.3％に上る。この進学率に比例し、初年次教育は1990年代から2000年初めにかけて急速な広がりを示している。その初年次教育の一環として「文章表現入門」「日本語表現法」「言語表現」など日本語の表現科目が次々と開講されるようになった。また、科目名に文章表現の指導を謳っていなくとも、レポートや論文の基本的な書き方の指導はオリエンテーションの一部や基礎ゼミなどでもおこなわれており、その大多数は初年次での基礎教育科目として位置づけられている。

　2001年に実施された私学高等教育研究所による学部長調査でも明らかにされているように(杉谷,2006)、初年次教育に該当する授業科目のうち、文章表現に類する科目はスキル方法型科目に分類され、同科目の65.4％を占めるという。また、ゼミナール型科目は全体の約3分の1を占め、その科目に組み込まれている要素を分析すると、レポートの書き方などの文章作法は62.9％を占めている。さらに学部系統別の授業割合では人文系と社会系においていずれも約50％と高い割合を示していることが明らかにされている。

　では、そうした文章表現科目にはどのような特徴があるのか。

　第一の特徴は、早期学習重視である。大学1年次にしかも春学期に開講されるものが大多数で、さらに最近では入学を待たず入学前教育として実施する大学も増えつつある。

　第二の特徴は、短期集中型学習である。文章表現という独立した科目であれば半期14コマあるいはゼミやオリエンテーションの一部に盛り込まれたものであれば数コマという短期間に集中しておこなわれている。短期間であると、形式の説明に時間が割かれるため、書く内容の吟味をおこなう練習量は少なくなる。

第三の特徴は、基礎学習重視である。大学で学ぶあらゆる授業の基礎力となるように配慮され、標準的で汎用性の高い内容となっている。

　第四の特徴は、定型的技術訓練である。学習目的をスタディスキルの習得に絞り込んだものが多い。コマ数が少なくなるほどスキル的な要素、形式の学習が優先される傾向にある。「どう書くか」の形式の指導はなされるが、「何を」という内容や文脈にまで十分に踏み込めない場合も多い。

　第五の特徴は、授業デザインである。一つの授業枠あるいは基礎教育科目のコースデザインとして設計されており、カリキュラムデザインではない。

　第六の特徴は、担当教員の多様性による授業内容の拡散化である。多様な領域から参入しやすいという科目の特殊性もあって、ことばの教育を専門とする教員に限らず、様々な分野の教員が携わっており、その結果、授業内容も多彩で拡散化している。

　第七の特徴は、科目と連動した教材開発である。レポートの書式やわかりやすい文章を書く訓練など知識や技術の習得を促すワークブック、ノートの取り方や文献検索も含めて総合的なアカデミックスキルを説く教科書など、科目の普及と連動し、多くの教材が出版されている。

　こうして文章表現科目はユニバーサル化の進行に伴う初年次教育の普及とあいまって、初年次に欠かせない学習技術の必須要素との認識を浸透させ、初年次教育における基礎教育科目としての位置づけを確立していった。レポートの基本的形式的な書き方を中心に、相手に伝わる文章の書き方なども含め、多様な学生を対象として多様な文章表現のあり方を示しつつ発達してきた。書くことの体系的な指導などなかった時代に比べれば、いまの大学教育は大学生に対する扱いとは思えないほど手取り足取り懇切丁寧な指導をおこなうようになったとも言えよう。

　では、これまで順調に普及してきたようにも見える文章表現科目はどのような問題をはらんでいるのだろうか。上述した文章表現科目の7つの特徴をもとに、問題点を次の2点に集約した。

　第一の問題点は、基礎の定義の不明確さである。教育目標を大学での学習

の基礎を築くという大きな枠組みで捉えているが、その基礎の定義が不明確である。どの学問分野にも役立つという汎用性を基礎としている場合、専門基礎を指している場合、修辞的文章力を基礎としている場合、自己表現力を基礎としている場合、社会人基礎力をも含む場合など様々である。目標を統一化、一般化する必要性は全くないが、自大学での目標を見極める必要はある。何を目標に据えた基礎かという、目標が不明確であれば、当然のことながら基礎学習の内容は定まらず、学習成果も曖昧なものとなる。

　第二の問題点は、カリキュラムデザインではないことである。基礎教育科目というカリキュラム上の位置づけは確立されたものの、授業内容は一つの授業枠でのコースデザインであり、大学4年間における他の科目との連関は明確にはなっていない。初年次での文章表現科目の学習成果がその後の学習のどこかで役立つであろうという漠然としたもので、実際のところ、どうつながっていくのか不明な点も多く、専門科目も含めた他の科目との連関も弱い。従来の一般教養と専門教育という二重構造の構図から抜け出てはいない。

【転換期】転換点に立ち、模索する多様な取組みの4類型

　このように、文章表現科目は普及期を過ぎていま様々な問題を抱えている。レポートの書き方が初年次での代表的な指導のあり方として紹介されてきたが、現状を見ると、その他にも多様な指導のあり方が模索されている。それぞれの大学において文章表現科目はこれからどうあるべきか、課題は大きい。そうした意味においてこの時期を転換期と呼ぶこととした。

　ここでは普及期以降の2004年から2007年までに発表された特色ある大学教育支援プログラム（特色GP）と、同時期に発表された大学教育学会誌や京都大学主催大学教育研究フォーラムでの実践報告などから、特に文章表現に関連する取組みを取り上げ、その多様な取組み例を類型化することによって、発展期に向けた課題を模索する。

　表2-1は、それらの取組みを学習技術型・専門基礎型・専門教養型・表現教養型の4つの型に分類したものである。学習技術型では、基本的な学習技術の習得を目指し、その一環として主にレポートの標準的な書き方やノートの

18　理論編

表 2-1　転換期における文章表現に関連する取組の類型化

類型要素	取組大学		取組内容	発表者、発表年、発表誌
学習技術型 b.d	関西国際大学	全学	学習技術や動機付けの向上をめざした総合的な初年次教育:「知へのステップ」	(岩井, 2007) 特色GP
	玉川大学	全学	学習技術や動機付けの向上をめざした総合的な初年次教育:「大学生活ナビ」	(後藤, 2007) 特色GP
	久留米大学	文・法・経済	学習技術や動機付けの向上をめざした総合的な初年次教育:「大学基礎講座」	(安永, 2006) 大学研究フォーラム
	京都光華女子大	全学	学習技術や動機付けの向上をめざした総合的な初年次教育:「大学基礎講座」	(伊藤, 2007) 大学研究フォーラム
	青山学院大学	文学部	Blogを用いた協調学習におけるレポートライティングスキルの習得	(鈴木他, 2007) 大学研究フォーラム
	京都精華大学 早大、東洋大		アカデミック・スキルズ教育 学びの意味を考える教育	(筒井, 向後, 三宅, 2005) 大学教育学会誌
	京都文教大学 河合文化研究所		知の外化と理解の深化を促すスキルとしての文章表現	(中村, 成田, 2006) 大学教育学会大会論集
専門基礎型 a.d	岡山大学	工学部	日本語力徹底訓練による発想型技術者育成	(塚本, 2005) 特色GP
	奈良教育大学	全学	現代課題に対応する「考える力」「現す力」の育成をめざした教育者養成	(上野, 2004) 特色GP
	京都大学	教育学部	高次リテラシーを支える批判的思考の育成：心理学専門教育での試み	(楠見, 2007) 大学研究フォーラム
	東京海洋大学	海洋科学部	専門科目と言語教員のチームティーチング：ピア・レスポンスによるレポート作成指導	(大島, 2005) 大学教育学会誌
	東京理科大学	基礎工学部	手書きを配信するネットワークの活用：応用数学のレポート共同作成と公開討論	(長谷川, 伊藤, 2007) フォーラム
	聖カタリナ大学	社会福祉学部	専門基礎講義式授業における学生による筆記試験問題作成	(平野, 2006) 大学研究フォーラム
専門教養型 e.g	福島大学	倫理学の授業	ワークシートを活用した講義改革：書くことによる考える力の育成	(岩崎, 小野原 2006) 大学研究フォーラム
	北里大学	文学の授業	返却型ワーキングペーパーを用いた講義型授業：リアクションペーパーの発展形態	(野村, 2007) 大学研究フォーラム
	桜美林大学	心理学の授業	知識の構造化を支援する講義型授業：「理解の深化を促す記述問題」の活用	(井下, 2005) 大学教育学会誌
表現教養型 c.f	京都精華大学	人文学部	考えるための日本語リテラシー教育：自立した学習者への手がかりの構築	(西, 2007) 特色GP (野口, 2006) フォーラム
	桜美林大学	全学	自己表現から自己実現につながる文章表現力の育成：教員との密なやり取りを通して	(文章表現法スタッフ, 2007) 桜美林大学
	名城大学	教職センター	インターネットを活用した、小論文Eメール講座の試み：Eメールによる個別添削指導	(竹内他, 2007) 大学研究フォーラム

取り方などの指導がおこなわれている。専門基礎型では、専門に関連するテーマが素材として用いられ、専門教育に直結する表現形式や表現力の習得を目指している。専門教養型では、専門分野 (ディシプリン) での学習経験を自分のことばで表現することを通して知職の再構築、すなわち学習の意味づけを

おこない教養へと発展させている。表現教養型では、技術よりも学習者としての自律的な態度や感性の育成を重視し、自分の思いや考えをことばに載せて伝えるための教養教育に力が注がれている。

　まず、学習技術型に分類される取組みを見てみよう。関西国際大学 (岩井, 2007)、玉川大学 (後藤, 2007)、久留米大学 (安永, 2006)、京都光華女子大学 (伊藤, 2007) では、学習技術や動機づけの向上を目指した総合的な初年次教育が全学的取組みあるいは学部単位で実施されており、ノートの取り方やレポートの書き方、学習記録への記載など基本的な学習技術の習得や学習への習慣づけに力が注がれている。また、青山学院大学における初年次での取組みではレポートライティングスキルの習得にBlogを用いた協調学習の効果があったことが報告されている(鈴木他, 2007)。その他にも、こうしたアカデミックスキルズ科目において学びの意味を捉えていくこと (筒井他, 2005)や、理解の深化を促すスキル (中村他, 2006)が重要であることが指摘されている。

　次に、専門基礎型に分類される取組みを見ていこう。岡山大学工学部の取組みは、独創的な発想型技術者養成を目指し、読み書き話すという日本語力の徹底訓練と発想教育を連携させたものである (塚本, 2006)。奈良教育大学では、有能な教育者養成を目指し、ディベートを通して考える力や現す力を鍛え、学びの共同体を構築することを目標とした全学的取組みとして実施されている (上野, 2004)。京都大学教育学部では、心理学専門教育における論文作成指導を通して、高次リテラシーを支える批判的思考の育成が試みられている (楠見, 2007)。東京海洋大学海洋科学部では、専門科目と日本語の教員とのチームティーチングにより、学生間でのピアレビューを取り入れたレポート作成指導がおこなわれている (大島, 2005)。東京理科大学基礎工学部では、多人数による応用数学の授業において、手書きを配信するネットワークを用い、レポート共同作成とそれに基づく公開討論がおこなわれている(長谷川, 伊藤, 2007)。聖カタリナ大学社会福祉学部では、専門教科における知識学習として、学生自身に筆記試験問題を作成させ、自分で回答するセルフスタディ授業をおこなっている (平野, 2006)。

　さらに、専門教養型に分類される取組みを見てみよう。福島大学の小野

原の倫理学の授業では、書くことによって考える力を育成することを目指し、ワークシートを用いた講義改革が実践されている (岩崎, 2006)。北里大学の野村の文学の授業では、授業の活性化を図り、学生のコミュニケーションを促進することを目指し、返却型ワーキングペーパーを用いている (野村, 2007)。桜美林大学の井下の心理学の授業は、講義内容の理解の深化を促す記述問題を出題し、自分の経験と照らし合わせ、理論を解説させることで、講義で学んだ知識を構造化し、最終レポートの執筆に活かせるようデザインされている (井下, 2005；本書の第9章2節、専門教養科目生涯発達心理学の授業を参照のこと)。

　表現教養型に分類される取組みを見てみよう。京都精華大学文学部では、読むことや書くことを通して、教員やチューターとのやり取りから考えさせることで、自立した学習者への足がかりを構築することを目指している (西, 2007)。桜美林大学においても、文章表現法の教員との密なやり取りを通して、自己表現から自己実現につながる文章表現力の獲得を目指し、それを大学の基盤教育に位置づけ、全学的取組みとして実施している (文章表現法スタッフ, 2007)。名城大学教職センターでは教員を目指す学生を対象に小論文Eメール講座をおこない、明確な教職観を身につけさせるため、個別添削指導をおこなっている (竹内他, 2007)。

　これらの4つの類型に共通する点と相違点を分析することで、転換に向けた視点を考えてみたい。まず、共通点としては次の3点が挙げられる。第一点は、考える力の育成である。書くことはまさに考えることでもある。書くことを通して考える力を養う。これはどの取組みにおいても強調されていた。第二点は、協働による学習である。書くという個人の内的な行為が、教師とのやり取りや学生間のピアレビューなど他者との関係性を通じて外在化され、深い学びへと発展していく様相が確認できた。第三点は、教育目標の明確化である。たとえば、研究大学であれば専門基礎に、教養大学や教育大学であれば広い意味での基礎固めにというように、それぞれの大学の理念や学部・学科の実状に合わせ、「基礎」の概念が明確化され、目指す目標が定まっていた。目標が明確に示されたことにより、プログラムの内容も精緻化され

ていったと思われる。
　以上の3点は、今後も文章表現科目の必須条件となっていくものと推察され、より効果的なプログラムを目指し、さらなる精緻化が課題となる。
　では、相違点は何か。この相違点の分析が転換期から発展期に向けた鍵となる。

【発展期】ディシプリンと教養が発展の鍵
文章表現に関連する取組みの基本3要素：学習技術、ディシプリン、教養

　4つの類型の違いは何か。その根本的な違いは、ディシプリンと教養の捉え方にあると考えられる。図2-2に、4類型の構成要素とその組合せを示した。学習技術、ディシプリン、教養の3つの基本要素の組合せによって4類型が構成されていることを示したものである。たとえば、学習技術型では様々なディシプリンに共有される汎用性の高い学習技術やレポートの基本的な書式の習得を目指していることから、構成要素は「b, d」となる。専門基礎型では特定のディシプリンの習得を目指し、レポートの書式や表現形式、そこに貫かれている思考様式を指導されることから、構成要素は「a, d」となる。
　一方、専門教養型ではディシプリンでの学習経験を自分のことばで表現することを通して、広い視野で自己の学びを位置づけ意味づけるというディシプリンに立脚した教養教育を目指していることから、構成要素は「e, g」と

```
           ディシプリン
              a
           d     e
              g
           b  f  c
        学習技術    教　養
```

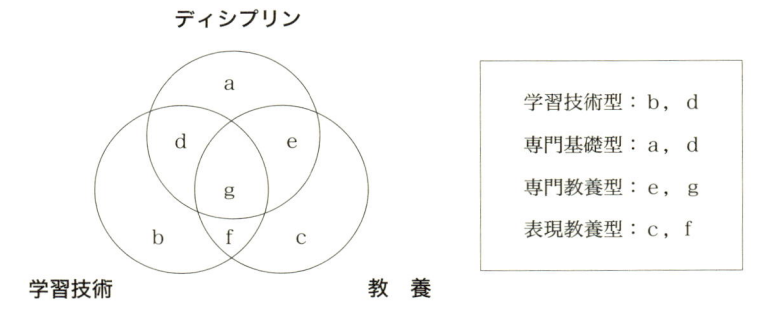

学習技術型：	b, d
専門基礎型：	a, d
専門教養型：	e, g
表現教養型：	c, f

図2-2　文章表現教育の3要素と4類型

22　理論編

なる。その専門教養型に対し、表現教養型ではディシプリンにはこだわらずに自己表現力を磨くことで自立した学習者や広い意味での教養人を目指していることから、構成要素は「c, f」となる。これによって、4類型の共通要素は文章表現という学習技術であること、その違いはディシプリンと教養の捉え方にあることが確認できる。

2　文章表現教育にディシプリンと教養をどう位置づけるか

ディシプリンとは何か

では、そのディシプリンとは何か。小林 (2006) はディシプリンについて次のように説いている。

> ディシプリンには「訓練」「しつけ」といった意味もある。(中略) ディシプリンは学術知識の単位であると同時に、訓練の単位でもある。(中略) ディシプリンを静的に捉えれば、そこでの教育はターミノロジーや知識の獲得の訓練ということになる。動的に捉えれば、思考パタンや行動様式の訓練を含むことになる。大学が知識の伝達だけでなく、知識の創造も担うべきものだとすれば、後者の訓練が必須だということになる。(中略) また、ディシプリンには単に知識、ターミノロジー、思考パタン、行動様式の体系だけでなく、それらの教育訓練の目標の判断、目標に照らした評価の基準も内在しているのであるから、ディシプリンが存在していることによって、教育訓練は、首尾一貫した形で実施することが可能なのである。

そうであるならば、ディシプリンに忠実であるほど、収束的にプログラムを精緻化していくことが可能になると考えられる。したがって、専門基礎型では教育目標も明確に定まっていることからディシプリンに固有の表現形式を的確に職人的に教育訓練することが可能となる。学習技術型においてはレポートの基本的な書き方の習得を目標に掲げることにより、様々なディシプリンに共有される標準的な表現形式を提示することができる。

舘 (2006) は、こうしたディシプリンの重要性を強調しつつ、狭隘化についても指摘している。

大学はディシプリン化した学術によって成り立ち、発展していきます。ディシプリンを捨てて大学はありません。原点に返った改革のためには、ディシプリン本来の方法を再発見し、その力を十分に発揮させる必要があるのです。もちろん、ディシプリンはそのそれぞれの固有性ゆえに狭隘化するという欠点を孕んでいます。（中略）その欠点を埋めるものとしてインターディシプリナリーな取り組みがあります。

さらに続けて舘は、インターディシプリナリーであるということは、諸ディシプリンが主従なく、その力を認めあうということであり、諸ディシプリンを相互に関連づけて課題解決に当たることが重要であるとしている。

すなわち、このような指摘から、ディシプリンそのものが教育を偏狭にするというわけではなく、課題解決のため知的活動様式として、諸ディシプリンをいかに組み合わせていくか、あるいはディシプリンの構造をどう捉えていくかという、むしろカリキュラムや教育プログラムの編成に問題があることが分かる。

教養教育とは何か

こうした観点から、絹川 (2006) はディシプリンの構造に教養教育の構造があることを主張し、次のように説いている。

> 教養教育を構築することとは、「専門ディシプリンの枠組みからは全く自由になる」ことではなく、専門ディシプリンの枠組みとの緊張のなかで、それぞれ個人がそれぞれに知の全体性を回復する世界観を構築する営み、またはそういう営みをする態度を養うことが、教養教育なのである。

さらに、絹川はこうした思想を現実に対応させていく戦略として「専門教養科目」を提案している。広い文脈に位置づけられた専門での学びは、人間の知的営みの本質に関わる普遍的な内容を示唆することができるという。

同様な意味で、金子 (2007) はボイヤーの「拡張専門科目」(Enriched Major) を引きながら専門教育を通じた教養教育の必要性を説いている。ただし、ボイヤーの概念も整理されているわけではなく、具体的なものとはなっていないとして以下のように指摘する。

それはただカリキュラム上の科目の配列において「教養科目」をどのように構成するかという問題ではない。むしろ重要なのは、これまでの専門科目全体を通じて、「教養」の形成の機能を持たせることにあるのではないだろうか。そのためには、個々の授業のねらい、そして授業の進め方、そして学生の学習のしかたを含めた、総合的なデザインが必要となる。

4 類型の授業を学士課程カリキュラムにどう位置づけるか

こうしたディシプリンと教養のあり方に関する議論を見てくると、文章表現活動を取り入れた専門教養型の授業をこの議論の中に位置づけることができる。専門科目の授業において、ディシプリンでの学習経験を自分のことばで表現することを通し、広い視野で自己の学びを意味づけるという専門教養型の取組みは「専門教養科目」あるいは「拡張専門科目」としての一つの試みとも言えよう。

たとえば、寺﨑 (2000, 2002) は専門科目でレポートの書き方を教えた自らの実践を通して、それぞれの専門科目の立場で、それぞれの教員が個性的にレポートの書き方を教えることにチャレンジすることも大切であると指摘している。文章表現科目や他の専門科目との重複や矛盾を気にする必要はなく、そうした矛盾は、むしろ学生のほうでそれぞれの学科内容と関わらせて聞き分けるからだという。

そうすると、専門基礎型や学習技術型におけるレポートの書き方の指導もカリキュラムや授業そのものの構造に配慮していけば、それは矛盾を伴う重複ではなくて、深さから広さへと、あるいは広さから深さへと、人間の知的営みの本質に迫る「教養」の形成の機能を持たせることが可能になると考えられる。なぜなら、書くという行為は思考という内的表象を外在化することであり、「教養」形成機能を促進させるということにおいて効果を発揮し、教養教育の授業デザインに重要な意味を持つと考えられるからである。

では、表現教養型の取組みは、大学教育にどのように位置づけ意味づけられるのだろうか。表現教養型の授業では、ディシプリンに捉われない自由な発想で現実社会を捉え、自己表現力を磨くことを通して自律した学習者や広い意味での教養人を目指している。

だとすれば、こうした脱ディシプリン・非ディシプリンの流れをどう捉えていけばよいのか。そうした流れが進行してきている理由としては次の2点が考えられる。一つは、現実社会が複雑化し、ディシプリンに基礎をおく教育や研究では対応に限界があり、そのためにディシプリンを「超えて」問題解決に当たるという意味でトランス・ディシプリナリな志向性が出てきたこと（小林，2006）である。もう一つは、大学のユニバーサル化に伴い、大学に入学する意味も曖昧なまま、専門分野も定まらず、暫定的な選択として入学してくる学生が増大し（金子，2007）、伝統的なディシプリンに基づく教育のやり方では立ち行かなくなってきたことが挙げられる。

　特に、後者の理由が表現教養型には強く影響すると考えられる。大学での学習に対する動機づけが明確でない、ディシプリンが確定していない、伝統的ディシプリンには魅力を感じない、あるいは大学生活や大学での学業にうまく適応できない学生にとって、現実社会や日常をテーマに書くこと、教員とやり取りしながら書くことを通して自己と向き合う表現教養型の取組みの意味は大きい。そこでは、学生の書いた文章と対峙しながら、真摯に学生と向き合う手作りの授業が展開されている。また、大学と高校との接続という観点から見れば、高校までの学習の教科書的な知識不足や学習技術を補うだけではリメディアル問題は解決しない（荒井，1996）という指摘もあり、そうした問題の一部分をひとりひとりと向き合おうとする表現教養型の取組みが補っていけるかもしない。ただし、このような手作りの授業の意義を自己完結的ではなく、発展性を持って大学教育に位置づけようとするならば、ディシプリンとの関係性を全く考えないというわけにはいかないだろう。

ディシプリンとの関係性をどう築いていくか

　では、どのようなことが可能なのか。ディシプリンとの関係性をどう築いていくか。ディシプリンに基づく科目編成などカリキュラムに解決の糸口を見出すだけでなく、カリキュラムを構成する授業において何をどのように展開していくのか、授業のねらいや方法など授業内容と学生の実態を照らし合わせながら理論的に整備していく必要がある。実践に基づく理論化の中で新しい発展の方向性も見えてくるのではないか。

脱ディシプリン・非ディシプリンの流れを「それはもはや大学ではない」と言ってしまうのは簡単だ。そうではなくて、その流れの中にある大学教育の現実の姿をマクロな観点から分析しつつ、学士課程の4年間においてどうディシプリンの世界へと誘うのかという、ミクロな観点から学生の学びを捉えていくこと、授業や教育プログラムを開発することが必要とされている。

また、そうした問題は表現教養型固有のものでもなく、専門教養型の枠だけで考えていく問題でもない。専門基礎型や学習技術型においてもどう教養的な要素を盛り込んでいくかが問われている。なぜなら、ディシプリンの学習経験を通じて学生が自己と向き合うことは、「何のために学ぶのか」というキャリア教育にもつながる学びを考えるという意味でも、創造的な学習や研究へと発展させていくというアカデミックな場としての大学の意味を考える上でも、「大学での学び」の真の意味を捉えていくことにおいて重要な要素が含まれているからである。

さらに、書くという行為はまさにこうした俯瞰的に自己をモニタリングする「メタ認知活動」そのものでもあるから、学習者がどのように思考を深め、ディシプリンで学んだ知識を自己の問題意識へと学習の成果を「転移」させ、「知識を再構造化」することができるか、そうした認知的活動を心理学の知見から研究することも必要となってくる。次節では、こうしたミクロレベルの人間の行動の研究を大学教育研究にどう位置づけていくかという研究方法の問題について考えていくこととする。

2. 研究方法の問題

1 高等教育研究の鳥瞰図

高等教育、大学教育をフィールドとする研究は様々な学問領域に渡っている。図2-3はまさにその様相を示す高等教育研究の鳥瞰図である。日本高等教育学会第10回大会公開シンポジウム「いま、求められる高等教育研究とは」で配布された資料である（天野, 2007）。この資料の中で天野は、それぞれの学問領域によって研究の対象や問題意識の違い、さらには理論的方法的にも

レベル	マクロ	ミドル	ミクロ
対象	システム 制度・政策	組織 大学・団体	人間 教員・学生
問題	歴史 制度組織 グローバル化 財政財務・質保証 地域・産学連携 高大接続・入試	財政・財務 管理・運営 評価・点検 経営 人事・労務 危機管理	研究者・FD e-ラーニング 授業分析・開発 学士課程教育 大学院教育 キャリア・就職 学生生活・文化
学問領域	教育社会学・比較教育学 教育行政学・教育財政学 教育経済学・教育史 公共政策学	経営学・会計学 財政学・法学	教育学・教育心理学 教育方法学
関連学会	高等教育学会	大学行政管理学会 国立大学マネジメント研究会	大学教育学会 大学教育研究フォーラム

図 2-3　高等教育研究の鳥瞰図（天野，2007）

差異があることを認めた上で、現在の高等教育研究を俯瞰すると、マクロ（システム）研究に偏り、ミドル（組織）やミクロ（人間レベル）の研究に遅れが見られるという。特に、伝統的供給母胎と言われてきたミクロレベルの教育学・教育心理学・教育方法学などの研究が衰弱していると指摘する。

　しかし、大学がユニバーサル段階に入り、伝統的秩序が崩壊することによって、ミドル・ミクロの実践的課題が急増したことや、課題が複雑化しているという高等教育の現状を鑑みると、教育心理学に対する厳しいその指摘は、複雑化した課題への対応や解決への要請とも受け取れ、むしろミクロレベルの研究に期待が高まっていることの表れとも解釈できよう。

2　心理学研究と教育実践

　そうした高等教育研究からの批判と期待を踏まえた上で、あらためて心理学研究のあり方を教育実践との関係において考えてみたい。これまでの心理学の研究は主として厳密に統制された実験や調査による実証研究を中心に発展してきた。それは近代心理学が19世紀後半に台頭してきた自然科学による科学万能主義を追従するかたちで発展してきたことによる。実証科学であ

ることが心理学のアイデンティティでもあった。

　しかし、近年、現実の教育場面の問題を従来の実験室的な研究方法で扱うことの難しさが指摘されるようになり（佐伯・佐藤他，1998）、新しい心理学のかたちについての議論（下山・子安，2002）も活発化して、教授＝学習を扱う実践的授業研究の必要性（平山，1997；大島・野嶋・波多野，2006；鹿毛，2005）や、大学教育への心理学的知見の応用の有効性（溝上・藤田，2005）など、様々な心理学研究のあり方が示されるようになった。こうした心理学研究と教育実践の関係について考える上で、以下の佐伯（1998）の言及には重要な指摘が含まれているように思われる。

> 学習の「転移」の心理学研究の歴史から「学んで」、心理学自身が転移することが期待されている。（中略）心理学は19世紀的な意味での科学（原理や法則を実証的に確立する学）を目指すのではなく、人間の活動の活きた姿をできるかぎり正確に描き出し、そこから実践上の意味を多様に引き出せるような表象（representation）ないし、表記（inscription）を提供しつつ、それを現実に即して正確に修正しつづけることに徹するべきだと信じる。

　上述の指摘で、教育実践研究において最も重要だと思われる箇所は、「活きた姿」「実践上の意味」「修正しつづける」という部分である。厳密に要因を分析するためには条件を統制することが重要であったが、複雑に要因が絡み合った授業のような学習環境を分析するには人間の「活きた姿」をそのまま表象することも必要となる。

　また、これまでの研究の目的は行動のメカニズムの解明であって、行動の意味や意義を研究者個人の哲学として持ち合わせていたとしても、それを研究の前面に出すということはあまりなされてこなかった。しかし、よりよい教育を考えていこうとするならば、「実践上の意味」を明確にしていくこと、現実に即して実践そのもの研究そのものを「修正しつづける」柔軟性も求められる。そうした営みがよりよい教育へと導いてくれる足場作りとなるのではないだろうか。

　このような人々の学びを現実に即したかたちで捉えていこうとする最新の学問領域として、大島（2006）は学習科学（the learning science）を紹介している。

この学習科学を支えているのは本書の鍵概念として紹介してきた知識構成主義に基づく認知心理学の知見である。知識構成・協同学習・メタ認知・学習の転移・学習環境デザインなど、学習者の「活きた姿」を分析する視点が内包されている。

　また、平山・大谷・小林ら(1997)は教育学・教育工学・心理学のそれぞれの学問領域から、質的研究方法による授業研究を提案している。旧来の研究法のような要因を同定することではなく、統合的な学習環境のもとで要因を分離せずにおこなう実践的研究の重要性を説いている。さらに、鹿毛(2002, 2005)は、研究者による理論と実践の個人内対話の研究プロセスを通じて、生きた教育実践を豊かに研究することを目指している。溝上・藤田ら(2005)もまた、自己満足の実践報告ではなく、理論的普遍的な視点を持ちつつ、大学教育実践に活きる研究を目指し、心理学者の様々な挑戦を紹介している。

　こうした新しい心理学の試みには、人間のありのままの姿をできるだけ現実に近いかたちで捉えていこうとする意気込みが感じられる。'新しいかたち'が目指すところはこれまでの心理学を否定するというのではなく、下山(2002)も述べているように心理学の発展史を踏まえて、現在の心理学が直面している課題を捉えていこうとすることにある。

3　文章産出研究と教育実践

　それでは、文章産出をテーマとする心理学研究はどうだろうか。ここでは上述してきた心理学研究と教育実践に関する議論に基づき、大学教育に関連する文章産出研究の問題を2点に絞って指摘したい。

　第一は、単純化・一般化への志向性の問題である。これまでの文章産出研究の多くは、限られた条件のもとで実験計画を立て、そこでの学習成果を量で測定していくという方法に即しておこなわれてきた。実験条件の操作や統計的分析を考慮に入れ、材料文や問題設定は単純化されたものが用いられることが多い。だが、教育の場面での文章産出の問題を扱うのであれば、いかに書いているかという文章産出プロセスの解明においても、複雑で複合的な現実の教育の問題を多面的に分析した上で、材料文や問題設定にも吟味が必

要であろう。何について書かせるかという教育内容の選定や、産出された文章を評価するために教育目標を明確化することなども必要になる。たとえば、初年次教育の場であれば、大学初年次にふさわしい材料文、教育のねらいなど吟味すべきことがある。また、結果の解釈においても、大学教育の現状を考慮した上での一般化でなければ、たとえ厳密な手続きによって検証された結果であっても、被験者が大学生であったとしても、大学教育に意味づけるような短絡的な解釈や飛躍があってはならないだろう。統制された実験条件のもとであればこそ研究成果の解釈に慎重でなければならない。

　さらに、短期間という実験期間も単純化の問題として指摘できる。たとえば、これまでは授業1コマあるいは数コマをデータ収集の場に当て、実験がおこなわれてきた。しかし、短期間に獲得される知識もあれば、長い時間を掛けて熟成されていくような学びもある。レポートの書式に関する知識であれば短期間に習得できるが、表現意図に照らし合わせて内容を吟味するような書く力考える力を身につけるには時間が掛かる。学習者が時間を掛け、主体的自発的に学んでいく知識の問題を扱っていこうとするならば、従来の実験室的な研究や定量的な研究で対応していくことは難しくなる。一定期間を掛けて観察された授業での学生の行動や発話、授業者の実践知の分析など定性的な研究も必要とされるだろう。

　第二は、仮説に関する問題である。一つめは、意味のある仮説かどうかという問題についてである。仮説を厳密に検証すること事態に問題はないが、何を厳密に検証するかという問題である。教育的文脈から見て意味のある仮説であるならば厳密に検証する価値があるが、教育の実状を十分に踏まえていない仮説、あるいは研究の体裁を整えることが目的化しているような仮説の検証のしかたであれば、学びの本質を探究する意義ある研究とは言えないのではないか。二つめは、仮説を生成することについてである。教育プログラムの開発には創造力も想像する力も必要であるから仮説検証型の研究だけでなく、仮説生成型の研究も重要ではないかと考える。そこから教育への発想が生まれる。

4 「研究の棲み分け」ではなく「研究の統合」

　それでは、これまでの議論を踏まえ、再び、天野(2007)の指摘について考えてみたい。高等教育研究からの期待に教育心理学が十分に応えていないという指摘である。確かに、教育心理学の不毛性が指摘されるに至って久しいが、一方で、新しい心理学を模索する動きも確実に広まっていることは本論でも明らかにしてきた。大学生を対象とする研究、大学での授業をフィールドとする実践研究にも新しいかたちを模索する研究が見られる。ただし、そうした新しい心理学の動きが高等教育研究において十分に認識されていないようでもある。ただ単にまだ知られていないということもあるだろう。あるいは高等教育研究から眺めたとき、心理学研究のこれまでのかたちが魅力的ではない、説得力がないと映っているのかもしれない。それはなぜか。それは教育心理学が高等教育研究においてミクロレベルの研究として位置づけられてはいるものの、マクロレベルの研究との連関が明らかにされてこなかった、交流がなかったことによるのではないか。特定の学問領域が扱う特定の問題関心というように「研究の棲み分け」がおこなわれてきたようでもある。

　そうではなくて、今まさに「研究の統合」が必要とされている。ミクロな研究関心を他の高等教育研究との連関において意味づけることや、ミクロな研究の価値をマクロな視点からも説得力を持って説明する力が求められている。また、従来の研究のようにマクロな視点での理念的な解釈に留めることなく、ミクロな人間レベルでの実践的課題に具体的に取り組む姿勢、具体的な提案、具体的な行動も求められる。そうすると、マクロとミクロの研究者の交流というだけでなく、研究も実践もという総合的な力を持った研究者あるいは授業者の力量形成ということも重要な課題となってくるだろう。

　こうした研究のあり方を見てくると、「ミクロかマクロか」「基礎研究か実践研究か」という「あれかこれか」ということの二者択一の選択ではなく、子安(2002)も述べているように「あれもこれも」という「二項対立を越えて」いこうとするところに、新しい研究の方向性が見えてくるのではないかと思われる。

　心理学の立場から、子安は「基本に立ち返って研究法を考える」ことの重

要性を指摘する。「温故知新、これまでの研究方法をつぶさに知ってこそあたらしい考え方が生まれてくる」のであり、「方法の党派性を超えて、二項対立を克服する方向性」が見出されるという。

一方、高等教育学の立場から、舘 (2006) は『原点に立ち返っての大学改革』において望ましいディシプリンのあり方を次のように考える。諸ディシプリンが主従なく、その力を認めあうということであり、諸ディシプリンを相互に関連づけて課題解決に当たることが重要であって、それが真のインターディシプリナリーと呼べるものだという。

両者は、基本すなわち原点に立ち返ることの重要性を指摘している。そこでは、それぞれの研究の独自性を尊重し、統合的に課題解決に当たることの大切さが説かれており、学問を探究する姿勢はまさに党派を越える、ディシプリンを越えて新しい課題に立ち向かおうとすることであることが分かる。そして、活きた人間の姿、現実の大学のあり様を捉えていこうとすることによって、自ずと研究には統合的な方向性が求められるようになるということも読み取れる。

現実の問題に直面すると、文章表現教育という枠だけでは考えきれないこと、従来の心理学研究の枠では扱いきれない課題があることに気づかされる。より広い視野から大学が抱える問題を捉えていくための一つの試みとして、次の第3章では、文章表現教育を学士課程カリキュラムにいかに位置づけていくかという観点から、「知識構成」と「学習の転移」という心理学の知見をもとに考えていくこととしよう。

注

1 宇佐美は1960年代後半から、言葉と思考の指導に関する一連の著作において一貫した見解を示している。たとえば、『大学の授業』(1999) では、徹底して読ませる、書かせる、考えさせること、また、授業に臨む態度も含め、学生を厳しく指導することが大切だと説いている。

第3章
学士課程教育における文章表現教育の意味と位置
―― 知識の構造化を支援するカリキュラム開発に向けて

1. 文章表現教育とカリキュラム

1 文章表現科目の何が問題か

　第1章でも明らかにしてきたように、近年、初年次に「大学における学び方を学ぶ」というような学習支援プログラムの必要性が認知され、多様なプログラムが展開されるようになった (山田, 2006, 濱名・川嶋, 2005, 舘・山田, 2004)。その中でも、レポートの書き方やプレゼンテーションなどの指導は、スタディスキルとして分類され、オリエンテーションプログラムの一部に盛り込まれるか、あるいは言語表現科目という独立した科目として開講されている[1]。
　このような日本人学生のための日本語の教育は、現在のところ名称も統一されておらず、言語表現教育(向後, 2002)、アカデミック・ジャパニーズ(門倉他, 2006)、高水準リテラシー教育 (西垣, 2005) など多様で、教育の目指すところにもそれぞれ若干の違いがあるように伺える。筆者はこれまで書くことの教育に焦点を当て、書く力と考える力の育成を目指した文章表現教育が必要であることを、認知心理学を背景に説いてきた (井下, 2001, 2002a, 2002b)。
　最近では実践の報告もさらに増し、様々なタイプのテキストも開発されるようになった。論文やレポートの書き方だけでなく、スピーチや朗読の指導、敬語の用法や就職活動のエントリーシートの書き方まで、その幅広さはこの科目を担当する教員の専門の多様性を示している。一方で、こうした教育や科目で扱う内容が拡散し、大学で目指すべきことばの力とはいったい何なの

か、曖昧となっている例もあるように思われる。

確かに、初年次にレポートの基本形式を学ばせることは効率的であり、大学における学習のためのレディネスのひとつと捉えることもできる。だが、果たして、入学したての学生に何をどこまで書けるよう期待して教えたらよいのか。どのようなテーマをどれくらい掘り下げてテーマ設定させるか。論理性や科学性をどの程度求めるのか。一般的な文章作法を教えるのか。専門分野に近い形式で論文構成を教えるのか。あるいは生活綴方教育のように内面の発達に重きを置いた教え方をするのか。その内容は学生の専攻や学力によっても異なってくるだろう。すなわち、何をレディネスとするのか。どこに向けられたレディネスなのか。カリキュラムのどこに位置づけられるものなのか。指導の目的や目標、位置づけが明確でなければ、適切なプログラムは作れない。科目を担当する教員の専門分野や得意とする内容で授業を構成することも意義があるが、それだけでなく、大学教育を俯瞰し、体系的にデザインすることも必要なのではないか。したがって、この問題に答えを出すことは、初年次教育あるいは言語表現科目の枠内に留まっていては難しいのではないかと思われる。

2　ポートランド州立大学の学士課程カリキュラム改革

こうした問いに対して、ポートランド州立大学の学士課程カリキュラム改革の事例はひとつの示唆を与えてくれる（吉田，2004）。改革においてワーキンググループが重視したことに学習スキルをはじめとする学習方法が挙げられる。知識の陳腐化が速い時代には「何を学ぶべきか」という獲得すべき知識の問題以上に、「どのような学習の仕方を学ぶべきか」という知識を獲得する方法のほうが重要だと判断され、それが改革のひとつの柱となったのである。この改革は全米において一般教育カリキュラムに与えられる高等教育改革賞など複数の賞を受賞した成功例と言われているが、一方で学内では次のような批判も出ている。その批判とは「学生層が多様であるため、全体として学生は様々な学問分野の基礎を身につけることにも文章力を身につけることにも成功していない」「大学がすべきことは学問という視点から人々

の能力の向上を支えることだ」というものであった。改革では、学問に捉われず基礎的な学習スキルの習得や地域への貢献に力を注いだはずであるが、返ってそれが実質的な学習をしていないという批判を呼ぶことになったのである。その結果、学内の議論は、学問体系の習得に向けた学習内容も、自ら学習課題を探求するための学習方法の習得もどちらも重要であり、要はバランスの問題だというところに落ち着いていったという。

しかし、むしろ、このバランスをどうするかということこそ、カリキュラム改革の喫緊の課題であったのではないか。アメリカと日本は社会的文脈も大学の構造にも違いがあるが、日本においても同様に議論の余地が残されているように思う。これは初年次支援プログラムのデザインを含む学士課程全体のカリキュラムにつながる問題でもある。

3 　知識獲得と転移観——学習はいかに転移するのか

すなわち、大学での学習、学びをどう捉えるかという問題である。ここでの問題点は、「何を学ぶか」という獲得すべき知識と、「どのようにして学ぶか」という知識を獲得する方法を分け、どちらを優先したらあるいは重視したら学習効果が上がるかという視点で議論していることにある。両者は分けて考えるべきものではない。知識とは、学問体系に裏づけられた講義や優れたテキストがあれば、単純に蓄積されるというようなものではない。

認知心理学では「学習」という用語はしばしば「知識獲得」と言い換えられる。では、知識はどのようにして獲得されると考えるのか。学習者の頭の中に知識が蓄積されていくのではなく「どのように知識が構成されていくのか」そのプロセスそのものを学習とするという立場をとる (たとえば市川, 1995)。すなわち、学習者自身がそこにある知識を整理し、自分にとって意味があるように構造化することが学習であり、それが自分にとっての学びとなると考える。

したがって、学問分野の基礎を身につけるにはスキルとしての文章力も必要であるし、本物の文章力を身につけるためには知識を構造化するための学問 (以下ディシプリンと言い換える) も大事な学習となるのである。たとえば、論理的思考や批判的思考は、学習スキルとしての文章構成法を初年次に学習

させるだけでは到底身につかない。諸ディシプリンを学び、時間を掛けてそれを日常の自分の問題として捉え直す中で徐々に熟成されていくものではないのか (たとえば道田, 2001)[2]。

ポートランド州立大学の改革事例では「学生は様々な学問分野の基礎を身につけることにも文章力を身につけることにも成功していない」という振り返りがなされているが、これは知識獲得の考え方に問題があるのではないかと思われる。つまり、先に基礎的な学習をしておけば、後でさらに複雑で高度な内容を学習するときに役立つのではないかという前提がそこにある。この前提は、知識は積み上げによって獲得されるという転移観に基づいており、基礎から応用そして発展へとつながるカリキュラムをデザインする際の根底にあるものと考えられる。

だが、果たして、学習の転移は積み上げ論によって説明しきれるだろうか。基礎的な内容を徐々に教え込んでいけば、難度の高い学習ができるようになるのだろうか。

佐伯(1998)によれば、学習がより創造的・発見的・洞察的な内容になるほど、積み上げ論で説明することは難しくなるという。すなわち、転移には2種類あると考えられる。たとえば、ブルーナー (Bruner, 1961) は、転移を次のように2つに分けて考える。

第一の転移は、訓練の特殊的転移 (specific transfer of training) といわれるもので、ある特定の学習内容Aが別の学習内容Bの構成要素となっているとき、AがBに転移したとするものである。構成要素を積み上げることでより複雑な学習ができるようになるという。したがって、第一の転移を促そうとするのであれば、構成要素の分析が鍵となり、綿密な分析をもとに最適コースがデザインされる。

それに対して第二の転移は、非特殊的転移 (nonspecific transfer) と呼ばれ、学習内容の構造や関係性を理解することによって、知識を広げ、より柔軟に創造的に発見的に深く洞察できるようになることを指している。したがって、第一の転移と比べて第二の転移は高次の転移ということができるだろう。ところが、この高次の転移はブルーナーやゲシュタルト心理学者が期待した学

習の望ましい姿であり、実証された具体的なものではなかった。確かに、転移を2つの側面から分析的に捉えたことは知識獲得の問題に示唆を与えるものではあった。しかし、彼らの理論は「どうすればそのような創造的洞察的な学習を喚起できるようになるのか」というところまで踏み込んで明確に示したものではなかったのである。

4　カリキュラムには転移観が反映する

　こうして見てくると、知識獲得の問題は、転移をどう捉えるかであり、カリキュラムをどうデザインするかという問題につながるものであることが分かる。カリキュラムのデザインには転移観が反映されるのである。

　とすると、この問題はレポートの書き方一つをとってみても、初年次での基礎力アップを目指し最適コースをデザインすることに留まらず、より創造的で質の高い文章力を期待するのであれば、学士課程でのカリキュラム全体に関わる問題へと発展するものであるとも言えよう。それは第二の転移すなわち高次の転移の問題となる。そして、それは理論としての研究ではなく、いかにして高次の転移を喚起するかという教育実践上の課題として具体的に考えねばならない問題となってくる。

5　本章の目的

　そこで、本章では、大学では何のために何を目指してどのようなことばの力が必要とされるのか、「書く力考える力を育むこと」の意味を学士課程教育に位置づけ、知識獲得とカリキュラムの問題に発展させ考えてみたい。

　まず、学士課程における教育内容を区分することによって、それぞれの教育の特質を確認する。その上で、書くこと（以下ライティングと言い換える）を取り入れた授業内容をそれぞれの教育区分に位置づけ、授業の形態を類型化する。さらに、それらの授業で指導対象としているライティングの方略の違いを知識獲得の観点から比較する。創造的発見的な高次の転移を喚起するのであるならば知識を構造化する力が必須であること、構造化する力を育成するには科目のデザインだけでなく、学士課程全般にわたって一貫したカリキュ

ラムを統合的にデザインする必要があることを指摘する。

特に、知識構成型ライティングに「教養」の要素を導入する意味をいくつかの授業例から考えてみる。諸ディシプリンの学習経験を通し、幅広く教養を学ぶことは高次の転移の素地を創るものと考えられる。この幅広い知識をもとに学習者がメタ的に自分を俯瞰し、自分にとって意味のある知識を獲得できるという視点から、知識の構造化を支援するカリキュラムを提案する。従来の学部教育のような縦割りのカリキュラムではなく、学士課程教育としての広やかな学びや4年間を通じての一貫した学びを探求する手がかりとして「書く力考える力を育むこと」の意味とカリキュラムでの位置づけを明らかにしていきたい。

2. 学士課程における教育内容の区分

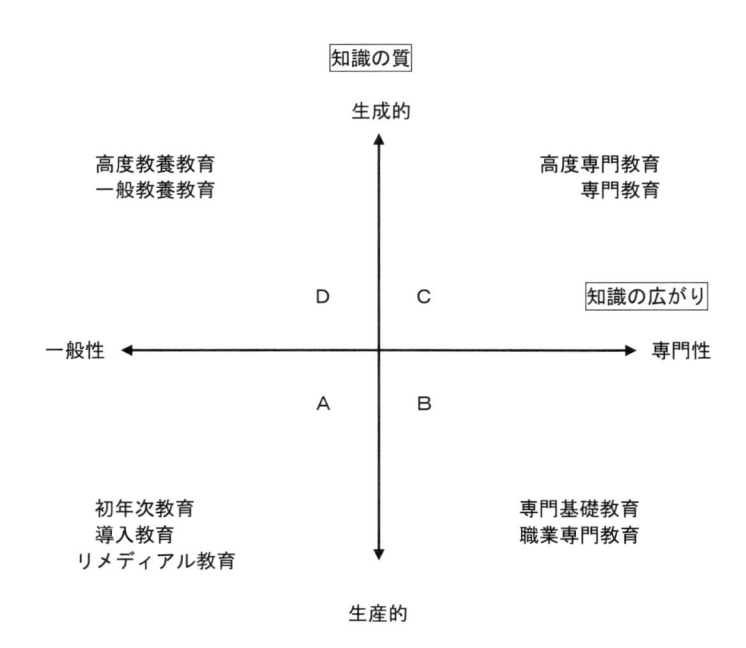

図3-1　学士課程における教育内容の区分

1　教育内容の区分

はじめに、学士課程における教育内容を区分することによって、それぞれの教育の特質を確認する。**図3-1**は、学士課程教育を二つの直交軸で表現し、垂直軸に知識の質を、水平軸に知識の広がりを意味づけ、その教育内容によって区分けしたものである。垂直軸は生産的な教育と生成的な教育の違いを表し、水平軸は専門性と一般性の違いを表している。

たとえば、Aの領域には基本的な知識をタスク化し効率よく学ぶ教育として初年次教育やリメディアル教育を配置し、一般性と生産性が高いことを表している。無論、初年次教育にも様々なプログラムがあり、Aの領域に当てはまるものばかりではなく、教養教育的要素や専門基礎的な内容までを含む包括的なものもある。が、初年次という時期に集中して基礎基本を学ぶことの意義を優先して意味づけすれば、初年次教育の特長として生産的であり一般的であることの必然性を確認することができるのではないかと思う。

一方、Bの領域には専門基礎教育と職業専門教育を配置した。職業専門教育はprofessional educationと呼ばれ、教養教育（liberal education）に対する用語として用いられていることからも専門職的な臨床実習や、専門基礎教育としての実験演習などはここに分類されよう。

そのBの対極に位置するものとして、Dの領域には、多様な科目の編成によって幅広い知識を身につけることを目指す一般教養教育や、高等教育にふさわしい高水準の人間教育（田中, 1997）として生成的な内容を目指す高度教養教育を位置づけている。

Cの領域には専門教育を位置づけた。ここには、専攻演習などのゼミや卒業研究などが当てはまる。専門性が高くかつ生成的な教育や研究が学生の問題意識を探求することを目的としておこなわれているものと想定して配置した。したがって、専門教育でも狭義に専門化し、職業との関連が深い内容は生産性が高いという意味でB領域に近いと考えたほうがよいだろう。

2　図3-1の目的

なお、図3-1の目的は、現在おこなわれている教育すべてをこの基準で4

つの区分のどこかに分類し、型に当てはめて決めつけ、一般化することにあるのではない。むしろ、現実の授業の多くは多様な要素を含みながら、4つの区分のいくつかにまたがる内容によって構成されていると考えられる。したがって、この図3-1の意味はその授業がどういう要素によって構成されているものなのかを見極め、4区分のどこのどの範囲にまたがるものなのか、学士課程教育における位置を把握することにある。あるいは、その授業はどこを基礎としているのか、今後どう発展するものなのかを確認するための手がかりと捉えている。つまり、学士課程のカリキュラムを再検討するために便宜的に描いた区分であり、すべての教育をこの区分によって、相互排他的に完全分類したり、重複を許さない形で断定したりするものではない。

3. ライティングの方略からカリキュラムを考える

1 ライティングを取り入れた授業の類型化

大学の授業において「書く」という活動は様々な場面で見られる。文章表現と銘打った科目だけでなく、あらゆる授業において、また授業外の学習活動、広くは大学生活全般にわたって学生は「書くこと」を求められる。たとえば、レポート課題だけでなく、ノートを取ることや、授業の振り返りをワークシートに書くこと、期末試験での記述問題、実験や実習の記録、就職活動での自己PR文まで含めれば、書く場面は意外に多く、そのジャンルも広い。

表3-1 ライティングを取り入れた授業の類型化とライティングの方略

ライティング方略	【授業の類型】 レポート・論文・記録・ワークシートなどライティングの具体的事例	
知識構成型ライティング	D:【知識の構造化を支援する講義型授業】 大福帳、何でも帳、ミニッツペーパー 当日ブリーフレポート、自分史づくり 考えるプロセスを支援するワークシート 講義内容の理解を促す記述問題	C:【ディシプリン習得型授業】 卒業論文 研究計画書
知識叙述型ライティング	A:【ベーシックスキル習得型授業】 ノートの取り方 レポートの基本的形式 レジュメの書き方	B:【専門基礎演習型授業】 実験演習レポート 調査報告書 臨床実習記録

注:A, B, C, Dの記号は、図3-1 学士課程における教育内容の区分に対応している。

表3-1は、こうしたライティングを取り入れた授業を、図3-1に示した教育区分に位置づけ、その授業における提出物や記録物（たとえば、実験レポートや卒業論文、臨床実習記録など）を、ライティングの方略と知識獲得との関係において整理したものである[3]。Aのベーシックスキル習得型授業とBの専門基礎型授業は知識叙述型ライティングとして、Cのディシプリン習得型授業とDの知識の構造化を支援する授業は知識構成型ライティングとして分類した。ただし、前節でも述べたように、すべての授業や提出物などをこの枠組みで区分し断定することにねらいがあるのではなく、その授業や授業での提出物の中核を成すと思われる目的を捉えて類型化している。

2 ライティングの方略

ベライターとスカーダマリア（Bereiter & Scardamalia, 1987）にそってライティングの方略を、知識叙述（knowledge-telling）型ライティングと知識構成（knowledge-transforming）型ライティングの2つに分けて考えていこう[4]。表3-2を参照されたい。表3-2は、ベライターらの方略モデルをもとにして、さらにそのモデル構成の背景にあると思われる転移観、教育観などを加えてまとめたものである。ここではこの2つの方略モデルを比較しつつ、それを大学の授業におけるライティング（表3-1）と対照させながらカリキュラムとしての問題を見ていく。

まず、知識叙述型ライティングでは、文章のテーマについて思いついたま

表3-2　ライティング方略の分類

	知識叙述型ライティング	知識構成型ライティング
対象者	初心者	熟達者
推敲	表層的 単線型	内容的 再帰型
メタ認知	既有知識の点検のためのモニタリング	新たな知識生成のためのモニタリング
学習の転移	第一の転移 知識の積み上げ	第二の転移 知識の構造化
指導法	教え込み	支援
学習目標	収束的	拡散的
教育の質	生産的	生成的

まに書き連ねていく方略が取られる。読み直ししない書きっ放し状態の単線的な文章産出プロセスを辿ることも想定される。推敲がおこなわれるとすれば、文法的な誤りや統語的な問題について調整がおこなわれる。いわゆる文章の修辞的な問題を既有知識によってモニタリングするという表層的なレベルでメタ認知が働いていると考えられる。また、知識叙述型は知識をそのまま忠実に積み上げていく方略でもある。したがって、文章を書く際の手続き的知識が綿密に分析され、収束的な学習目標が適切に設定されれば、基本となる書き方を効率的に学習することができる。生産的学習が可能な方略とも言えよう。

　一方、知識構成型ライティングでは「何についてどう書くか」というテーマに関わる内容的知識と文章表現に関わる修辞的知識との間に相互作用が見られる。すなわち、推敲では文章の目的と照合しながら表現を吟味する"行きつ戻りつ"の再帰的なプロセスを辿る。つまり、内容の再構成がおこなわれているわけであり、単に文章の誤りを修正するだけでない、新たな知識生成のためのメタ認知活動を確認することができる。したがって、そこでは知識の構造化が求められる。教え込みによって獲得される知識ではない。創造的拡散的な思考を必要とする生成的な方略と言えよう。

3　方略モデルの問題点

　このように2つの方略モデルにはライティングの典型または理想型が明示されている。モデルは一定の理論的背景の上に構成されており、異なる2つの特性を対照させることによってさらにライティングの全体像を把握しやすいものとしている。しかし、一方で類型に特有の特性を見出すという点が注目されると、その型に当てはめて決めつけてしまう傾向や、中間型・移行型を無視してしまう傾向も問題点として見えてくる。この問題点はモデルの背景にある転移観を反映している。この転移観を分析することによってカリキュラムの問題へと発展させて見ていきたい。

　たとえば、ベライターらは、知識叙述型ライティングは初心者に、知識構成型ライティングは熟達者に多いと述べており、これにより知識叙述型ライ

ティングは初歩的で稚拙な書き方として、知識構成型ライティングは目標とすべき望ましい書き方として紹介されることも多い。しかし、知識叙述型ライティングを稚拙な書き方と紋切り型に決めつけるのではなく、その意義も見逃すことはできないのではないかと思われる。

　表3-1を参照しつつ、大学の授業を例に考えていこう。授業では内容の全体像が見渡せなくても、とにかくノートに書きとめておくことが必要な場面もある。臨床実習記録ではその日の出来事をフォーマットに沿って書き記すことが求められる。実験レポートでは目的・方法・結果・考察と一連の手続きにそって書くことを指導される。

　このように、Aの領域のベーシックスキル習得型の授業や、Bの領域の基礎演習型の授業では、基本的知識に基づき比較的限られた範囲の課題を型通りに書くことが求められる。学生はそうした知識叙述型ライティングを忠実におこなうことを通して、文章の書き方の基本やディシプリンの基礎を効率的に確実に学ぶことができるようになる。知識叙述型ライティングはこれまで小学生の作文の書き方を例に説明されることが多かったが、大学生をディシプリンを学ぶ初心者として捉えれば、基本に忠実に書くことを要求する知識叙述型ライティングの指導は大学生にとっても十分意義あるものと考えられる。

　それでは、この知識叙述型ライティングの学習を十分おこなえば、知識構成型ライティングができるようになるのだろうか。ベライターらの方略モデルは2つのモデルを対比させて各々の特徴を明示したが、知識叙述型から知識構成型ライティングへとどのようにして学習が転移していくのか、その移行型を示してはいなかった。したがって、これを転移の問題として考えていかねばならない。

4　心理学実験演習でのレポート課題

　心理学実験演習の授業で考えてみよう。この授業で、学生は基礎的な実験を授業内に自分たちで実施し、そのデータを翌週までにレポートにまとめ提出しなければならない。教師は実験の目的、手続き、結果の処理方法、レポート

の書き方などを説明する。さらにエクセルの使い方から統計的検定のやり方、実験の進行状況までチェックしなければならない。教師にとっても学生にとってもタイトなスケジュールの授業だが、手続きを踏んできっちりと教えれば、学生たちはある程度質のそろったレポートを提出してくる。

しかし、目的と考察の書き方にはばらつきが見られる。自分で考えて書かなければならないからである。目的はなぜその実験をするに至ったのか、先行研究を調べ、レポート全体を見通して論理的に書かなければならない。予想と異なるデータが出ることも多いから考察ではなぜそのような結果になったかを批判的分析的に述べなければならない。インターネットを使ってダウンロードし貼り付けるなどという技「コピペ」（コピー＆ペースト）はここでは通用しない。様々な知識を関連づけて整理する力、知識を構造化する力が求められる。学生の底力が試される場でもある。したがって、レポートの体裁は整って見えても内容をよく読むと歴然とした差が出ていることも少なくない。この差は授業で教師が実験手続きやレポートの書き方を懇切丁寧に説明したとしても、また学生自身がレポート執筆経験を数回積んでも、なかなか埋まらない個人差でもある。

すなわち、一つの実験レポートの中にも、ライティング方略の質的な違いを見出すことができる。レポートの体裁を整えるには知識叙述型ライティングでも十分だが、内容に踏み込んで目的や考察を書こうとすれば知識構成型の方略が必要となる。

表3-1で実験レポートを知識叙述型ライティングとして分類したのは、心理学基礎実験の学習目標が一連の実験手続きを身につけることや心理学としてのレポートの書式を学んでもらうことにあるからだ。レポートの完成度を高めようとするならば、あるいは目標を高く設定するのであれば、当然のことながら、知識構成型で書く力、知識を構造化し、あるいは再構造化し、創造的に書く力が必要となってくる。

5　知識構成型ライティングは教えられるか

ではこの創造的生成的に書く力をどう育んでいくのか。こうした知識構成

型ライティングは教えられるものなのだろうか。これは優れた教材が開発され最適コースがデザインされようとも、一つの授業枠内では解決できない問題だと思われる。手続き的知識の積み上げ論では理解の深化や新しい知識の生成は期待できないからだ。学習者個人の中にある断片的知識はその学習者が様々な学習経験をすることによって構造化されていくと考えられる。

　ただし、これは最適コースのデザインを否定することにはつながらない。学習の構成要素を綿密に分析し、それを組み立てた教材は効率の良い学習を促進する。しかし、教材には限界があることも知る必要がある[5]。どの教材にも限界はある。その限界を知ることによってこそその教材の良さは活かせる。したがって、教材の良さ、コースの適切さを活かすためにもカリキュラムの編成は必要なのである。様々な学習経験を提供できるカリキュラムとして学士課程の全体的な構図の中に位置づけ論じなければならない。

　それでは、どのような授業で知識構成型ライティングが要求されるかを見てみよう。表3-1ではCとDの領域に位置する授業のライティングを、幅広い知識に裏づけられた生成的拡散的思考が要求される知識構成型ライティングとして分類している。では、CとDの違いは何か。Cが特定のディシプリンの習得を目指した知識構成型ライティングであるのに対し、Dは諸ディシプリンの学習経験を通して学習者個人が自分にとってあるいは自分の人生にとって意味のある知識を獲得できるという観点から高次の転移を目指した知識構成型ライティングとして位置づけている。

　したがって、Dでは知識が創り出されていく経験的なプロセスが重視される。自分の経験と統合できない知識ならば自分にとっては意味がないものとなる。様々な授業での学習経験を主観的知識として構造化することが求められているのである。

　すなわち、前述した実験レポートの例であれば、個人間のライティングの質的差は学習者のこれまでの学習経験の差にあるとも考えられる。だから、一つの授業枠内ではどうしても解決できない差なのである。「学習者に与えられる学習経験の総体」がカリキュラムだとすれば（松下，2003）、様々な学習経験を通して、学習者が意味ある知識を獲得できるように、知識の構造化を

支援するカリキュラムとして検討していかなければならない。

4. 知識の構造化を支援する授業デザイン

1　知識構成型ライティングを取り入れた授業例

　では、知識の構造化を支援するカリキュラムはどのような学習経験によって構成されるのだろうか。カリキュラムを構成する授業の中身をここでは見ていきたい。

　これまで見てきたように、大学での文章表現教育はAの領域の文章表現科目だけでなく、B，C，Dを含めた学士課程のすべての授業においても可能性と必要性があると考えられる。そうであるならば、授業は断片的知識の集積ではなく、学習者が知識を構造化できるようにデザインする必要がある。

　そこで、ここでは学習者個人が意味のある知識を獲得することを目指して知識構成型ライティングを取り入れた授業例に注目していきたい[6]。Dの領域の教養科目にその実践例を見ていこう。表3-1を参照されたい。表3-1に示された授業は授業のどこかで必ずライティングすなわち「書く」という行為を取り入れている。たとえば、表3-1のD「知識の構造化を支援する講義型授業」における織田（2002）の"大福帳"による実践や、"何でも帳"を用いた田中の実践（1997）は、授業の感想や意見をワークシートに書かせ、翌週にコメントを返すという、相互性や生成的内容を目指した高水準の人間教育として代表的な実践例と言えよう。

　また、講義に書くことを導入した事例としては、安岡ら（1991）による講義後に講義のポイントと疑問点を書かせる"ミニッツペーパー"方式、宇田（2005）による"当日レポート方式"、村瀬（2005）による"内観法を取り入れた自分史づくり"をレポート課題とした例もある。

　さらには、心理学の授業において、学生が講義内容からテーマを発掘しレポートをまとめるまでの"思考の変容プロセスを一覧できるワークシート"を開発した事例（井下，2003a, b）や、"講義内容の理解を促す記述問題"を出して自分の経験を引用しながら理論を解説させることで知識を構造化できる

ようにデザインした事例（井下，第9章2節）もある。また、講義ではないがプロジェクト型の授業としては、議論したことを書くことを通して内容を構造化し、大学での学びへとつながるよう支援した例もある（井下，2003c, d）。

以上の授業例では、知識構成型ライティングを促す課題を授業に取り入れることによって、授業での学習経験を学生自身が自分に引き寄せて再吟味できるように、すなわち高次の転移を目指した授業デザインがなされている。

2 教養とは自らを相対化すること

すなわち、こうした授業では何を学んだかという知識そのものを獲得することを目的としていない。ここでの教養は知識の量ではない。いかにして自分に意味あるように知識を構造化しようとしたか。自らを相対化しようとする「知」のあり方にこそ、学びの本質があると考えられる。

たとえば、安西（2002）は教養があるということは自らを「客体化」できることだと述べている。学問は自らを客体化する一つの手段であり、それを自分の生きるプロセスの中で捉えていくことが教養教育の重要な点となることを指摘している。また、柴田（2005）は教養教育の目指すべきものとして「自己相対化、今の自分からの脱出、新しい自分、新しい世界を知る楽しさ、その楽しさを発見させること」を挙げている。

こうした「知」のあり方に触れると、レポートの書き方と称してディシプリンに基づいた文章構成法を教えることだけが文章表現教育の役割ではないように思われる。学士課程で身につけるべき「知」の方向性を広く、「自分を相対化すること」に求めるのであれば、その矛先はDの領域の教養教育においてこそ十全な展開が求められる。

しかし、これは文章の書き方のスキル学習を軽視するものではない。書くプロセスは自分を相対化（対象化）して、自分が何を書こうとしているのかをモニタリングし、その表現意図と表現のズレ[7]をコントロールするメタ認知活動でもあるから、書き方のスキル学習は自分を相対化するための基盤となるものとして重要な役割を果たす。どう書かせたら知識の構造化につながるのかという教授法から最適なコースをデザインするだけでなく、それをカリ

キュラムに位置づけていくことが必要となってくる。一人の教員あるいは一つの授業枠でデザインされる授業論ではなく、カリキュラム論として論じていかねばならない。

5. 知識の構造化を支援するカリキュラム

　再び、図3-1を見ていただきたい。本章では図3-1に教育区分を示したが、先に述べたようにこの分類を断定するものではない。筆者は授業をこの区分を動き回るアメーバのような生き物のイメージで捉えている。アメーバには核がある。核があって、絶えず体の形を変えながら前後左右に自由に移動することができる。授業も中核を成す教育目標がありながらも様々な構成要素から成り立っており、目的や対象者、環境に合わせて自由に形を変えることができる「授業アメーバ」[8]として考えている。

　たとえば、大島ら(2005)の授業は言語表現科目であっても専門基礎教育の要素を含む。専門教育の教員とのチーム・ティーチングによって専門基礎教育との接続が配慮されている。この授業の核はAの領域の初年次においてレポート作成の基本スキルを習得することにあると思われるが、Bの専門基礎教育に踏み込む内容となっており、その進行方向はCの専門教育に向かっていると捉えることができる。

　それに対して、心理学の実験レポートの核はBの専門基礎教育にあり、レポートの書き方の指導ではAの導入教育的要素も含みながら、Cの専門教育に向かっている。

　一方、井下の心理学の授業(2003a, b)の核は「自分を相対化すること」を目指している点でDの教養教育に位置しているが、心理学のディシプリンを通して思考内容を構造化させるという側面からはBの専門基礎教育の要素を、レポート作成の指導面ではAでのスキル学習の要素も併せ持つ。

　したがって、こうした様々な学習内容を併せ持つ授業を組み合わせ、カリキュラムを編成する必要がある。その目的は、複数の授業科目の成果として、知識の構造化を促進することにある。ここでは、知識の構造化を支援するカ

リキュラムが学士課程教育においてどのような意味を持つのか、その可能性を模索する上で2つの問題点を指摘しておきたい。

　第一は、分節化と接続の問題である。カリキュラムとは学習経験を時間軸の上に順序づけたコース（走路）であることから、カリキュラム編成では時間と学習経験をどう分節化し、分節間をどう接続するかということが問題とされてきた（松下, 2003）。たとえば、これまで漠然と語られてきた「教養教育と専門教育の有機的統合」という問題もそれに当たる。杉谷（2005）も指摘しているように、そもそも有機的統合とはカリキュラム上どのような状態を示すのか十分に検討されてこなかったとも言えよう。

　筆者はこの学士課程教育における「まとまり」を検討していく上で文章表現教育は具体的なプログラムを提示していくことができるのではないかと考えている。すなわち、「ことばの力」とは大学での学習の根幹に関わるもの（岩下, 2004）であるから「ことばの力を育む」という側面から学士課程カリキュラムを眺めてみると、分節化ではなくて、そこに「連続性」と「重なり」を見出すことができる。たとえば、ライティングを取り入れた授業をアメーバに例えて示したように、書く力考える力は様々な授業において求められ、いくつかの教育区分にまたがる形で「連続」し、その学習が複雑に「重なり」あって繰り返されることにより、次第に身についていくものと考えられる。しかし、これを従来の教育課程的カリキュラム観に立ち、基礎から応用へという順序だった単線的なコースとして第一の転移に基づく設計をしようとすれば、教養教育と専門教育の分節化あるいは学習スキルと学習内容の分断から抜け出すことはできない。また、学部教育という縦割り構造からも抜け出ることはできない。

　そうではなくて、学習者自身が自分のことばとして表現した学習経験が「学びの経験の履歴」（佐藤, 1996）となるように、学習者の立場から「学習者に与えられる学習経験の総体」として第二の転移すなわち高次の転移を促すカリキュラムをデザインする必要がある。そのカリキュラムにおいて、一貫してことばの学習に注目する文章表現教育プログラムは、学士課程4年間の「まとまり」を形作る上で大きな役割を果たすことができるものと考えられる。

第二は、獲得すべき知識の質の問題である。学士課程教育においては自分にとって自分の人生にとって意味があるように知識を構造化できるかどうかが重要であり、自分と向き合う教育が必要だ。たとえば、絹川 (1995) はカリキュラムは学習者が主体的に学ぶことができるように構想されるべきであり、専門選択においてもアイデンティティの模索と重ねられるような構造を持つ必要があると述べている。書くことはまさしく自分と向き合うことでもあるから、スキル習得という側面だけが強調されることなく、第2章でも述べたように「教養」の要素と「学習技術」の要素、さらにそれに「ディシプリン」を融合させたカリキュラム編成が必要だと思われる。

これまでにも、国際基督教大学(絹川, 2002)や立教大学(全カリ編, 2001)では、英語でリベラルアーツを実践してきたが、ユニバーサル化された時代にあってはそれを母語としての日本語で表現し思考する力を育成することも必要となる。また、向後 (2002) は富山大学における9年間の実践から言語表現科目が大学の教養教育の基本として位置づけられる時代に入りつつあることを指摘している。

さらに、今後、文章表現教育プログラムを、学習者の知識の構造化を目指したカリキュラムとして学士課程教育に位置づけていくまでには、大学の理念や特徴、内容やレベル、順序、展開方法など各大学の実状に合わせて開発していく必要があるだろう。

6. 研究の方法について

本章では、心理学の知見を引用しながらライティングにおける知識の構造化の重要性を指摘し、それを学士課程のカリキュラムとして全体の構図の中に位置づけて検討する必要があることを示唆してきた。心理学の実験実習レポートや専門教養科目での授業例などいくつかの事例をもとにしながらできるだけ具体的に述べてきたが、具体的に記述することと実証することは異なる。単に理念を述べるだけでなく、単に実践を語るだけでなく、理念あるいは理論を展開し、どういう実践をおこなったかを述べることが授業研究の質

を高めると思われる。授業研究において日常的な実践を記述することは必要不可欠であるとも言える。

本書では、第6章以降の実践編で筆者の日常的な授業実践を記述することに取り組んでいるので、敢えて本章では日常的な実践を記述するという方法は選択せずに、心理学の知見をもとに文章表現教育を学士課程のカリキュラムに位置づけて考えるという方法をとった。実践報告の自閉性[9]から何とか脱却するためにも、その実践を大学教育に位置づけ、その実践の意味を俯瞰的に捉えていくことが必要だと思ったからである。第2章2節の研究方法の問題でも述べたが、ミクロの問題をいかにマクロな視点から捉えていくかという試みの一つでもあった。

その他にも、研究方法としては実験や調査というアプローチもある。たとえその方法を選択しても教育を考えることを目的に据えるならば、その教育的文脈において研究がデザインされ分析がなされなければ意味がない。教育的文脈から逸脱した研究であれば、臨床面実践面への示唆は抽象的で非現実的なものになりやすい。

そうであるならば、他にどのような研究方法が可能か。次の第4章は、看護記録に関する面接調査の報告である。グループインタビューでの看護師や看護学生の発話内容を質的に分析していくことによって、その可能性を探ってみたい。看護記録は看護師の思考過程の証とも言われている。大学での書くこと考えることの教育を検討していく上で新たな視点を示唆してくれるものと思われる。

注
1　言語表現科目創設期の事情は筒井 (2005) によってまとめられている。また、本書の第2章でも紹介した。
2　道田 (2001) は日常的な題材に対する大学生の批判的思考態度を測定し、一貫した学年差や専攻差が見られなかったことから、学問分野に固有の論理や思考法を教育するだけでは不十分であることを指摘している。
3　表3-1を作成するに当たり、西垣 (2005) の表6-2リテラシーの分類を参考にした。
4　knowledge-telling は「知識表出」「知識語り」と訳されることもある。また、

knowledge-transforming は「知識変形」「知識変換」と訳されることが多い。確かに「変換」と訳すほうが「知識の転移」ということをストレートに訳出することになるが、本章ではどう転移するのか、その転移の仕方に焦点を当てているので、知識を「構造化」して転移するというところに注目し、ここでは「知識構成」と訳出することとした。

5　教材の限界について佐藤（2004）は論文構成に着目した教材開発の経験から、どの分野でも使えるように作ることは学習者にとっても最大の満足となりにくいこと、さらには基本的要素を抽出することが返って一般的すぎて効果があがりにくいという不満を生ずる可能性があることを示唆している。

6　学生の知識構成を促す教授法について、溝上（2005）はポジショニングの概念から論じているが、本章では「書く」という行為を取り入れた授業のデザインという観点から捉えている。

7　安西・内田（1981）、内田（1990）では、書き手が書こうと意図したことと、実際に書き出した表現のズレを調整する際の推敲過程を、プロトコル分析によってその諸相を明らかにしている。

8　授業アメーバについては、第5章の図5-3　知識の構造化を支援する学士課程カリキュラムと授業アメーバを参照されたい。

9　田中（2003）は、実践研究の数量化による自然科学紛いの整え方や、実践報告の自閉性を指摘している。

第4章
基礎研究から教育のねらいを定める：
メタ認知の発達と教育
―― 看護記録に関するグループインタビューの分析から

　基礎研究から「教育のねらい」を定める。「ねらい」とは、目標や目的にも相当するものでもあるが、ここでは、授業哲学という意味も含めて、授業デザインの中核を担う視点という意味で用いている。

　本書は一般的な大学教育をフィールドとし、書く力考える力をいかに育むかという問題に取り組んでいるが、第4章は看護教育をフィールドとする看護記録に関する面接調査の報告である。一般的な大学教育とは異なり、専門職教育の色彩が濃いが、これまでの大学教育の枠では捉えきれなかった新たな視点を提示してくれる研究であると考えられる。その視点を次の3点にまとめた。

　第一は、認知的観点からの示唆である。看護記録は看護過程における看護師の思考の証とされてきた。看護過程は複雑な条件のもとで判断が求められる高度に拡散的な問題解決過程である。看護記録には患者の病態としての事実と、そこでの看護師の判断を明確に記す、高度な書く力と考える力が求められる。本研究は、看護記録に対する看護師の認識と臨床実習に対する看護学生の認識を面接調査での発話内容から分析しようとしたものである。この高度に拡散的な問題解決過程での認識を、グループインタビュー法を用いて質的に分析することは、書くこと考えることという認知過程を捉えていく上で、実験法や質問紙調査では明らかにされてこなかった新たな視点を示してくれる。

　第二は、発達的観点からの示唆である。対象を中堅看護師、新人看護師、

看護学生としていることから、書くことに対する認識がどのように発達していくのか、熟達者と初心者の認知発達にはどのような違いがあるのかを知る手がかりとなる。

　第三は、教育的観点からの示唆である。記録の教育は、看護学生を対象とする看護基礎教育においても、また卒後教育における現職看護師の研修プログラムにも導入されている。看護という厳しい臨床の場で書くことの教育がどう展開され、どのような問題が指摘されているのか、大学教育においても参考とすることができる。

　このように看護教育と一般的な大学教育というフィールドの違いがあっても、看護記録の認知に関する基礎的な研究は認知過程の解明に何らかの情報を提供するだけでなく、大学教育にも通じる新たな視点を投げかけてくれる。その新たな視点とは、教育への示唆ということにおいて「これが大事なのではないか」という仮説的推論の域を出るものではないが、書くこと考えることの教育の「ねらい」を定める上で、また授業をデザインする上で、一つの方向性を示してくれる。そうした前提に立ち、本章では看護記録の認知に関する質的調査研究から大学教育に向けて「メタ認知の教育」と「転移」の問題について検討していきたい。

1. 研究の背景と目的

1　看護記録とは

　看護記録はチーム医療における情報伝達の手段として、また看護行為の評価、研究、教育の資料として活用されている。しかし、その意味や目的が強く認識されながらも、いまなお明確な概念や統一された定義はなく、記録のあり方を巡って模索し続けているというのが現状である（岩井, 1996；川上, 1997）。

　看護記録に関する問題は「何を書くべきか、いかに書くべきか」という内容や記録様式、方法など、主に看護上の問題として論じられてきた。1973年に POS（Problem Oriented System）が紹介され、SOAP 方式など問題志向型の

看護記録(PONR: Problem Oriented Nursing Record)が導入されると科学性への関心が高まったものの、「アセスメントが書けない」「看護実践が書き込めない」という看護師の声に象徴されるようにPOSの問題も見えてきた(渥美，1997)。

まず、本題に入る前に、看護記録に関する3つの重要な概念であるPOS、PONR、SOAPについて、図4-1の概念図にそって簡単に説明しておくこととする。

POSはProblem Oriented Systemの略語で、問題志向型システムと邦訳されている。ウィード(Weed, 1969)によって提唱され、わが国では1973年に日野原の著書『POS ——医療と医学教育革新のための新しいシステム』によって紹介されている。このシステムは、次の3つの段階より成る。第一段階は、記録で、PONR(：Problem Oriented Nursing Record)と呼ばれる看護記録を作成する。第二段階では、監査をおこない、記録の適正度、完全性、信頼性、能率性、誤りなどを確認する。第三段階では、修正をおこない、監査の結果に基づいて記録の修正をする。

ウィードの提唱するPOSはもともと医師の医療を中心に考え出されたものであるが、そのPOSの考え方を看護記録に導入したものが、問題志向型の

```
POS(Problem Oriented System):問題志向型システム

第一段階  記録  ──→  PONR(Problem Oriented Nursing Record)
                      問題志向型看護記録
                      ①基礎データ
                      ②問題リスト
                      ③初期計画
                      ④経過記録(SOAP方式で書く)
                      ⑤要約
第二段階  監査

第三段階  修正
```

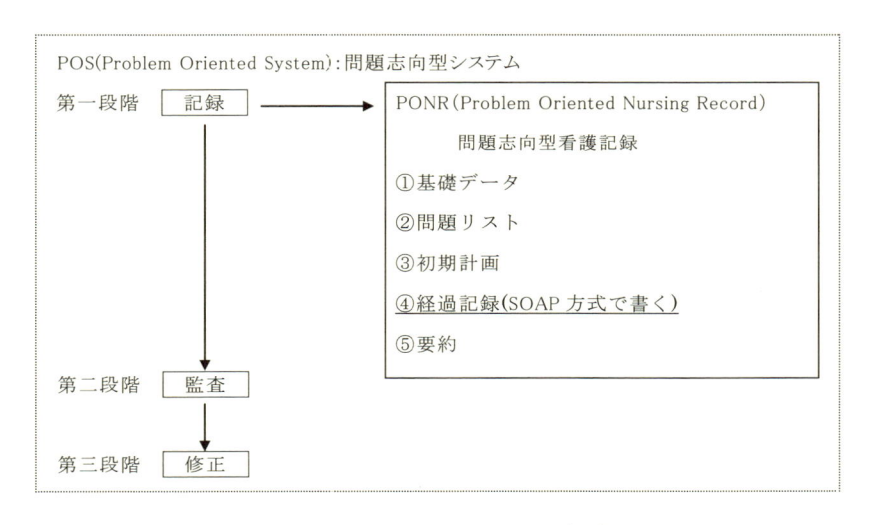

図4-1　POS、PONR、SOAPの概念図

看護記録すなわち PONR（Problem Oriented Nursing Record）である。この記録の特徴は、医療チームで記録を共有することにある。PONR は、基礎データのリスト・問題リスト・初期計画・経過記録・要約の、5つの要素から成る。

SOAP 方式とは、問題志向型の看護記録 PONR においてケアした結果を記録する方式のことである。記録にタイトルや問題番号をつけて情報を整理することを特徴としており、次の4つの要素から成る。S は subjective data：主観的情報（患者や家族の訴えなど）、O は objective data：客観的情報（医師の診察所見・看護師の観察結果・検査結果など）、A は assessment：判断（S と O に基づき考えたこと、感じたこと）、P は plan：計画（アセスメントに従った計画・実施したケアなど）を意味する。

したがって、POS を上位概念とすれば、PONR は中位概念、SOAP は下位概念ということになる。

2 これまでの看護記録に関する問題

これまでの看護記録に関する問題にはさまざまな問題があるが、概ね、「記録の妥当性、活用性、適切性」の3点に集約される。
1. 記録の内容あるいは記録様式（フォーマット）が妥当か
2. 看護の質が評価できる記録になっているか、実践に活用されているか
3. 法的資料として情報が適切に記載されているか

などである。

しかし、こうした問題が周期的に取り上げられながら、なぜ記録が改善されないのだろうか（渥美, 1996, 1997）。その理由として、看護師が持つ「看護とは斯くあるべきだ」という理念と、臨床の場で抱える現実とのギャップが大きいことが挙げられる。そのために、記録をおこなう看護師の根底に常に矛盾や葛藤が渦巻き、看護記録として「何を書くべきか」曖昧になっていることが考えられる。

たとえば、「記録に簡潔性と個別性というある意味では相反する両面を同時に期待している矛盾」「記録をすべきか、ケアすべきかの選択を問われる臨床の場でのジレンマ」「看護師の人間観まで問われる看護の持つ内容の複

雑さ・深さ」などである。

(1) 簡潔性と個別性を期待する矛盾

看護師の記録は医師の書く診療記録と比べ、冗長で要領を得ないと言われる。そこで、記録に簡潔性を求めようと形式的なフォーマットを充実させる努力が試みられてきた。しかし、フォーマットを重視させると、内容的に重要なことが省略されたり、患者の病状や看護師のケアに関する記述が抜け落ちたりすることがある。つまり、型にはめることでステレオタイプの通り一遍な内容になってしまいがちで、患者や看護師の個別性が認められない記録になっていることがある。

このように、記録に簡潔性を求めて形式を強調しながら、実は一方で個別的な内容を看護師や看護学生に期待するという、教師あるいは管理者側の「矛盾」が存在している。

(2) 記録をすべきか、ケアすべきかというジレンマ

多くの看護師が「記録に費やす時間を患者のベットサイドでのケアに充てた方がよいのではないか」という迷いを感じていることがあるという。看護学生もまた「記録を書くために患者さんのところに行って情報を集めているような気がする」と記録に疑問を抱いている。このような発言から、日々の仕事の中で看護師は、看護のあるべき姿を自家撞着して「ジレンマ」に陥っている様子が伺える。

(3) 看護観・人間観まで問われる内容の複雑さと深さ

看護過程や看護記録には、看護師の看護観・人間観が反映される。医師の記録は一貫して病状を追うもので、因果関係が科学的に実証される内容である。それに対し、看護記録は患者の人間性に目を向けなければならない。人間としての経験に裏打ちされた洞察力、患者と痛みを分かち合える共感的理解、内面を語る表現力が必要とされる。知識を形式に載せて書くだけでは追いつかない「内容の複雑さと深さ」がある。看護師としての経験に加え、人間観が問われているのである。

しかしながら、実際、臨床の場では、このようなジレンマに陥り悩み、理想と現実の矛盾を抱えながらも、日々の仕事は着実に確実にこなさなければ

ならないと言うのが現状である。これまでの研究は「何が問題なのか。何を書くべきか。」という問題点を指摘し、それを理念的に記述することに終始してきた。「なぜ、問題となっているのか。どうすれば、よりよい看護記録が書けるのか。」という現実の問題として解決するための方法論は先送りされてきた。そのために、問題点が繰り返し指摘されるけれども、解決の糸口が見つからないという「堂々巡り」に陥っているのではないかと思われる。

(4) 書く訓練・考える訓練の必要性

このように看護行為の記述は決して単純なものではない (高崎, 1995)。なぜなら、看護記録には単なる事実の羅列ではなく事実 (データ) をもとにした看護師の判断や考えを記さねばならず、高度な情報処理能力 (考える力) が要求される (河口, 1997)。しかも、チーム医療においてはメンバーを意識し、情報を伝達するために的確な表現力 (書く力) が必要とされる (林, 1986; 桑野, 1996; 藤村, 1997)。書くべき内容や記録記録様式を単に知識として獲得しても、すぐさま書けるものではない。すなわち、書けるように指導・訓練するための教育の内容や方法を検討していくことが今後看護記録の教育のあり方を考える上で重要な鍵となると思われる。

3 研究の枠組みと目的

看護教育に関する最近の研究では、看護過程における論理的思考や批判的思考の育成を重視した教育方法を新たに開発しようとする動きが見られる。たとえば、思考過程を重視した CAT (Computer Assisted Thinking) や、学生の学びを支える Problem Base Learning、プリセプターシップによる臨床実習などが、その代表的な例として挙げられる (Hartley, 1994; Videbeck, 1997; Maynard, 1996; Milner, 1992; 木村, 1999; 藤村他, 1997)。しかし、理論的背景や研究材料は様々で、記録の教育に焦点を当てた研究は少ない。

そこで、本研究では、記録に対する考え方や記録を書く行為も含め「記録の認知」と定義し、認知心理学の知見と関連づけながら、自らの看護過程を記録するという一連の行動を看護学生や看護師がどのように認識しているかを分析することによって、「看護記録の教育[1]」のあり方を検討する。

第4章　基礎研究から教育のねらいを定める：メタ認知の発達と教育　59

　また、この研究の背景には看護教員と異分野の研究者（心理学者、社会学者）のメンバーで構成される研究会での議論の積み重ねがある。そうした看護師や研究者あるいは教育者としての経験や実践による知見と、先行研究の知見（認知心理学の知見や看護学における看護過程の概念）を付き合わせ、研究枠組みを構築した（図4-2）。

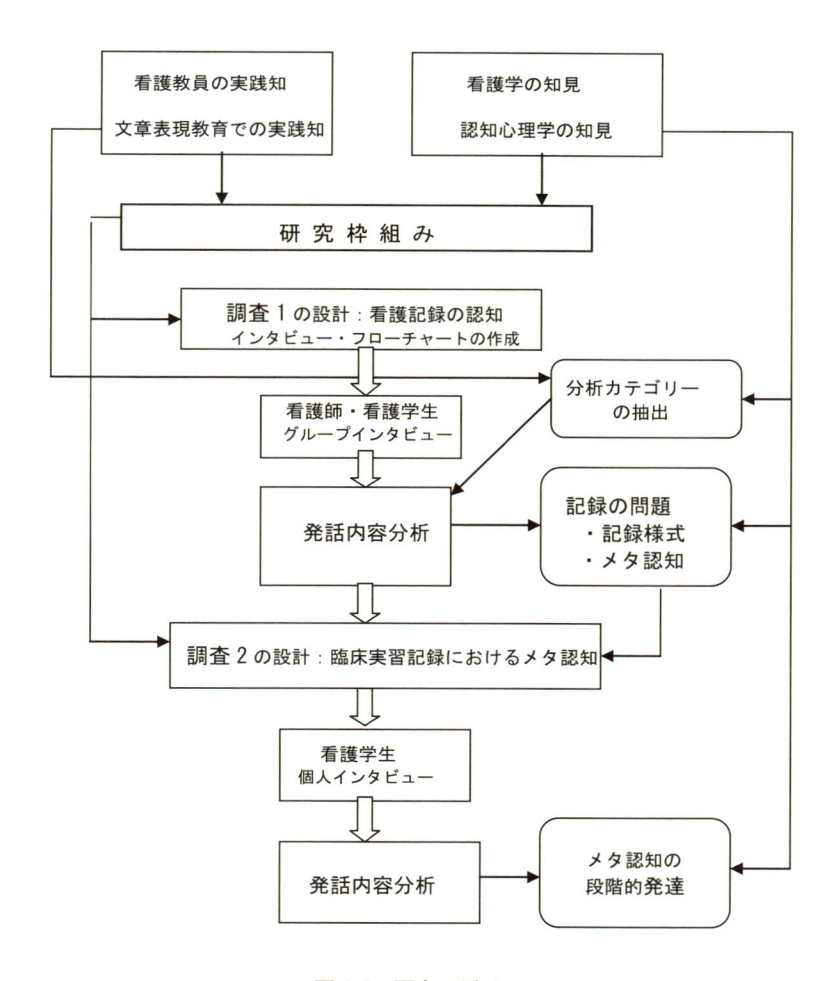

```
[看護教員の実践知            [看護学の知見
 文章表現教育での実践知]      認知心理学の知見]
              ↓      ↓
          [研 究 枠 組 み]
                 ↓
     [調査1の設計：看護記録の認知
      インタビュー・フローチャートの作成]
                 ↓
     [看護師・看護学生           [分析カテゴリー
      グループインタビュー]  →    の抽出]
                 ↓
     [発話内容分析]         →    [記録の問題
                                  ・記録様式
                                  ・メタ認知]
                 ↓
     [調査2の設計：臨床実習記録におけるメタ認知]
                 ↓
     [看護学生
      個人インタビュー]
                 ↓
     [発話内容分析]         →    [メタ認知の
                                  段階的発達]
```

図4-2　研究デザイン

4　方法論の検討

　まず、記録の認知過程を探る研究方法について検討したい。認知心理学では、書く過程を目標が一義的でないという意味で高度に拡散的な問題解決過程としている。一方、看護過程もまた拡散的な問題解決過程と言える。異なる看護師が同じ条件で同一対象から情報収集してもすべて同一の解釈や診断を下すとは限らず、それぞれの人間観・看護観が反映される。こうした目には見えない人間の複雑な内的過程を探る方法論は認知研究でも十分に確立しているわけではない。しかし、一つの方法として内観法やプロトコル分析を挙げることができる（海保, 1993）。これまで言語による内観報告は実証性という点で問題視されてきた面もある。確かに言語データの羅列に終始し解釈も一般化もままならない危険性もある。だが、そもそも本研究の目的は統制された実験による仮説検証にあるのではなく、記録の認知過程の問題を探り、記録の教育に向けて何らかの仮説を生成することにある。

　そこで、本研究では看護記録の認知に関する問題を分析する方法として、調査面接法の一つであるグループインタビュー法を取り上げ検討することとする。グループインタビュー法は、ある調査枠組みのもとに、訓練された司会者によって集団討議をおこない、そこでの発話データを分析する定性的な調査技法である（井下理, 2000）。ヴォーンら（Vanghn, 1996）によれば、グループインタビュー法は対象者相互が刺激となって相乗的、連鎖的に発言を引き出せるという効果があると共に対象者同士の共通体験により共有された仲間意識がお互いに安心感をもたらし司会者（調査者）が発言を強要しなくとも自発的で自然な発話が期待できるという。一方、個別対応的でないため、特定の対象者やトピックに絞り込んでいくことが難しい面もある。したがって、ここではその特徴を活かし、まずグループインタビューを実施し、そのグループインタビュー後に対象者を特定化し、目的を絞り込んでより深い分析をおこなうため、個人インタビューを実施する。

　また、本調査は記録そのものや実際に書いている過程を分析の対象とはしていない。記録に対する看護師自身の認識を過去にさかのぼって語ってもらうという回顧的なインタビューの方法をとる。そのため、考えていることを

逐次言語報告する発話思考法 (think-aloud method) に比べ、必ずしも正確な記憶の再現は期待できない。しかし、対象者は回顧的に内観を語ることで自分の看護過程を内省し、その結果、記録の認識や問題に関する情報を収集することができるものと考えられる。

2.【調査1】看護学生と看護師に対するグループインタビュー
── 「記録の認知」の発達に着目して

1 目　的
(1) 看護記録の認知に関する概念構成を提案する。
(2) 看護学生と看護師の発話内容を (1) に基づき分類し比較することで、看護の専門職としての発達過程において、記録の何が問題として認知されているかを分析する。

2 調査方法

調査対象者：都内の看護短期大学の3年生18名 (3グループ6名ずつ)。都内の総合病院の看護師12名；経験年数によって2グループに分割する。新人看護師6名 (経験年数2年が3名、1年が3名)、中堅看護師6名 (経験年数12年、10年、8年、5年が各1名ずつ、4年が2名)。合計30名。

調査時期：看護学生　1999年6月。中堅・新人看護師　1998年6月、7月。

調査手続き：各対象者には予め「日頃、記録について感じていること、困っていること等を語ってもらうことで今後の教育に役立てたい。個人の意見としては記載しない」と説明し、了解の上、実施した。インタビューは司会者、副司会者、記録係1名ずつで、約1時間30分程度実施し、録音した。

進行はインタビュー・チャート[2] (**図4-3**、**図4-4**) を参照しつつ、それに拘束されずに柔軟に対応した。また、インタビュー・チャートの中に「関連図の活用」についての質問項目があるが (図4-3のD. 書式の3、図4-4のH. 看護教育の6)、これは記録様式に含まれている内容で、患者の病態について、症状・兆候をもたらした原因や要因に関連づけて情報を整理し、図式化したものである。図式化によって患者の病態が要因と関連づけて構造的に理解できるため、ケ

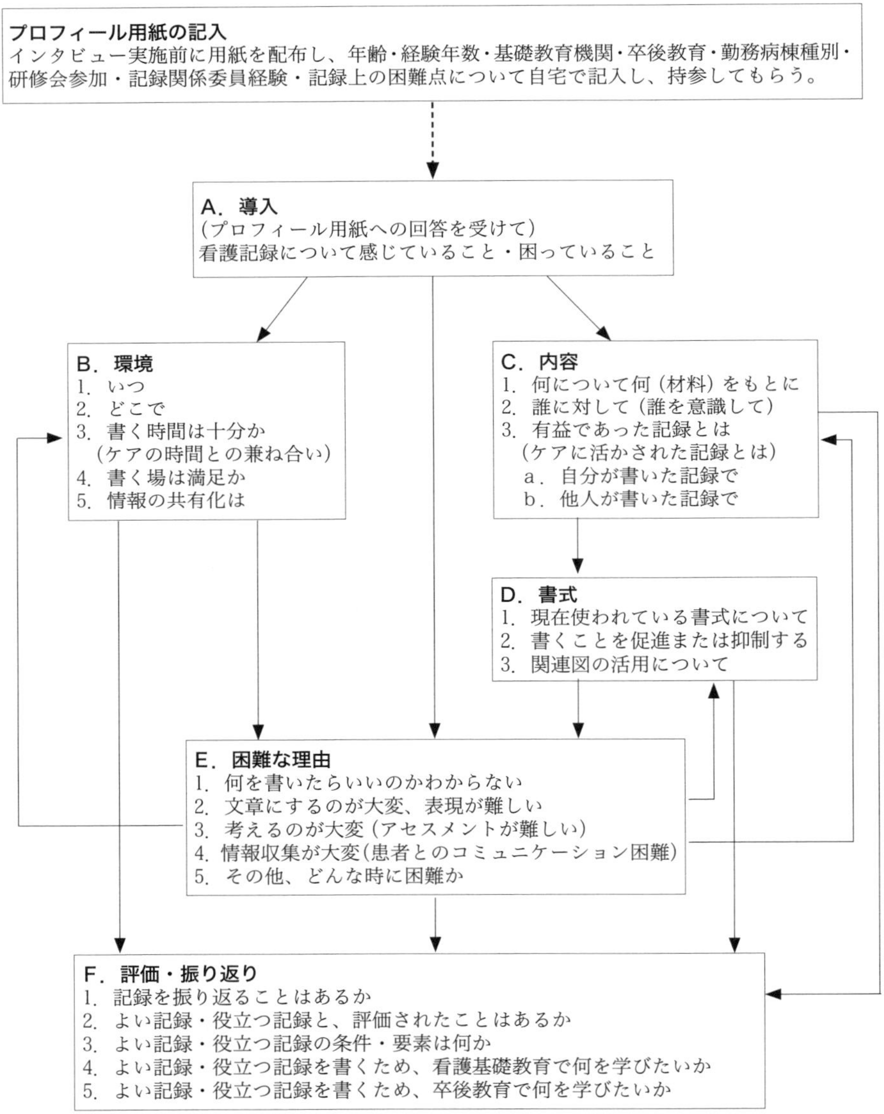

プロフィール用紙の記入
インタビュー実施前に用紙を配布し、年齢・経験年数・基礎教育機関・卒後教育・勤務病棟種別・研修会参加・記録関係委員経験・記録上の困難点について自宅で記入し、持参してもらう。

A．導入
（プロフィール用紙への回答を受けて）
看護記録について感じていること・困っていること

B．環境
1. いつ
2. どこで
3. 書く時間は十分か
 （ケアの時間との兼ね合い）
4. 書く場は満足か
5. 情報の共有化は

C．内容
1. 何について何（材料）をもとに
2. 誰に対して（誰を意識して）
3. 有益であった記録とは
 （ケアに活かされた記録とは）
 a．自分が書いた記録で
 b．他人が書いた記録で

D．書式
1. 現在使われている書式について
2. 書くことを促進または抑制する
3. 関連図の活用について

E．困難な理由
1. 何を書いたらいいのかわからない
2. 文章にするのが大変、表現が難しい
3. 考えるのが大変（アセスメントが難しい）
4. 情報収集が大変（患者とのコミュニケーション困難）
5. その他、どんな時に困難か

F．評価・振り返り
1. 記録を振り返ることはあるか
2. よい記録・役立つ記録と、評価されたことはあるか
3. よい記録・役立つ記録の条件・要素は何か
4. よい記録・役立つ記録を書くため、看護基礎教育で何を学びたいか
5. よい記録・役立つ記録を書くため、卒後教育で何を学びたいか

図4-3　調査1の看護師に対するインタビュー・フローチャート

A．導入
①自己紹介　②グルインの目的と簡単な説明

1. 書くこと一般について（授業ノート・手紙・日記・メモ・マンガ・絵）
2. 書く道具について（筆記具・ワープロ・パソコン）
3. 看護記録について困っていること、感じていること

B．環境
1. いつ
2. どこで
3. 時間は十分か（ケアとの兼ね合い）
4. 書く場は満足か

C．内容
1. 何を（データ、見たこと、ケアしたこと、感じたこと、考えたこと、推量したこと）
2. 誰に（読み手を想定したか。YES→Who?）
3. どのように（書き出す前、書く過程、書いた後）

D．書式
1. 書きやすさ（受け持ち患者記録、看護記録）
2. 有効活用できているか（ヘンダーソン，POS，SOAP）

E．困難な理由
1. 書く内容がわからない or 整理できない（看護の視点がわからない？）
2. 言語化、表現、構成、書き方が難しい or わからない
3. 情報収集（話しにくい・書きにくい患者、医師の記録が読めない、患者・家族との意思の疎通）
4. 考えるのが大変（情報の整理、アセスメント、看護の視点、内容構成）

F．看護学生として
1. 実習で感じたこと（特に記録について）
2. 記録がない方が楽か
3. 記録を書くことの意義
4. 受け持ち患者記録と臨床での記録との違い
5. P.P.やS.P.と臨床の患者との違い

G．臨床でのナースとの関係
1. 記録の書き方でナースから助言はあるか
2. ナースの記録は参考になるか or したか
3. ナースに助言を求めるか、質問するか

H．看護教育
1. 教師から記録の書き方の説明はあるか
2. 良いモデルの提示は効果的か
3. 教師から添削されるか
4. 実習後の評価カンファレンスについて
5. 看護の質と記録の関係について
6. 関連図の活用について

I．作文教育
1. これまでに受けた国語教育での作文指導は
2. 看護以外の科目のレポートと看護記録の違い
3. 看護以外の科目で書くことの指導はあったか

J．評価、振り返り
1. 記録を振り返ることはあるか
2. 良い記録と評価されたことはあるか
3. 良い記録の条件とは
4. 良い記録を書くために看護教育で何をどのように教えて欲しいか

図4-4　調査1の看護学生に対するインタビュー・フローチャート

アの流れが把握しやすくなり、看護計画の立案を助ける。記録の読み手にとっては看護師のケアに対する考え方が一目瞭然に捉えることができるので情報の速やかな伝達を促すことに役立っている。

3 発話分析──中堅看護師・新人看護師・看護学生の発話内容の比較

分析方法

グループインタビューでの発話内容をまず逐語記録に起こす。それを意味のまとまりを持つ読点までを1アイディア・ユニット (idea unit) として分割し、1単位と数える。さらにそれを**表4-1**「看護記録の認知に関する分析カテゴリーと定義」により分類し数量化する。分類は、筆者の分類結果とこの内容を理解できる研究者1名が独立で分類した結果とを付き合わせ、不一致の箇所は協議により解決した (評定一致率86.7%)。なお、表4-1は発話内容を分析する指標として提案したものである。これは、先行研究の知見 (認知心理学の知見や、看護学における看護過程の概念) と、実践による知見 (看護師や教育者としての経験) を付き合わせることで抽出した (その手続きは図4-2を参照)。たとえば、情意的側面のカテゴリーは看護師の実践による知見から、また情報の表現については主に認知心理学や教育実践による知見から、そしてその他のカテゴリーは主に看護学の知見や看護師の実践による知見に依っている。

表4-2は、調査1での結果 (発話) の代表的な例であり、表4-1の定義によりカテゴリー毎に分類し記載した。**表4-3**は発話内容をカテゴリー毎に分類、数量化し算出した発話総数と総頻度である。中堅看護師と新人看護師はそれぞれ1グループ6名ずつ、インタビューを実施し、その発話総数をそのまま表3-3に記載した。看護学生については1グループ6名ずつ3グループ実施したので、その平均値を発話総数として表4-3に記載した。

情意的側面・認知的側面・環境的側面における発話内容の特徴 (表4-3)

情意的側面、認知的側面、環境的側面の3つの側面について、表4-3の結果をもとに、中堅看護師・新人看護師・看護学生の発話内容、発話総数、発話総数を比較する。

第4章　基礎研究から教育のねらいを定める：メタ認知の発達と教育　65

　情意的側面では、中堅、学生において〔記録の負担感〕が強く、時間外勤務による負担感や、臨床実習でのスケジュールの厳しさを訴える者が目立つ。
　認知的側面では、新人から中堅になるに従って、〔情報の共有化〕をより強く認識しており、〔評価・監査〕や〔法的問題〕なども含めれば、外へ向けた資料として〔記録の意味〕を認識していることが分かる。一方、学生は〔情報の共有化〕についての認識はほとんどなく、〔記録の意味〕を〔思考過程の明確化〕や自らの〔ケアの振り返り〕と捉えており、自分の学習のためと考えている。中堅看護師の発話量が際立って多いのは〔情報の記載〕〔看護の知識〕〔文体の適切性〕で、記録様式に情報をいかに記載するかという問題や、看護職の専門性という観点から知識や表現の問題と捉えている(表4-2)。一方、新人・学生は〔情報の収集〕で発話量が多く、患者からどう情報を引き出すかという患者との関わり方に高い関心を示している。
　環境的側面を見ると、新人・学生が先輩や教員・仲間などに〔指導・助言〕を求めているのに対し、中堅は自らも対象とした〔訓練の方法〕について発言している(表4-2)。つまり、新人・学生は他者に向けて援助を期待しているのに対し、中堅は自己を客体化し能動的に訓練の方法や内容を考えているとも言えよう。また、〔関連図の活用〕では関連図が患者の問題の発見やデータの整理に有効であり積極的に利用しているとの発話が得られている。
　さらに、発話総数の合計を見ると、学生、新人、中堅と次第に発話量が増し、経験を重ねるにつれ、よく考え言語化していることが分かる。

中堅看護師・新人看護師・看護学生の発話内容の特徴 (表4-4)
　中堅看護師・新人看護師・看護学生によって発話内容に特徴はあるのか。表4-3の結果に基づき、発話総数の高い順で下位カテゴリーを並べ換え、表4-4に示した。
　それによると、中堅看護師は〔情報の記載〕に関する問題を強く感じており、〔情報の共有化〕を意識しながら、〔看護の知識〕を重視し、〔分析・解釈〕に注意を注いでいることが分かる。
　一方、新人看護師は、先輩に〔指導・助言〕を求めて、患者からどう〔情報収集〕し、どう〔分析・解釈〕(アセスメント)したらよいかを考え悩み実践して

表4-1 看護記録の認知に関する発話内容の分析カテゴリーと定義

上位カテゴリー	下位カテゴリー		定義
情意的側面	負担感	1) 記録の負担感	忙しくて時間がない、書く量が多いなど、記録に対する負担感
		2) 記録の義務感	記録のための記録になっていても、とにかく書かなければという義務感
	動機づけ	3) 記録への意欲	患者からの感謝、教師からの励ましでやる気や書く意欲が出たという発言
認知的側面	記録の意義	4) 思考の明確化	書くことによって自分で考えていたことが整理できるという発言
		5) 情報の共有化	医療チームメンバー間で情報を共有することに記録が必要だという発言
		6) ケアの振返り	自らケアした内容を振り返って次のケアに活かすという発言
		7) 評価・監査	看護行為の評価や監査のために記録しておくことが必要だとする発言
		8) 法的証拠	法的証拠としての記録物を残すために必要だとする発言
	情報の収集	9) 情報源	誰から、何から情報を収集するのかという情報源に関する発言
		10) 収集の視点	患者に関係する最も重要な情報は何かという看護の視点に関する発言
		11) 収集の方法	患者からどのように情報を収集するのか、患者との関わり方に関する発言
	情報の整理	12) 情報の選択	収集した情報の選択に関する発言
		13) 分析・解釈	収集した情報の分析・解釈に関する発言
		14) 情報の記載	記録様式に情報をいかに記載するかという発言
		15) メモの活用	メモ書き、下書きに関する発言
	情報の表現	16) 表現の的確性	病態やケアの内容、判断に関する表現の的確性についての発言
		17) 用語の活用	医療や看護の専門用語の活用に関する発言
		18) 読み手意識	読み手を意識した表現や、わかりやすさ、表現形式の工夫に関する発言
		19) 文体の適切性	簡潔さ、語尾の書き方など記録としての文体の適切性に関する発言
	知識の習得	20) 看護の知識	看護の専門的な知識や理論の習得が記録を書く上での基本だという発言
		21) 経験の蓄積	臨床での経験の積み重ねによって書き方も次第に身につくという発言
環境的側面	他者の援助	22) 指導・助言	教師や先輩からの指導や助言、仲間同志での助言などに関する発言
		23) カンファレンス	カンファレンスや事例検討会での他者とのやりとりに関する発言
	訓練・ツール	24) 訓練の方法	書き方の訓練や考え方の訓練によって書けるようになるという発言
		25) 関連図の活用	関連図の書き方、活用の仕方、有効性に関する発言

第4章 基礎研究から教育のねらいを定める：メタ認知の発達と教育

表4-2 調査1の発話の代表的な例

上位カテゴリー	下位カテゴリー		発話の代表的な例
情意的側面	負担感	1) 記録の負担感	P：ケアで一日忙しいと記録は夕方になってからのサービス残業。 A：大体が勤務時間外になってしまって……。
	動機づけ	2) 記録の義務感	N：書くために患者さんから情報を集めているみたい。 N：記録が後回しになるとケアに役立っていないようで。
		3) 記録への意欲	P：患者さんからの思いやりとか、目に見えないことが大きい。 N：先生から……と言われて少しやる気が出た。
認知的側面	記録の意義	4) 思考の明確化	P：自分の頭の中の情報を整理するために書く。 N：思ったことを文字で表現して自分の考えを整理している。
		5) 情報の共有化	P：みんなにわかって欲しいことを伝えるための手段。 A：チームのメンバーが知って欲しいことを書いている。
		6) ケアの振返り	A：前の記録を振り返って次にどうするかを考える。 N：書いてみるとこうだったなとか、新たな発見もあって。
		7) 評価・監査	P：私達の仕事を評価してもらえるのは記録からしかない。 A：患者さんのことをどう考えたかを評価される。
		8) 法的証拠	P：何か裁判が起きたときに決め手になるものとして。 P：消した後があったらまずいので二重線を引いて印鑑を押す。
	情報の収集	9) 情報源	P：医師も自分の情報源として看護記録を読んだりする。 N：必要な情報でわからないことは看護婦さんに聞く。
		10) 収集の視点	A：記録に時間を取られないよう視点を絞って書いている。 N：視点もなく漠然と病室に行っちゃダメってこと。
		11) 収集の方法	A：患者さんと接しているだけでは情報は取れない。 N：患者さんと1時間話しても情報が得られないことも。
	情報の整理	12) 情報の選択	A：次の勤務帯の人に伝える必要があるものとないもの。 A：簡潔にすべきことと、具体的に書くべきことを判断。
		13) 分析・解釈	A：患者さんの訴えを痛みなのか不安なのか見極めるのは難しい。 N：援助に至るまでの分析がうまくいかない。
		14) 情報の記載	P：同じような経過のものでないとチェックリストは使えない。 A：すべてをSOAPで展開するわけじゃない。
		15) メモの活用	P：気づいたこと、話したことをメモしておく。 A：患者さんに聞きたいことをメモ帳に書いて持っていったり。
	情報の表現	16) 表現の的確性	A：「病棟内、歩行中」の一言では問題はわからない。 N：「失見当識なし」と書くと全くないことになっちゃう。
		17) 用語の活用	P：「著変なし」って言葉で皆通じ合える。 A：症状を書かずに看護用語で「リコウベン排出」と書けばいい。
		18) 読み手意識	A：もうちょっと違う書き方をすればみんなに伝わったかな。 N：項目に分けて書くと他の人に見やすいと思う。
		19) 文体の適切性	P：お手紙調お願い調の文章があって注意した。 N：先生から「日記形式になっている。簡潔に。」と注意された。
	知識の習得	20) 看護の知識	P：大切なのはどうしてそうなるのかという理論や基本的知識。 A：学生と違い働けば医学的知識も身についてくる。
		21) 経験の蓄積	P：患者さんと関わったり年数を重ねるほど確立するんじゃないか。 N：慣れというか経験があったほうがいい。
環境的側面	他者の援助	22) 指導・助言	A：先輩との何気ない会話が役に立つこともある。 N：先生は私の考えを一応尊重してから、……とおっしゃった。
		23) カンファレンス	N：学生同志で情報を交換するけど、解釈までわからない。 N：婦長さんやナースを呼んで話してもらうこともある。
	訓練・ツール	24) 訓練の方法	P：記録の訓練は考え方の訓練。自分がどこまで考えたか。 P：書き方が稚拙だったらアドバイスって形で訓練する。
		25) 関連図の活用	A：働いてから仕事に使える意味のある図だとわかった。 N：関連図を書くと問題点はこれだなとはっきりする。

注：P：Proficient　中堅看護師、A：Advanced Beginner　新人看護師、N：Novice　看護学生

表4-3 下位カテゴリー別の発話総数（IU）と総頻度（%）

上位カテゴリー	下位カテゴリー		中堅	新人	学生
情意側面的	負担感	記録の負担感	18（7.7）	7（3.8）	11（7.3）
		記録の義務感	0（0）	0（0）	2（1.3）
	動機づけ	記録への意欲	3（1.2）	0（0）	3（1.6）
認知的側面	記録の意義	思考の明確化	3（1.2）	2（1.1）	8（5.3）
		情報の共有化	21（8.9）	11（5.9）	2（1.3）
		ケアの振返り	14（6.0）	11（5.9）	4（2.6）
		評価・監査	10（4.3）	9（4.8）	0（0）
		法的証拠	7（3.0）	0（0）	0（0）
	情報の収集	情報源	3（1.2）	8（4.3）	8（5.3）
		収集の視点	2（0.9）	17（9.1）	6（4.0）
		収集方法	4（1.7）	19（10.2）	19（12.6）
	情報の整理	情報の選択	4（1.7）	6（3.2）	3（1.6）
		分析・解釈	16（6.8）	16（8.6）	8（5.3）
		情報の記載	37（15.7）	12（6.5）	20（13.2）
		メモの活用	3（1.2）	3（1.6）	6（4.0）
	情報の表現	表現の的確性	8（3.4）	3（1.7）	4（2.6）
		用語の活用	9（3.8）	3（1.7）	2（1.3）
		読み手意識	12（5.1）	15（8.0）	4（2.6）
		文体の適切性	11（4.7）	4（1.7）	2（1.3）
	知識の習得	看護の知識	15（6.4）	2（1.1）	3（1.6）
		経験の蓄積	6（2.6）	8（4.3）	3（1.6）
環境的側面	他者の援助	指導・助言	9（3.8）	20（10.8）	16（10.6）
		カンファレンス	0（0）	0（0）	6（4.0）
	訓練・ツール	訓練の方法	8（3.4）	1（0.5）	1（0.7）
		関連図の活用	12（5.1）	9（4.8）	10（6.6）
アイディアユニット（IU）総数合計（%）			235（100）	186（100）	151（100）

表4-4 対象者別・発話総頻度の高い順

対象者	下位カテゴリー			
	1	2	3	4
中堅	情報の記載	情報の共有化	記録の負担感	分析・解釈
新人	指導・助言	収集の方法	収集の視点	分析・解釈
学生	情報の記載	収集の方法	指導・助言	記録の負担感
	5	6	7	8
中堅	看護の知識	ケアの振返り	読み手意識	関連図の利用
新人	読み手意識	情報の記載	情報の共有化	ケアの振返り
学生	関連図の活用	思考の明確化	分析・解釈	情報源

いる。学生の時とは異なり、〔読み手意識〕が芽生えていることは注目すべき変化である。記録の意味として〔情報の共有化〕を挙げていることからも認識の変化が読み取れる。

　看護学生は、情報の記載に関する発話量が最も多く、書き方を知識としては習っていても実践をどう書き表したらよいか戸惑っている。同様に患者からの情報収集法でも戸惑いが見られ、教員の指導・助言の下に実習が進行していることが分かる。また、〔関連図の活用〕〔思考の明確化〕に関する発話が多く、「考える力の育成」を重視している看護基礎教育の特徴が看護学生の認知として表れている。

4　考　察——看護師と看護学生が認知した記録の問題

　上述してきた分析結果から、看護学生・新人看護師・中堅看護師の発話内容を比較し、共通点と相違点を明らかにすることで、看護の専門職としての発達過程において記録の何が問題として認知されているかを考察する。

　まず共通点としては、記録様式にいかに記載するかという〔記録様式のもつ問題点〕が挙げられる。「同じような経過のものでないとチェックリストはつかえない」「すべてをSOAPで展開するわけではないからアセスメントが書けないこともある」などの発言に見られるように、記録様式に看護過程がうまく反映できない、記録様式に当てはめて書けないという様式の持つ問題点が、看護学生にとっても看護師になっても共通する課題となっていることが明らかとなった。

　一方、相違点としては、現職の看護師のほうが「みんなに分かって欲しいことを伝えるための手段」「チームのメンバーが伝えて欲しいことを書いている」など、チーム医療での情報の共有化を強く意識していることが分かった。さらに、〔看護の知識〕を重視し、〔分析・解釈〕に注意を注いでいること、ケアの振り返りにおいても「前の記録を振り返って次にどうするかを考える」「書いてみるとこうだったかなと新しい発見もあって」と、記録を書くことによって自らの看護行為を対象化し批判的に検討していることが伺える。また、「もうちょっと違う書き方をすればみんなに伝わったかな」という読み手を意識した発言からも、記録を書く過程で自分の意図することと書き出した表現にズレがないか、常に自己調整しようとする活動を看護師の発話によ

り多く確認することができた。

以上の結果から、看護師と看護学生が認知している記録の問題は、次の2点にまとめられる。

一つは、記録様式の問題である。基礎教育あるいは臨床においても記録様式に当てはめて看護過程を記載することが求められているが、学生も看護師もケアの内容によっては記録様式に当てはめて書くことが難しい、記録様式そのものにも問題があると感じていることが分かった。

二つめは、メタ認知[3]の問題である。インタビューでの発話内容から、看護師は看護学生に比べ、チーム医療における情報の共有化の重要性を強く認識しており、記録を書くことで自分がおこなったケアの内容を批判的に振り返り、それをチームメンバーに分かりやすく伝えようとしていることが確認された。すなわち、看護学生はこうした自己の認知過程を対象化し、モニタリングするメタ認知活動がまだ十分におこなえていないことに問題があると考えられ、そうしたメタ認知能力がどのように発達していくのか、看護基礎教育においていかに育まれているのかという点を明らかにしていくことが次の課題となる。

そこで、次の調査2では、看護学生のメタ認知の発達に着目し、臨床実習における記録の教育に焦点を当て、実習の前と後で記録に対する認知がどのように変容したのかを個人インタビューにより分析する。

3.【調査2】看護学生に対する個人インタビュー
──臨床実習記録におけるメタ認知活動と転移に着目して

1 目 的

調査2では調査1で問題として指摘した看護学生の臨床実習記録におけるメタ認知活動について検討する。より深い分析をおこなうため、対象者を特定化して個人インタビューを実施し、臨床実習の前と後で記録に対する認知がどのように変容したのかを分析することによって、「メタ認知の発達」と「転移」いう観点から考察をおこなう。

2 調査方法

　調査1より、情報伝達の認識の必要性を認識している看護師や看護学生の発話には、記録することに意味を見出し、かつそれをチームメンバーに分かるように伝えようとして読み手を意識している様子が伺えた。

　また、関連図を有効に活用している看護師や看護学生の発言には、情報を統合し構造化している様子を確認することができた。関連図には文章化された記録内容とは異なり、患者の病態を要因とどう関連づけているかなど、情報とケアに対する看護者の考え方が、構造的に記されている[4]。また、チームメンバーに情報を目に見える形で伝えることを意識して関連図は作成されており、自らの看護過程をいかに対象化し、情報を俯瞰的に眺め、構造化して捉えているかという看護者のメタ認知知識やメタ認知活動を知ることができる具象化された資料と考えられる（Baugh, 1998）。

　そこで、調査2では看護学生のメタ認知活動に焦点を絞り分析するため、調査1でインタビューした看護学生18名の中から、〔読み手意識〕〔記録の意味理解〕〔関連図の活用〕の3つの項目に関して特徴的な発言をしている学生を4名選び出し、個人インタビューを依頼することとした。

調査期間：1999年10月。
調査手続き：1名ずつ個別に約1時間程度のインタビューをおこない、録音した。
分析方法：個人インタビューの発話内容を逐語記録に起こし、4名の学生の発話内容が臨床実習前と実習後でどのように変化したかを分析する。図4-5 看護記録教育の構図に示したように、看護学生を対象とした記録の教育は、大きく2つの段階に分けられる。架空の患者を想定しておこなわれる段階と、臨床実習で実際の患者に関して記録する段階である。1, 2年次の基礎教育はPaper Patient（PP）[5]やVTR教材を使っておこなわれている。PPは架空の患者の病態を文章として紙の上に表現したものであり、VTR教材は映像や音声によって患者に関する情報が提供されるものである。看護学生はこれらの情報をもとに記録様式に情報を整理し、看護過程にそって思考することを学んでいる。次の段階ではSimulated Patient（SP）[6]という患者役を演じる人を相手に看護するという体験学習がおこなわれる。そして、3年次の臨床実習の段階で実際の患者に対

72　理論編

【形態】

<一方向・伝達型>

看護学生 → Paper Patient(PP) — 読解・理解 → **【目的】** <教育> 看護記録

→ VTR — 視聴・理解 → <教育> 看護記録

体験学習・演習 → 模擬患者 Simulated Patient(SP) — 関与・理解 → <教育> 看護記録

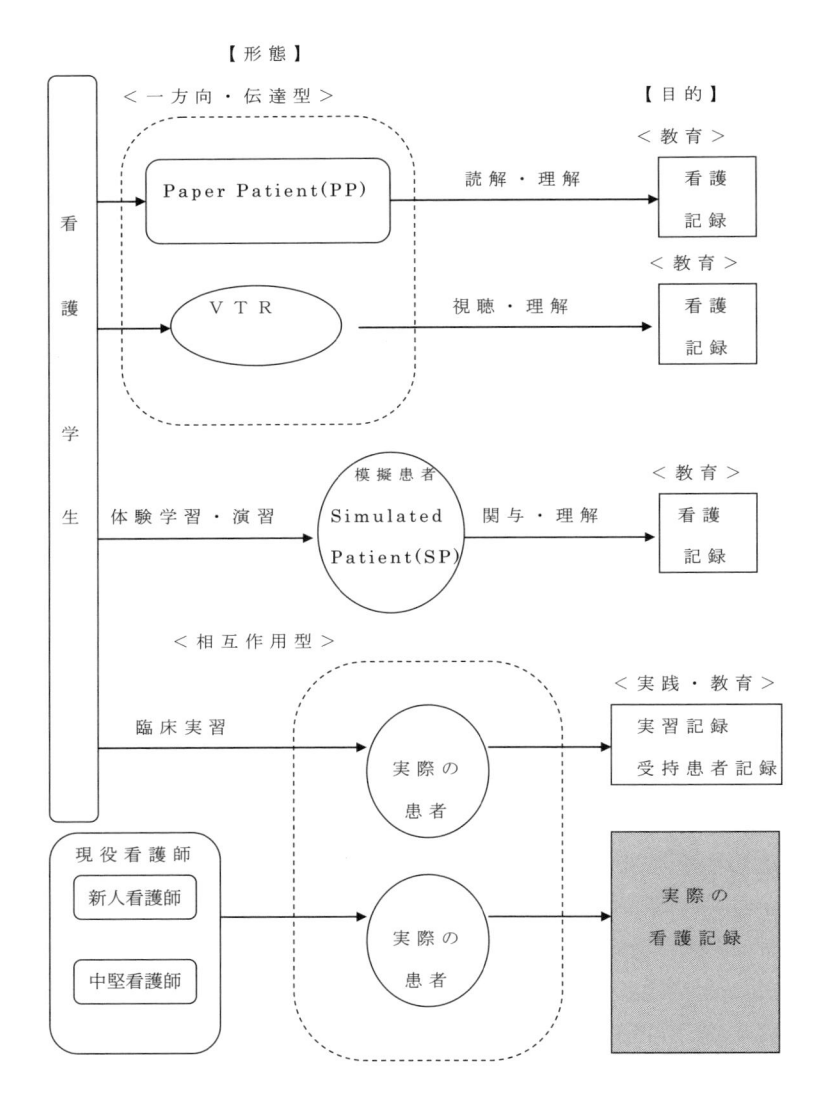

<相互作用型>

臨床実習 → 実際の患者 → <実践・教育> 実習記録 受持患者記録

現役看護師（新人看護師／中堅看護師）→ 実際の患者 → 実際の看護記録

図4-5　看護記録教育の構図（井下理，2000を一部改変）

第4章　基礎研究から教育のねらいを定める：メタ認知の発達と教育　73

する自らの看護過程を記録することになる。したがって、調査2では、臨床実習前と実習後の記録に対する認知の変化に着目して分析していくこととする。

3　発話分析──実習前と実習後の「記録の認知」の比較

表4-5には、〔読み手意識〕〔記録の意味理解〕〔関連図の活用〕の3つの項目に関して、臨床実習前（1, 2年次）と実習後（3年次）とでどう変化したかを○△×の記号で示し、それを一覧にした。たとえば、読み手意識を明確に述べている場合は○、曖昧である場合は△、述べられていない場合は×として表した。

表4-5　実習前と実習後の「記録の認知」の変化

		学生A	学生B	学生C	学生D
読み手意識	（実習前）	×	×	×	○
	（実習後）	×	△	×	○
記録の意味理解	（実習前）	×	×	○	○
	（実習後）	△	○	○	○
関連図の活用	（実習後）	△	○	○	○

表4-6　「記録の意味理解」と「読み手意識」におけるメタ認知活動

注）下線部が「メタ認知活動」の発達的変化を示す

	実習前　1, 2年次	実習後　3年次
学生A	記録する意味がよくわからなかった。なんでこんなに書くの？なんで、こんなに大変なことやるの？って正直なところ思っていた。自分のために書いている。読む人のことを考えたりはしない。	書こうと思うんですけど、実習中はなんか頭の中でやっちゃって。実習が終わってから書いているので、患者さんには反映していないかも。とにかく、記録用紙を埋めていくって感じで……。
学生B	基礎は必要だと思うけど、記録ばかりやっている感じがした。自分がなりたかった看護師のイメージとは違っていた。自分がわかればいいんじゃないかな。自分じゃなきゃ、わからない表現で書いているし。関連図もアセスメントも頭でやればいいと思っていた。	実習に出て、記録や関連図を書くことが大切だなと思い始めた。患者さんに接して心打たれたりして、良いケアを提供するために必要だと思った。でも、何が読みやすさかわからない。自分の考えを必死で書いていく。伝わるまでいかない。カンファレンスで自分の考えを伝える練習をしている。
学生C	私は友達の中でも記録は必要だと思っているほうだった。「記録は意味ない。どうしてこんな大変なとやるんだ。」と思っている人もいた。読む相手を考えたことはなかった。	実習でも、自分のために書いている。書くことで考えたりするし、やっぱり必要。学生のうちに考える習慣をつけておくと、臨床で働くようになってから、それが頭の中でできるようになるかなと思って。
学生D	最初の頃は書くの大変だったけど、記録の勉強は必要だと考えていた。書くと自分の中であまり見えなかった部分がわかる。整理がつけられる。自分のためでもあるけど他の人にみてもらうため。	大変だけどケアするには必要だと実習であらためて思った。読み手がどう取るかは重要。客観的なものとして書かないと他の人が混乱しちゃう。書き方は形式だけど伝えるには読みやすさって大切だと思う。

74　理論編

　表4-6には、〔記録の意味理解〕と〔読み手意識〕が実習前(1, 2年次)と実習後(3年次)とでどう変化したかを特徴的な発話内容によって示した。また、表4-7には、〔関連図の活用〕に関して、関連図の意味の理解・どう考えて書くか・気づきと学びの3項目に分類して記した。さらに、それらの発言の中で〔メタ認知活動〕を示している部分に下線を引いた。看護過程を振り返り批判的に検討しているという発話、様々な情報を関連づけ統合しているという発話、行きつ戻りつの思考過程をたどりながら情報を構造化しているという発話などを、メタ認知活動を表しているものとして示した。

　以下に、表4-5、表4-6、表4-7をもとに、学生の認知の個別的な特徴をまとめた。

　　学生Aは、1, 2年の頃から記録する意味が理解できずに負担感が強く、実習終了後にも患者のケアに反映していないと記録に疑問を抱いている。関連図の書き方も要領を得ておらず、教師から勧められ患者の顔を絵に描くことでイメージが沸き、初めて患者の問題に着眼できたという。「とにかく埋めていくって感じで書いている」という発話から、教師から促されて受身の作業で書いていると推察され、主体的に考えながら書いている様子は伺えない。

　　学生Bは、「基礎は必要だけど、記録ばっかりやっている気がした。自分がなりたかった看護師のイメージとは違っていた」と1, 2年次の基礎教育の内容と、自分が以前から抱いていた看護師像とにズレを感じ、記録にも違和感を持っていた。3年になって実習で患者と接し、患者とのかかわりあいの中で心打たれる経験をし、よいケアをするために記録は大切だと思うようになったという。しかし、その後も記録は自分の中での考えを明確にするためのものと捉えており、伝えるという意識は見られない。一方、友達の書く関連図は要らない情報まで載せてあって見づらいとか、看護師の書く関連図はシンプルで必要な情報のみ書かれていると評価している。これは関連図を分かりやすさという視点から読み手の立場でモニタリングし、批判的な検討を加えているとも解釈できる。ただし、実習記録には「自分でなければわからない表現で書いている」と述べており、学生2の読み手意識は書き手の立場で読み手を想定した段階のものではなく、自分が読み手の立場で読みやすいどうかを判断している段階に留まっており、表現の吟味には結びついていないことが分かる。

表4-7 「関連図の活用」におけるメタ認知活動

注）下線部が「メタ認知活動」を示す

3年次	関連図の意義の理解	どう考えて書いているか	気づき　学び
学生A	患者さんの全体像を把握するためと、頭でわかっていても、まだ自分にとって意味あるものとして活用されていないと思う。	紙が大きくて真っ白なので、そこに患者さんの名前と年齢を書いた後、どう書いていいかわからなくて。手が出なくて。うまく書く方法とか、そのための打開策を知りたいな。	先生から「患者さんのことを思って顔を描いてごらん」と言われて、絵を描いたり色を塗ったりした。そうすると楽しくなってきて患者さんをイメージできた。その人をわかるために（関連図を）書くんだなとわかると患者さんの問題点に着眼できた。
学生B	問題が整理されて援助の方向がわかる。なぜ、そうなのかっていう原因がわかる。	まず、下書きを書く。集めた情報をボンボンボンと離して書いておく。次に、小さな情報を加えて、矢印でつなげていく。あまり関係ない情報は書かないようにしている。頭の中でアセスメントしてから書く。アセスメントしないと関連図は書けない。	友達の関連図でもごちゃごちゃと「アーこれ要らないだろう」ってものまで書いてて、わかりにくいのもあるから……。看護師さんの関連図はシンプルでわかりやすい。
学生C	モヤモヤしてたものが整理できて、何をすべきか明らかにできる。関連図を書きながら看護計画を立てたりするのでケアにも役立っていると思う。一項目ずつだと関連性がわからないから。	ポストイットに項目を書いて関連のありそうなところに貼っていく。簡単にはがして移動できるので、削って足して書き直せる。一番大きな項目に個々の項目がどうつながっているか、関連性を見ながら書いている。	アセスメントするにはどんな情報が足りないかを頭において実習に臨んでいる。（臨床実習の記録には）ケアしたことだけではなく、感じたことや考えたことも具体的に書くようにしている。学びを自分のものにするために。
学生D	関連図は大変だけど必要。項目間の関連がわかる。流れもつかみやすい。文で書くより、わかりやすい。関連図を書くと、記録も書きやすくなる。	スラスラと書いている。矢印に沿って書いていくと流れで書ける。書きながら患者さんのことを考えている。線が入り乱れて汚くなるときがあって、そのときは見やすいように書き直す。アセスメントすると気づかなかった問題も見えて関連図に足していける。	前のシートを読み返すと、どう考えたかがわかって、次にやるときに違ってくる。前のシートを読み返すと、どう考えたかがわかって、次にやるときに違ってくる。（臨床実習の記録は）項目に分けることで、情報の残しがなくなる。その練習かな。SOAPには処置したことを書きづらい。

学生Cは、1，2年の頃から「記録は自分の考えを整理するために必要だ」と認識している。考える習慣をつけておけば、働いてからも役立つと見通しを持って受け入れている。また、関連図を作成する時は「項目を書いたポストイットを移動させ項目間の関連性やケアの流れを考えている」というようにメタ認知知識を活用している。さらに「学びを自分のものにするために、ケアしたことだけでなく自分が考えたことも具体的に書いている」と述べており、自分のケアを批判的に検討するツールとして記録を認識していることからもメタ認知活動を確認することができる。しかし、実習後も記録はあくまでも自分自身のために書いているのであって読み手意識はないと述べており、チームメンバーに情報を伝えるという段階の認識には至っていないとも言えよう。

　学生Dは、「記録は自分のためでもあるけど、他の人にみてもらうため」と1，2年の頃から明らかに読み手を意識している。関連図の作成では「関連をつかむ、流れをつかむ、削る、足す、矢印で示す、ポストイットを移動させる」というようにメタ認知知識を活用し、行きつ戻りつの思考プロセスを辿りながら、患者の全体像を理解しようと多様で拡散的な大量の情報を統合するため、情報を構造化していることが伺える。また、実習記録の様式についても「項目に分けることで情報の積み残しが無くなり、気づかなかった問題も見える」とか「前に書いたシートを読むと自分がどう考えていたかがわかり、次のケアに生かせる」「SOAPに実践は書きにくい」といった発話からも、記録そのものを常に対象化し、ケアの内容が反映できる記録となっているかどうか、批判的にモニタリングしていることが分かる。さらに「伝えるには読みやすさって大切」「他の人が見ても混乱しないように項目に分けて書いている」というように、読み手を想定して自分が書いたものを対象化し批判的に検討するという、他者との関係性を意識化した段階のメタ認知活動が確認された。この段階を経てはじめて表現を吟味できるようになることが、学生Dのインタビューから分かった。

4　考　察——看護学生の自律を促すメタ認知の発達段階モデルの導出

　看護学生は、1，2年次での基礎教育から3年次の臨床実習を経て、記録することの意味をどのように認識するようになったのだろうか。実習前と実習後でメタ認知活動はどのように変化したのだろうか。4名の学生の発話デー

図4-6 臨床実習記録におけるメタ認知の段階的発達

	記録のメタ認知活動	記録の意味理解	読み手意識	関連図のメタ認知活動
実習前	低次のモニタリング 【受身の作業】 ↓ 【自己完結型の表現】 ↓ 【自分の思考の整理】	「記録の意味がわからない。用紙を埋めていく感じ」 「自分がわかればいい。自分でなきゃわからない表現で書いている」 「書くことで考えたりする。考える習慣をつける」 「書くと自分の中で見えなかった部分がわかる」	「読む人のことは考えたことない」 「伝えるまで行かない」 「自分のために書いている」	
実習後	高次のモニタリング 【自分のケアの批判的検討】 ↓ 【他者の記録の批判的検討】 ↓ 【他者に向けて表現を吟味】	「患者さんに接してよいケアを提供するために必要だと思った」 「学生のはごちゃごちゃとわかりにくい、看護師さんのはシンプル」 「ケアするには必要。実習であらためて思った」 「カンファレンスで自分の考えを伝えている」	「自分の考えを必死で書いている」 「でも、何が読みやすさかわからない」 「読み手がどう取るかは重要。客観的なものとして書かないと他の人が混乱する。伝えるには読みやすさは大切」	【情報の構造化】 患者をイメージする ポストイットの移動 関連をつかむ 流れをつかむ 書き直す 削る・足す 「関連図を書くと記録も書きやすい」

図4-6 臨床実習記録におけるメタ認知の段階的発達

タを統合し、看護学生における「記録の認知」の発達的変化を、**図4-6**に「臨床実習記録におけるメタ認知の段階的発達」としてまとめた。さらに、図4-6を精緻化したものが、**図4-7**の「看護学生の自律を促すメタ認知の発達段階モデル」である。

■実習前と実習後の「記録の認知」の発達的変化

まずは、図4-6にそって、看護学生のメタ認知の発達過程を見ていこう。実習前は、記録の意味理解も十分ではなく、用紙を埋めていく感じで書いているという学生の発話にもあるように〔受身の作業〕段階から始まる。また、「自分がわかればいい」という〔自己完結型の表現〕や、〔自分の思考の整理〕のために書いているという発言に見られるように、実習前は他者に伝えるという意識はなく、いわゆる独り言のような自己中心的な認知段階にあると考えられる。

78　理論編

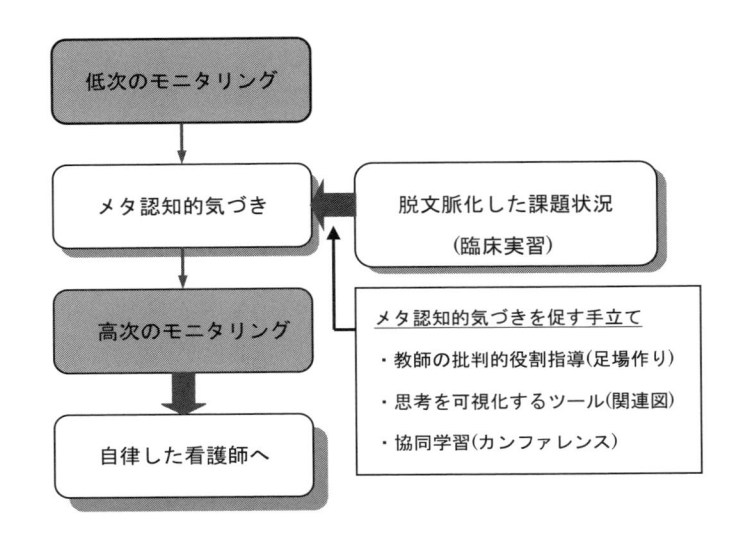

図4-7　看護学生の自律を促すメタ認知の発達段階モデル

　その後、臨床実習を経験すると、実際の患者に対してよいケアをしたいと思うようになり、記録を書きながら自分のケアを振り返り、記録の内容を批判的に検討するようになっている。また、実習直後のカンファレンスでは、友達の関連図は分かりにくいと他者の記録に批判的な発言もしている。実際の患者との関わり、カンファレンスでの学生同士の議論など、他者との関わりあいを通して、ケアの内容や記録内容を建設的に批判できるようになったと考えられる。しかし、実習後も学生A，B，Cは、記録は自分のために書いているのであって読み手意識はない。それに対し、学生Dは「客観的なものとして書かないと他の人が混乱する。伝えるには読みやすさは大切」というチームメンバーに情報を伝えるという看護記録本来の目的を捉えた発言をしている。したがって、他者への伝達を認識する段階までメタ認知能力を高めることによってはじめて表現を吟味できるようになるのではないかと思われた。

■**低次のモニタリングから高次のモニタリングへ**
　すなわち、自らの記録を対象化し表現を吟味できるようになるまでにはい

くつかの段階があると考えられる。先生から指示されて書くという受身の作業段階からはじまり、自分だけ分かるように書けばよいとする自己完結型の段階、自分の思考の整理のために書くというように、実習前は自己中心的な認知段階にある。実習を経験した後には、記録を書きながら自分のケアを内省できる段階、他者の記録が読みやすいかどうかを批判的に検討できる段階を経て、他者が読むことを想定し表現を吟味できる段階へと、記録をモニタリングするメタ認知活動は段階的に変化するのではないか。つまり、記録を書く目的意識が自己中心的に思考の明確化に集中している低次のモニタリング段階から、他者に伝える必要性を認識することにより、表現を吟味する高次のモニタリングへと段階的に発達するのではないかと考えられる。

■転移につながるメタ認知的気づきのある学習環境

そうすると、表現を吟味できる段階までメタ認知能力を高めるためには、他者が読むことに気づけるかどうか、どうやって気づかせるかということが教育上の重要な課題となってくるだろう。ブランスフォード（Bransford, 2000）によれば、メタ認知は自己内対話の形式をとるので、学生たちはメタ認知の重要性に気づかないことが多いという。したがって、教師が学生に向けてメタ認知の重要性を強調する必要があるのだという。

一方、ブルーアー（Bruer, 1993）は教師が学生にメタ認知的気づき（metacognitively aware）をどう促していくかが重要であるとする。まず、最初に教師は学生に批判役のモデルを示す。次第に学生はこのメタ認知的な批判的役割を教師と共有し始める。つまずいたときには教師に指導を仰ぎながらも、最終的には自分自身で批判的役割をおこなえるようになるという。このようにメタ認知的気づきのある学習環境では、その批判的役割をまずは教師が担い、それを学生に転移させようとしていることが分かる。しかも、この転移は段階的におこるのだという。

こうしたブルーアーのメタ認知的気づきに関する指摘は看護学生に対する指導にも確認できた。では、どのような学習環境や教材、指導のあり方が看護学生のメタ認知的気づきを促進したのだろうか。学生の発言からそれを探ってみる。

一つは、協同的な学習環境としてのカンファレンスが挙げられる。カンファレンスは実習での看護過程について検討をおこなう教師と学生たちとの集団討議の場である。「カンファレンスで自分の意見を伝える練習をしている」という発話からも、最初は教師が指導的な役割を果たしているが次第に学生たちはお互いのケアや記録に対して建設的批判的に自分の意見が言えるようになっていることが確認できる。こうした協同的な学習環境はメタ認知的気づきを促進する。

　二つめは、学習ツールとしての関連図である。関連図は看護過程におけるメタ認知活動を目に見える形で明示することができるので、関連図を見ることによって患者の病態や看護過程での判断を即座に把握し、批判的に検討できる。また、学生は関連図を描きながら、情報を統合し、構造化する方略をメタ認知知識として学ぶことができる。

　三つめは、足場作り（scaffolding）としての教師の指導的役割である。関連図が描けないという学生に「まずは患者さんの顔を描いてごらん」と語りかけ、その学生にとって無理のない課題を与えながら徐々に関連図の意味に気づかせ、次第に自分自身でできるように導いていた。

　このように本研究の結果からも、メタ認知的気づきのある学習環境では、その批判的役割をまずは教師が担い、それを学生に転移させようとしていたことが分かった。教師は学生の学習状況を的確に判断し、足場作りとしての指導的役割を担っていたことが学生の発話より確認されている。

■看護学生の自律を促すメタ認知の発達段階モデル（図4-7）

　だが、こうした転移は一般的な文脈の中で獲得されたメタ認知ではおこりづらいと言われている（Bransford, 2000）。確かに、看護学生はPaper PatientやVTR教材など一般的な事例を用いた演習では自分の思考を整理するという段階に留まっている。しかし、実習を通して、実際の患者に接し、心打たれるような体験を経て、よいケアをするためには記録が重要であると気づき、記録の内容を批判的に検討し、他者に伝えるために表現を吟味できるようになっていった（たとえば、学生Bの発話などから）。一般的な事例ではなく、実際の患者という脱文脈化した学習環境をデザインすることが、学生のメタ認知

的気づきを促し、学習した内容を高いレベルで転移させることにつながっている。記録に書くことを通して何をどう考えたか、どのようなメタ認知的気づきがあったかを、情報の断片の分析ではなく、看護過程の文脈の中で詳細に分析していくこと、それを教育プログラムの開発に活かしていくことが求められている。学生の発達段階に合わせ、モニタリングさせるメタ認知的気づきを促す学習環境のデザインをさらに精緻化することが、自律した看護師へ向けた確かな足場作りにつながっていくのではないかと思われた。その様相を図4-7 看護学生の自律を促すメタ認知の発達段階モデルとして示した。

4. まとめ —— Benner の看護論とモニタリング

ベナー（Benner, 1984）は、看護過程におけるモニタリングの重要性を強調している。ここでは、本研究の成果を総括した後、ベナーの看護論を引きながら、「メタ認知の教育」と「転移」の問題に言及することによって、まとめとしたい。

看護過程は高度に拡散的な問題解決過程である。その複雑な思考過程を学ぶために看護学生は大量に記録を書いている。本研究では、看護記録に対する考え方や記録を書く行為も含め「記録の認知」と定義し、自らの看護過程を記録するという一連の行動を看護師や看護学生がどのように認識しているかを、認知心理学の知見と関連づけながら分析をおこなってきた。

まず、看護師と看護学生が認知している記録の問題についてグループインタビューをおこなったところ、次の2点が明らかとなった。一つは、看護学生も看護師もケアの内容によって記録様式に当てはめて書くことが難しい、様式そのものにも問題があると感じていることであった。二つめは、自分のケアや記録をモニタリングするメタ認知能力が看護学生では十分に発達していないことであった。

そこで、看護学生に個人インタビューをおこない、臨床実習前と後でのメタ認知活動の違いを分析した。その結果、実習前は自分の思考の整理という認知段階にあったが、実習で実際の患者に接するようになると、よいケアをするためには記録が重要であると気づき、自分のケアの内容や他者の記録を

批判的にモニタリングし、他者に伝えるために表現を吟味する段階へと、記録をモニタリングするメタ認知活動は段階的に変化することが分かった。つまり、記録を書くことが自己の思考の明確化に集中している低次のモニタリング段階から、他者に伝える必要性を認識することにより、表現を吟味する高次のモニタリングへと段階的に発達するのではないかと思われた。また、自律した一人前の看護師を目指して、高次のモニタリングを促す、足場作りとしての教師の批判的指導役割の重要性、関連図などの学習ツールの効果、カンファレンスにおける協同学習の効果が確認された（図4-7）。

こうした看護過程におけるモニタリングの重要性はベナー（1984）も"From Novice to Expert: Excellence and Power in Clinical Nursing Practice"『看護論──達人ナースの卓越性とパワー』(井部他訳, 1992) において繰り返し指摘している。看護師とは患者と最も近いベットサイドにいて患者の状態から変化を見つけ、看護過程をモニタリングし、それを記録する最初の人だという。だが、熟練した看護師の中には'状況をまるごとつかむ'能力に長けた人がいても、自分の実践をあたりまえのこととして評価できなかったり、記録に表現することが苦手だったりして、そのために優れた看護実践が記録に残されずに埋もれてしまうこともあるという。

本研究のインタビューにおいて看護師や看護学生も指摘していた「記録様式に当てはめて書きやすいことだけ書く」という記録様式のもつ問題は、このベナーの指摘にも当てはまる。自分のおこなった看護実践を批判的にモニタリングし、ケアの意味や価値を見出していくメタ認知能力や、その過程を記録に表現する能力がなければ、あるいはケアをまるごと表現できる記録様式がなければ、その優れた実践を次のケアに反映させることはできないだろう。

さらにベナーは、熟練看護師がマニュアルに従ったケアをおこなうと、そのケアの質は低下すると指摘し、マニュアル一辺倒のケアに警告を発している。マニュアルどおりにケアをおこなうということは、学習したことをそのままおこなう行為であり、言い換えればその行為には転移がなかったと解釈できる。たとえば、実習前の学生はマニュアル的知識を当てはめて記録様式に思考を整理していた。模擬患者のようにマニュアルと類似した一般的な文

脈での課題設定であれば、深く考えることもなく、マニュアル的知識を当てはめ、転移の必要がないか、あるいは低次のモニタリングによって問題を解決できるだろう。しかし、臨床の場ではそうはいかない。患者の全体像や個別性を理解することが要求される脱文脈化した状況下では高次のモニタリングが求められる。こうした高次のモニタリングを、本研究では、臨床での患者に対するケアを批判的にモニタリングする行為や、読み手を意識して記録の表現を吟味するという行為に確認できた。すなわち、脱文脈化した状況下でマニュアル的な知識や技術を変換させることができた、転移が確認されたと言えよう。

　それでは経験を積めば、だれでも熟練看護師のように記録が書けるようになるのだろうか。経験によってマニュアル的知識を転移させることができるのだろうか。本調査では、新人看護師の多くが「年を重ねれば」とか「慣れれば」と述べており、経験が浅いほど経験によって解決していくのではないかとの見通しを示していた。一方で、ある中堅看護師は「アセスメントしてないと知識が足りないと思われる」と中堅になっても記録することの難しさを指摘している。しかし、経時記録であればアセスメントは書けないこともある。これはPOSの持つ記録様式としての問題であるとも言われており（岩井, 1996）、決してこの中堅看護師に転移する力がなかったとは言い切れない。その背景には、臨床での運用と記録様式自体が適合していない、新しい記録様式が次々と導入され現場の看護師の理解が追いつかないなど、様々な問題がある。

　また、こうした問題は看護師個人のメタ認知能力を高めるということだけでは解決できない。看護行為とつき合わせ、どう記録すればよいか、どのような記録様式が適切か、どのような教育が望ましいかなど問題を批判的に検討していく組織の力、組織の教育力、すなわち組織としてのメタ認知能力を高めていくことも求められる。質の高いケアがおこなえる自律した看護師を育てていくこと、看護のキャリア（職能）発達という上でも、看護記録の教育におけるメタ認知能力の開発は重要だと思われる。

本研究は、看護記録の問題を扱いながら、個人情報保護の問題もあって、記録そのものを分析することはできなかった。そのため、記録に対して看護学生や看護師がどう考えているのかを語ってもらうというインタビューをおこない、「記録の認知」を分析するという方法を取った。今後は、「記録そのもの」の分析や「書いている過程」の分析をいかなる方法でおこなうかということが課題となる。

5. おわりに――看護研究から大学教育研究に向けて

　本書は、大学教育の問題を対象としている。なのに、なぜ看護研究なのか。何を看護記録教育研究から学ぶことができるのか。それを2点にまとめた。

　第一は、看護教育では基礎教育の概念並びに教育方法が、一般的な大学教育よりも具体的に示され、実践され、検討が重ねられてきたことにある。本研究では、看護学生・新人看護師・中堅看護師と、看護師のキャリア発達過程を3つの段階に分けて分析している。これはベナー(Benner, 1984)の分類に基づいている。ベナーはドレイファス(Dreyfus, 1980)が開発した看護技能取得における5段階モデルを適用し、看護実践報告を記述分析した。その5段階とは、初心者(Novice)・新人(Advanced beginner)・一人前(Competent)・中堅(Proficient)・達人(Expert)である。看護師のキャリア発達過程をこれだけ細かく段階的に示せるということは、その発達段階に応じた発達課題が明確にされているからに他ならない。すなわち、達人としての目標が明らかであるから、その目標に向けて段階的に発達課題を示すことができるのである。言い換えれば、基礎として何を学ぶべきか、その次に何を学習するかという「学習の階梯」が明確に示されているとも言えよう。

　一方、大学での文章表現教育は、第2章でも述べたように多様な様相を呈しており、基礎が明確ではない。何を目指して初年次でレポートの書き方を指導しているのか、明確とは言えないケースが多い。たとえば、教員にとっては研究を想定した書き方であっても初年次の学生には「どうして引用が重要なのか」はすぐには分からない。初年次の学生に何をどこまで教えるのか。

第4章　基礎研究から教育のねらいを定める：メタ認知の発達と教育　85

すべての大学教育における基礎の捉え方を統一する必要はないが、基盤となる「大学における書く力考える力」とは何か、その力を育むには何が必要か。書く力考える力をどう育むのか。その普遍性を、あるいは学習の階梯を、記録の教育に積み重ねのある看護師のキャリア発達研究に見出そうとしたことが、この看護記録教育研究を大学教育に意味づけようとする一つの理由である。ただし、看護記録教育がすべてうまくいっているという前提に立ってのことではなく、むしろ看護の領域でも苦悩しつつ、教育の問題に取り組んでいこうとしているところに、大学教育においても学ぶことがあるという意味である。

　第二は、看護師のキャリア（職能）発達研究が、研究と実践を往復する質的研究によって深められてきたことである。その結果、実践は理論によって意味づけされ、理論は優れた実践によってより精緻化されてきたと考えられる。ベナー（Benner, 1984）も、理論は実践から派生したものであり、実践は理論によって修正され発展するとして、理論と実践の間には対話的関係が存在すべきだと述べている。ベナーが用いた方法は、個々の看護師もしくは小グループのインタビューと観察の中から、看護師のことばを用いて記述する、臨床看護実践に関する質的な記述研究であった。こうした質的研究法によって、臨床の中に埋もれている専門的知識や技術を言語化し発展させることに成功している。本研究においても、グループインタビュー調査や個人インタビュー調査をおこない、臨床看護実践という文脈の中に看護師や看護学生の発話を位置づけた。かつ、認知心理学という理論的枠組みに基づき、その実践の意味を解釈することによって、大学教育にも適用しうる知見を見出そうとしたことが、看護記録教育研究を本書で紹介する二つめの理由である。

　以上の2つの理由を前提としておこなわれた研究の成果から、大学での文章表現教育にも適用しうるであろう知見をモデル化し、第5章で「高次の転移を促すメタ認知的気づきのある学習環境モデル」として提示した。これは、第4章の基礎研究から導き出された「看護学生の自律を促すメタ認知の発達段階モデル」をもとに、教育のねらいを定め、作成したものである。次章では、それを詳しく説明していくこととしよう。

注

1 本研究では、看護基礎教育における臨床実習記録の問題に焦点を当てているが、看護学生との比較において現職の看護師も研究の対象としていることから、看護記録の問題や卒後教育についても言及している。

2 チャートの目的は司会者が特定の質問を規定するのではなく、回答者の内的準拠枠（インタビューのやりとりから浮き彫りにされる回答者の認知・感情の準拠枠）にそった質問ができるように幅広い質問項目を包括的に用意しておくことにある。したがって、回答者が緊張せずにあるがままの姿を引き出すことを目指して回答者があまり考え込まず簡単に回答できるような質問から始めている。また、チャートは司会者がインタビュー実施の際、限られた時間内で必要な質問事項を見落としがないようカバーするため、また記録係や副司会者が進行状況を把握するために用いられた。特に、司会者が回答者の状況や話の流れに対応し、質問項目の重要度を判断して取捨選択し、質問の順序を変えることで自由に語ってもらうことをねらいとし、その補助として用いられた。

3 第4章で扱うメタ認知とは、記録することも含め、看護過程全体をモニタリング・コントロールする認知活動を指す。看護師が自分の看護過程（患者から情報収集し、計画を立て、ケアを実施する一連の過程）を振返り、チームメンバー（読み手）へ情報を伝えることを意識しながら、メタ認知知識を活用しつつ、どのように記録するかを考えたり、すでに書いた記録を見直したりしながら、看護過程全体をモニタリングするメタ認知活動として用いることとする。そうした意味において、メタ認知は、看護における問題解決過程での自己調整力、自己教育力と言い換えることもできるだろう。

4 関連図 (clinical concept map) とは、患者の病態について、症状・兆候をもたらした原因や要因に関連づけて情報を整理し、図式化したものである。可視化することによって、複雑なデータを組織化し、関連性を理解することを助ける。医療者間で情報を共有するために用いられているほか、看護学生が情報を整理するための手段として描くことが多く、目的によって、病態の発生機序に焦点を当てたものと、患者の全体像・療養像を捉えるために病態のみでなく心理・社会面まで包括して描くものがある。その一事例としては、山下 (2004) の図8「情報を構造化するための関連図（例）」p. 233，234を参照されたい。

5 看護教育で用いられているペーパー・ペイシェント (paper patient; PP) とは、看護のアセスメントや看護診断、看護計画立案などの学習（事例演習）のため

に、患者にまつわる情報を学習の目的にあわせて紙面に書いて提供するもので、written patient とも言う。実際の患者と違って、患者に情報を確認することはできない。
6 模擬患者 (simulated patient; SP) とは、患者役を演じるために特別に教育・訓練された人を指す。実際の患者と同じような心理状態や身体症状など、臨場感のある言動や状態を演じることができる。看護学生は模擬患者とのやりとりを通して情報を収集することができる。

第5章
学習環境をデザインする
――高次の転移を促すメタ認知的気づきのある学習環境のデザイン

1.「学習環境をデザインする」とは

　よりよく教えるとはどういうことだろうか。知識を効率よく提供することだろうか。知識の習得だけではない、人としての成長も大事ではないか。そう考えると誰に何をどう教えるのか、よりよい教育の定義は難しい。すなわち、教育には教え手の発達観や学習観、知識観が反映する。

　こうした教授・学習活動について考えようとするとき、本書が重視していることは「知識の教え込み」ではなく「学び手の主体性」、「定型的練習」よりも「学び手の理解」ということである。したがって、「教える」というよりは「いかに適切に支援するか」という立場を取る。様々な支援の準備を整えていくことが、よりよく教えることにつながると考えている。

　その様々な支援の準備を総括したものを、大島 (2006) はブランスフォード (Bransford, 2000) を引きながら、「学習環境のデザイン (The Design of Learning Environments)」として説いている。学習者自らが自発的に内容を理解しようとする活動を支援することが、「学習環境をデザインする」ことだという。学習環境のデザインは具体的には次の5つのステップを踏まえておこなわれる。以下は大島による説明の要点である。

ステップ1：人の学びについての原則的な理解を参照する。
ステップ2：基礎的な研究から導き出されたヒトの学びの特徴やその認知的な活動モデルに基づいて、それを支援するための教授学的な原則を設定する。
ステップ3：教授学的な原則に基づいて、より具体的な教授のための技術要素を検討する。
ステップ4：その計画に基づいて実践を展開し、そのときに見られる学習者の活動を観察し記録していく。
ステップ5：学習者の活動の分析から、進行している授業の計画を修正する形成的な評価をおこない、また、授業実践が終了した後の学習者の理解のレベルを測定することで、計画した授業実践の総括的な評価をおこなう。

このように、学習環境をデザインする研究（デザイン研究：design-based-study）は、基礎的な研究の知見に基づいて授業実践を計画、実践し、その評価に基づいて修正を繰り返す Plan-Do-Check-Action というサイクルでおこなわれる。

本章では、まず、このデザイン研究の考え方に従い、基礎研究から導かれた認知モデルをもとに学習環境モデルを提案する。さらに、その学習環境モデルを、大学（学士課程）での文章表現教育の授業デザインにいかに活かしていくかを示す。授業デザインのプロセスとティーチング・ポートフォリオの活用の過程を PDCA のサイクルで表し、かつカリキュラムデザインの視点を導入することの重要性を示唆する。

また、すべて工学的アプローチに終始するのではなく、授業者の創造性を尊重する「羅生門的アプローチ」も取り入れながら学習環境のデザインを考えていく。授業は人間的なものであるから、学生の反応に応じて計画を変容していくことも求められる。一つの解だけでない、活きた学生を相手とした多様なバージョンを想定していくことも求められる。その行為を計画から外れたというように評価してしまうのではなく、むしろ「力動的で変化に富んだ発展的な場」（藤岡, 1998）として、「発見」や「創造」の場として、様々な解釈を受け止めていくというスタンス、すなわち「羅生門的アプローチ」[1]も取り込みながら学習環境のデザインを考えていきたい。

2. 高次の転移を促すメタ認知的気づきのある学習環境モデルの導出

モデルをデザインすることは、研究デザインのステップ2と3に当たる。

看護学生はVTR教材など一般的な事例を用いた演習では自分の思考を整理するという段階に留まっていたが、臨床実習を通して、実際の患者に接するようになると、よいケアをするためには記録が重要であると気づき、記録の内容を批判的に検討し、表現を吟味できるようになっていった。自己の思考の整理に集中している低次のモニタリングから、よいケアのためには記録で伝えることが大切だというメタ認知的気づきを得ることによって、表現を吟味する高次のモニタリングへと、メタ認知は段階的に発達することが明らかになった。すなわち、臨床実習という脱文脈化した課題状況に応じて的確に記録しようとすれば、知識を変換していく創造的な認知活動が求められる。既有知識の当てはめは通用しない高次のメタ認知的モニタリング活動と言える。さらに、高次のモニタリングを促すメタ認知的気づきのある学習環境として「足場作りとしての教師の批判的役割指導・思考を可視化する学習ツール（関連図）、仲間との協同学習（カンファレンス）」の効果も確認された。こうした看護学生におけるメタ認知の発達段階とその活動を支える学習環境を表したものが、**図4-7 看護学生の自律を促すメタ認知の発達段階モデル**である。

この看護学生の自律を促すメタ認知の発達段階モデルを、一般的な学習者を想定して再構成したものが、**図5-1 高次の転移を促すメタ認知的気づきのある学習環境モデル**である。再構成するに当たっては、「レポートを書く」という課題状況を設定し、具体的な学習場面を想定することによってモデルの一般化を試みた。第3章で示した2つの表に、看護学生の自律を促すメタ認知の発達段階モデルを対応させ、かつ筆者の授業者としての実践知と照らし合わせつつ、学習環境モデルをデザインした。一つは表3-1レポートの書き方における2種類の転移〔低次の転移・高次の転移〕であり、もう一つは表3-2ライティング方略の2分類〔知識叙述型ライティング方略・知識構成型ライティング方略〕である。

たとえば、レポートの基本形を学ぶ基礎学習では低次の転移で事足りる。

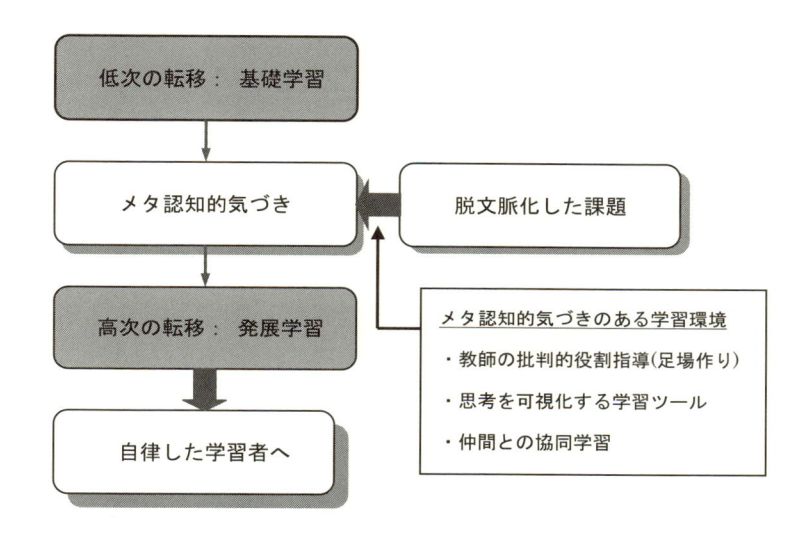

図5-1 高次の転移を促すメタ認知的気づきのある学習環境モデル

（図：低次の転移：基礎学習 → メタ認知的気づき → 高次の転移：発展学習 → 自律した学習者へ；脱文脈化した課題；メタ認知的気づきのある学習環境：・教師の批判的役割指導（足場作り）・思考を可視化する学習ツール・仲間との協同学習）

　知識叙述型ライティング方略によって、類似した学習内容に基本形を当てはめれば、型通りに体裁よく書ける。しかし、この知識叙述型ライティングによる学習を繰り返しおこなっても、すぐさま知識構成型ライティング方略を用いて書けるようにはならない。

　第3章の心理学実験演習レポートの事例で示したように、実験手続きや結果はレポートの基本様式に従ってすぐに体裁よく書けるようになるが、目的や考察は数コマの授業ではすぐさま書けるようにはならず、学習者によって習熟度にばらつきが見られた（筆者の授業者としての実践知）。実験手続きや結果は知識叙述型ライティング方略で書けるが、目的や考察には分析的批判的に書く力、知識構成型ライティング方略が求められるからである。目的はなぜその実験をするに至ったのか、先行研究を調べ、先行研究の問題点を批判的に検討し、レポート全体を見通して論理的に目的を導き出さねばならない。実際の実験では実験条件の不備など予想と異なるデータが出ることも多いから考察ではなぜそのような結果になったかをデータとつき合わせながら分析的に述べなければならない。ダウンロードして貼り付けるという技「コピペ」

（コピー&ペースト）はここでは通用しない。様々な知識を関連づけて整理する力、知識を構造化する力が求められる。学生の底力が試される場でもある。したがって、レポートの体裁は整って見えても内容をよく読むと歴然とした差が出ていることも少なくない。この差は授業で教師が実験手続きやレポートの書き方を懇切丁寧に説明したとしても、また学生自身がレポート執筆経験を数回積んでも、なかなか埋まらない個人差でもある。

すなわち、脱文脈化した課題状況においては、基礎学習で習得した知識のままでは通用しない。転移の質を高めなければ対応できない。看護学生の場合も実習前はマニュアル的知識を当てはめ、記録様式にそって思考を整理していた。模擬患者の事例のようにマニュアルと類似した一般的な文脈での課題設定であれば、深く考えることもなく、転移の必要もなく、マニュアル的知識を当てはめ、問題を解決できるだろう。しかし、臨床の場ではそうはいかない。患者の個別性を理解することが要求される脱文脈化した状況下では、学習した内容をそのまま当てはめていくだけでは対応することが難しく、高いレベルでの転移が求められる。

同様に、「レポートを書く」という課題状況においても転移を確認することができる。このことを表したものが、図5-1の高次の転移を促すメタ認知的気づきのある学習環境モデルである。メタ認知的気づきを喚起する学習環境を整えることによって、知識の構造化を促し、洞察的で創造的なレポートが書けるようになる、そこでは高次の転移がおきていると考えられる。また、その経験は学習者としての自律にもつながっていく。

第6章以降の実践編では、このモデルを理論的枠組みとしてデザインした授業例を、筆者のレポート指導に関する実践として示していく。

3. 大学の授業をデザインする
——ラーニング・ポートフォリオとティーチング・ポートフォリオの活用

大学での授業をどのようにデザインするか。まずは、授業者の授業哲学 (Teaching Philosophy; 土持, 2007) を明確にすることが最も重要だと思われる。ここでは、その授業哲学として、授業者の学習観・知識観を重視している。前

述の「高次の転移を促すメタ認知的気づきのある学習環境モデル」を授業デザインに活用する際に筆者が留意した学習観・知識観を2点挙げておこう。
1. 低次の転移は価値の低い転移ではないということである。既習内容と類似した課題状況では既有の知識や方略を用いて課題を解決できる。それは知識の構造が大きく変容する高次の転移との比較において低次だということであって、学習方略としての価値が低いわけではないと筆者は考えている。基礎学習やスキル学習では基本となる型や形式を変容せずに知識を確実に積み上げて学ぶことが求められるから、そうした点で低次の転移は意味のある転移だと考える。類似した要素を計画的に積み上げていくことでより複雑な学習ができるようにもなる。したがって、低次の転移を促そうとするのであれば、学習内容の構成要素を綿密に分析することが鍵となる。スモールステップ学習は低次の転移に分類される。学習目標にそって、どう構成要素を積み上げていくかを精緻化しデザインすることが、学習者の基礎力を的確に着実に効率よく伸ばすことにつながる。
2. しかし、低次の転移の積み重ねから高次の転移へとそのままでは発展しないということも留意すべきだと考える。知識をうまく積み重ねていけば複雑な学習もある程度可能ではあるが、それは教え手に導かれた学習すなわち「教え込み」による学習であって、その学習の過程は発見的洞察的ではない。ハッとするようなメタ認知的気づきが自発的にあって問題解決の構造が自ずと見えてくることが、創造的な学習であり、高次の転移につながる。したがって、学習環境をデザインするには低次の転移と高次の転移の背景にあるそれぞれの学習観を理解し、それぞれの学習観を尊重して、学習課題に応じたデザインが必要となる。高次の転移を促す学習環境ではメタ認知的気づきを「支援する」という学習観がデザインの要となる。

では、デザインの手順を具体的に説明していこう。**図5-2**は、大学の授業開発と授業改善の流れを示したものである。デザイン研究の考え方（大島,2006）と吉崎（1991, 1993, 1997）の授業研究モデルを参考としながら授業開発の流れをまとめ、その流れのなかに授業改善の秘策としてティーチング・ポー

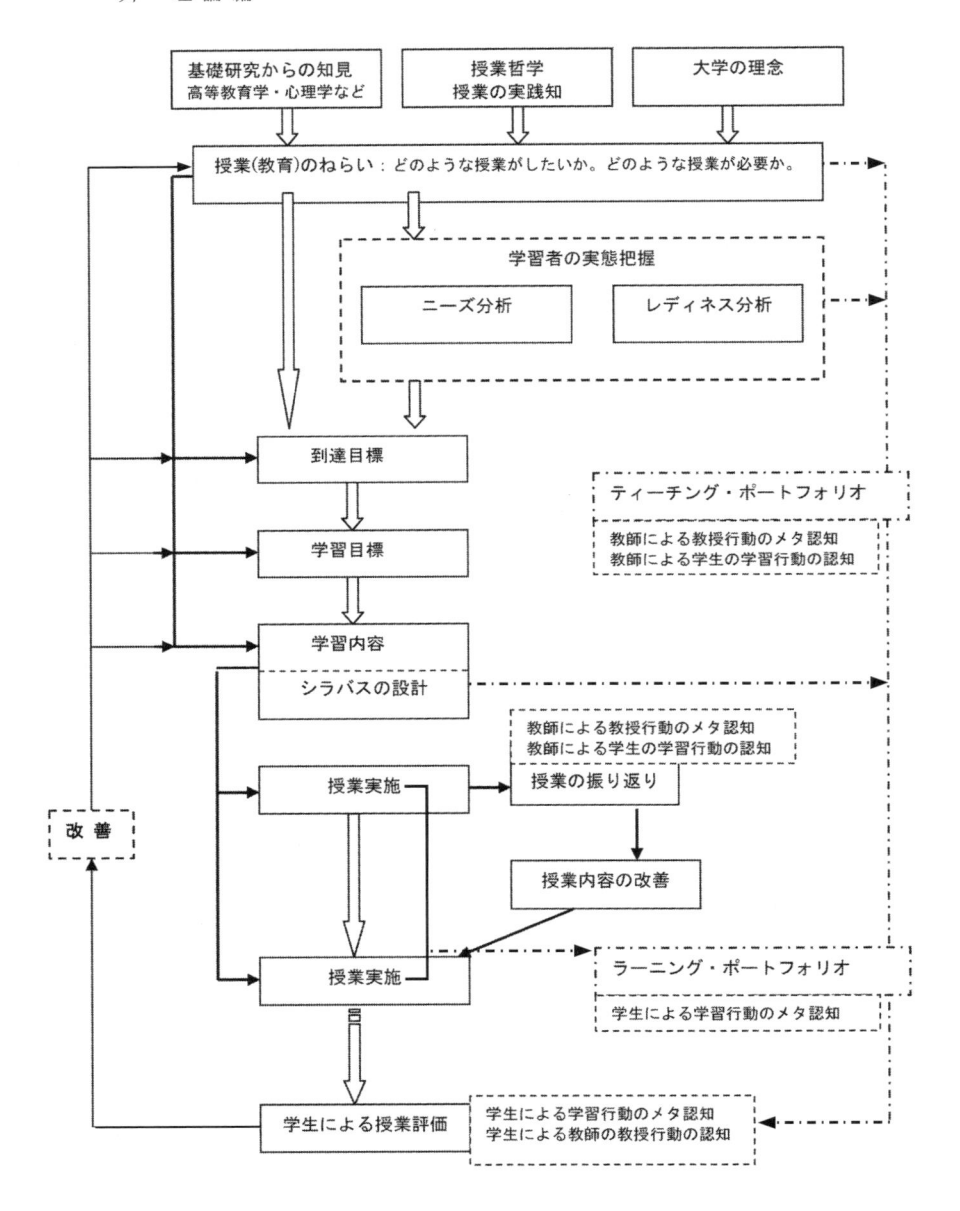

図5-2　大学の授業開発と授業改善の流れ

トフォリオ(Teaching Portfolio)を活用する過程(土持, 2007)や、ラーニング・ポートフォリオを導入する過程を位置づけて統合したものである。全体は10の工程から成立しており、それにそって説明していく。

1. 基礎研究から明らかにされた知見、授業者の授業哲学や授業経験に基づく実践知、大学の理念などから、授業あるいは教育のねらいを定める。本書の場合であれば、基礎研究からの知見とは、第1章から4章までに明らかにしてきた認知心理学、高等教育学、看護学、学習科学からの知見のことで、主要な内容は次の5項目である。
   (1) 学士課程教育に関する高等教育学からの知見
   (2) 文章表現に関連する教育の実状と研究方法の問題の分析
   (3) 知識の構造化を支援するカリキュラム開発研究
   (4) 看護記録の認知発達に関する質的基礎研究
   (5) 学習科学におけるデザイン研究の知見

   この基礎研究からの知見に、授業者としての授業哲学や実践知を加味し、学士課程教育における文章表現教育のねらいを定めた。そのねらいとは「高次の転移を目指し、学習者のメタ認知的気づきを喚起する支援をおこなう」というものである。これは「看護学生の自律を促すメタ認知の発達段階モデル」をもとに、一般的な学習者を想定し、上述の5項目の基礎研究からの知見を統合して再構成したものである。

2. 学習者の実態を把握するため、学習者のニーズとレディネスを分析する。学習者を支援するには、学習者が何をどのように理解しているのか、把握する必要がある。履習希望調査やプレイスメントテストの実施など調査やテストという方法によって、授業開始前に履習者の実態を把握し、クラス編成や授業デザインに反映させる。ただし、授業開始後に学生の実態を把握することもあるから、その場合は、授業(教育)のねらいを定めたら、次に到達目標を定めていくことになる。

3. 到達目標を定める。基礎の概念が曖昧であれば、到達目標は定まらない。到達目標を定めるには、学習者の実態を把握すること、カリキュラムや大学の理念などを参照することの他に、個々の授業者の授業哲学や学習観を

明確にすることも求められる。ここでは、到達目標を「学習者としての自律」としておこう。大学での学習の基盤を作るという意味での学習者としての自律、大学での専門教育をおこなうための学習者としての自律、あるいは自立した社会人を目指す学習者としての自律など、各大学のカリキュラムや理念と照らし合わせ、定めていく。

4. 学習目標を定める。到達目標を視野に入れて当該授業で何をどこまで学習させるか、学習目標を明確にする。たとえば、上述の到達目標に対応する学習目標であれば、レポートの基本形が書ける、心理学の基礎実験レポートが書ける、エントリーシートの基本形が書けるなどが考えられる。
5. シラバスを設計する。学習目標を射程に入れて学習内容を組み立てる。
6. 授業を実施する。学生は、授業での学びをワークシートに記録する。そのワークシートをラーニング・ポートフォリオとしてファイルすることによって、学生は自分の学習行動をメタ的に振り返ることができる。
7. 授業の振り返りをする。ここでは、吉崎 (1991) に従い、教授行動や学習行動さらには授業成果に対する認知過程を「メタ認知」と「認知」で区別している。メタ認知は自分の行動を監視し制御する活動として、認知は他者の行動や態度を監視し評価する活動として用いている。すなわち、授業者による授業の振り返りには、授業者自身の教授行動に関するメタ認知と、授業者が把握した学生の学習行動の認知とがある。
8. これらの授業での振り返りをもとに必要があれば授業案を改善する。(6. 7. 8. を繰り返す)
9. 学生による授業評価を学期末あるいは学年末におこなう。
10. これまでの授業実践記録に、授業への省察 (Reflecting on Teaching) を加え、ティーチング・ポートフォリオを作成する。ティーチング・ポートフォリオにはシラバスやラーニング・ポートフォリオ、学生による授業評価など授業に関する証拠資料がすべて含まれる。これをもとに、授業の成果と問題点を分析し、その結果を次の授業の改善に活かす。

    * 以上の10の工程を循環する。
    * 「学生の実態把握」は授業開始後になされることも現実的には多い。一般

的な授業のサイクルでは、授業開始数ヶ月前にシラバスを提出せねばならないから、おおよその内容はこの時点で固まっているが、授業開始後に6.7.8のサイクルで学生の実態や要望を把握し、授業内容が修正されることもある。むしろ、授業を改善しようとするならば最終回までシラバスどおりに授業がおこなわれることのほうが少ないかもしれない。土持(2007)も授業内容とシラバスの整合性に関する混乱を、現状の授業シラバスの「構造的欠陥」と指摘している。

* ラーニング・ポートフォリオとティーチング・ポートフォリオを組み合わせることによって、授業改善はより効果的になる。本書実践編でのポートフォリオはラーニング・ポートフォリオを指している。

4. 学士課程カリキュラムをデザインするための4つの視点

前節では、授業をどうデザインするかを考えてきた。学士課程教育における文章表現教育を考えるのであれば、コースデザインとしての授業デザインだけでなく、カリキュラムデザインの視点を持つことが重要だと思われる。

寺﨑(2007)は、カリキュラムを考えていく上での視点として、広がり(scope)と順次性(sequence)を挙げている。どういう広がりで科目をおいていくかという視点と、どういう順序で配列していくか、どんな順番で学習させるかという視点である。

また、アメリカの学士課程カリキュラムにおいては、広がり(breadth)と深さ(depth)という視点で議論されている。一般教育は専攻の前段階に幅広く学習する広がりと捉えられるのに対し、専攻は学問領域を限定して深く攻究することを指す深さと捉えられ、両者の統合の必要性とりわけ一般教育の重要性が繰り返し指摘されてきた(杉谷, 2005)。

この両者の調和の表現として、絹川(2002)はリベラル・アーツ・カレッジの教育を二つの直行軸で表現している。水平軸は知識の広がりを、垂直軸は知識の深さを意味するという。

本書では、学士課程における文章表現教育を検討していくことを目的として、上述のカリキュラムデザインのための視点を総合し、4つの視点を提案したい。それを、**表5-1学士課程カリキュラムデザインの視点**と、**図5-3学士

98　理論編

表5-1　学士課程カリキュラムデザインの視点

	表示	視点	要素
1	水平軸	知識の広がり	専門性、一般性
2	垂直軸	知識の質	生成的、生産的
3	ベクトル	授業の方向性	ディシプリン、教養、学習技術
4	重なり	授業の連続性	つながり、反復

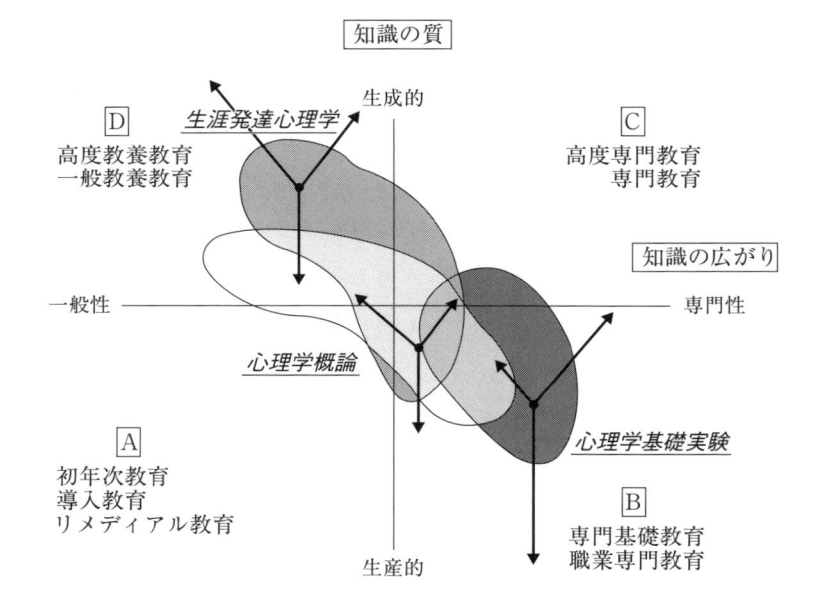

図5-3　知識の構造化を支援する学士課程カリキュラムの構造と授業アメーバ

課程カリキュラムの構造と授業アメーバにまとめた。

　第一の視点は、「知識の広がり」である。水平軸に示し、その広がりの範囲を専門性と一般性で表現した。

　第二の視点は、「知識の質」で垂直軸に示した。これは前述の議論の「知識の深さ」に相当するものであるが、知識が深いとか浅いとかということよりも、むしろ生成的であるか生産的であるかという知識の質として取り上げたほうが教育内容を反映できるのではないかと考え、表現を深さから質に変換

第5章　学習環境をデザインする　99

した。

　さらに、図5-3では、学士課程カリキュラムの4象限上を自由に動き回る存在として、授業をアメーバのような生き物に見立てて表現した。藤岡(1998)は、授業の「動的な生命性」を重視し、授業を生きて動いている、力動的で変化に飛んだ発展的な場として捉えている。藤岡の述べる授業観が授業アメーバには反映されている。アメーバには核がある。核があって、絶えず体の形を変えながら前後左右に自由に移動することができる。授業にも核を成す到達目標がありながら様々な構成要素から成り立っており、その授業の学習目標や対象者のレベルやニーズに合わせて自由に形を変えることができると考える。アメーバの形と位置がその授業における知識の広がりと質を表している。

　第三の視点は、「授業の方向性」で、その授業が何を目指そうとしているのかを3本のベクトルで示した。ベクトルは授業の核を中心として、ディシプリン、教養、学習技術の3方向に伸びている（**図5-4**）。また、その長さは授業の内容配分を表している。ディシプリンの要素が強ければ、そのベクトルの長さは長くなる。また、ここでの学習技術はレポートの書き方など文章表現技術を指す。この3本のベクトルについては、第2章において文章表現教育の3要素として詳述している。

　第四の視点は、「授業の連続性」で、複数の授業アメーバによる重なりがそれを表現している。たとえば、基礎実験でのレポート学習の成果は、心理学概論や生涯発達心理学の授業でのレポート学習へとつながっている。つまり、図に示した重なりはカリキュラム上のつながりと学習内容の反復や発展という授業の連続性を表している。

　このように、本章では、学士課程教育の多様な可能性を示すものとして、重層的で流動的なカリキュラムを提案している。こ

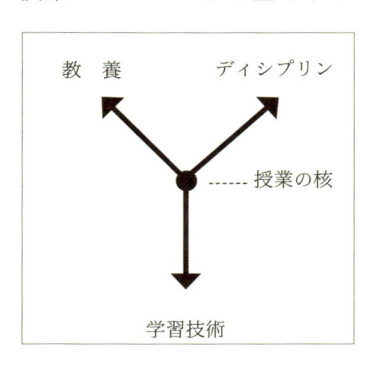

図5-4　授業の方向性を示すベクトルと授業の核

れは、従来の教育課程的カリキュラム観に立つ、基礎から応用へという単線的で一方向的な定型的順番を示す制度化計画化されたカリキュラムとの対極にある（松下，2003）。そして、この「重層性」と「流動性」を検討していく上で文章表現教育は具体的なプログラムを提示していくことができるのではないかと筆者は考えている。すなわち、「ことばの力を育む」という側面から学士課程カリキュラムを眺めてみると、一般教育と専門教育の分断ではなくて、そこに「連続性」を見出すことができるからである。

　図5-3で説明しよう。ここでは3つの心理学の授業を例として取り上げる。まず、心理学基礎実験における実験レポートの核はBの専門基礎教育にあり、レポートの書き方の指導では学習技術の要素も含みながら、Cの専門教育に向かっている。

　一方、井下の生涯発達心理学や心理学概論の授業（2003a, b）の核は心理学の基礎を学ぶことにあり、心理学のディシプリンを通して思考内容を構造化させるという側面からはBの専門基礎教育の要素を、ディシプリンでの学びを自分と照らし合わせて考えるという点ではDの教養的要素も含む。また、そうした思考内容の構造化を支援するという意味でレポート指導もおこなっていることからAにおける学習技術の要素も併せ持つ。したがって、心理学を専攻しようとする学生にとっては専門教育を目指すものとして、教養を深めようとする学生にとってはより生成的な方向を目指すことができるように、一つの授業においても学生のニーズに対応しディシプリンと教養の重みづけを柔軟に変えられるようデザインされている。生涯発達心理学であれば教養的要素を高く、心理学概論では初年次教育や専門基礎教育的要素も取り入れるなどの配慮がなされている（詳しい授業内容は第9章「専門教養科目での学びを支援する」を参照のこと）。

　このように、レポート指導を取り入れた専門基礎科目や専門教養科目がいくつかの教育区分にまたがる形で「連続」し、その学習が複雑に「重なり」あって繰り返されることにより、書く力考える力は次第に身についていくと考えられる。そのカリキュラムにおいて、一貫してことばの学習に注目する文章表現教育プログラムは、学士課程4年間の「まとまり」を形作る上で大きな

役割を果たすことができるものと考えられる。学習者自身が自分の学びをことばとして表現することによってその学習経験が「学びの経験の履歴」(佐藤, 1996) となるように、「学習者に与えられる学習経験の総体」(文部省, 1975) としてカリキュラムをデザインする必要がある。

第6章以降の実践編は、授業の実践報告あるが、その授業は上述のカリキュラムの視点を活かしてデザインしたものである。

注
1 芥川龍之介の小説『羅生門』そのものというよりも、黒澤明が監督した映画『羅生門』に由来する。映画では侍の死骸をめぐって、事件に関わった3人の当事者の語るところはすべて食い違いを示す。真相は最後まで判らない。こうしたことから「羅生門」は証言の食い違いや一つの出来事をめぐる異なるバージョンの説明の存在を指す言葉として使われるようになった (佐藤, 2002, 162-164頁)。

実　践　編

第6章　考えるプロセスを支援する
第7章　議論することを支援する
第8章　初年次の学生の学びを支援する
第9章　専門教養科目での学びを支援する
第10章　「転移」につながる文章表現教育
　　　　──深い学びを目指して

実践編のまえに

1. 認知心理学の知見をどのように授業デザインに活かしていくのか

　大学ではどのような書く力考える力が求められるのか。理論編では、「ディシプリンでの学習経験を自分にとって意味のある知識として再構造化する力」と定義し、認知心理学の知見を引きながら、学習したことを深い学びへと転移させていく上で、ライティングにおける知識の（再）構造化が重要であることを示唆してきた。

　また、それを学士課程カリキュラムの全体構図に位置づけて検討する必要があること、さらには、カリキュラムを構成する授業において何をどのようにデザインしていくかということに加え、人間の知的営みの本質に迫る「教養」形成の機能を持たせるということも重要な意味を持つことを指摘してきた。

　こうした理論編での考察を経て、実践編では筆者の授業実践を記述していく。理論編における基礎研究から導き出された「高次の転移を促すメタ認知的気づきのある学習環境モデル」に基づき、書く力考える力を育むことを授業のねらいの一つとして掲げ、授業をデザインした。授業（学習環境）をデザインするにあたって重視した認知心理学の知見は次の6つである。「メタ認知」を核となる概念として、「知識構成型ライティング」「高次の転移」「思考の可視化」「協同学習」「足場作り」が鍵概念となる。

「高次の転移を促すメタ認知的気づきのある学習環境モデル」のデザインの基本的枠組みとして用いた認知心理学の知見

　すでに、第3章、4章、5章において詳述しているが、ここでは実践編での授業デザインに具体的にどう活かしたかをまとめた。

　　1. デザインの要は「**メタ認知**」である。自分が何を書こうとしているのか、何を書きたいのかを考え、よりよく書こうとするには、自分を知ること、自分の文章を客体化し、書くという行動を制御する力が求

められる。すなわち、自分の認知を認知すること、「メタ認知」が必要とされる。自分で自分を律する力、自己学習力とか自己教育力と言い換えることもできる。そうした意味において、このモデルではメタ認知を促すことによって、自律した学習者となることを目指しているとも言えよう。実践編では、それを学士課程における授業として具現化していく。したがって、実践編では、学習者としてのメタ認知を促す上で必要なことを述べているが、授業者としてのメタ認知も授業をデザインする立場や授業を改善することにおいて重要な視点となる。授業者としてのメタ認知については、第５章の図5-2 大学の授業開発と授業改善の流れとして示した。なお、メタ認知の概念については本書において繰り返し説明しているが、その定義の背景については注にまとめて記した[1]。

2. 思考を深めることを授業のねらいとするのであれば、**知識構成型ライティング**を授業に取り入れていくことが必要とされる。認知心理学では、書くための方略を２つに分けて捉える。知識叙述型ライティングが思いついたままに書き連ねていく方略を取るのに対し、知識構成型ライティングでは目的と照合しながら表現を吟味する"行きつ戻りつ"の再帰的な認知方略を取る。したがって、授業では、レポートの書き方の説明だけでなく、知識の再構成がおこなえるような課題状況を設定することをデザインに取り入れた。

3. 学習したことを他の場面にも適用できるようになることを、学習が転移したという。転移は、知識の積み重ねによって可能となる低次の転移と、知識の構造や関係性を理解することによって可能となる高次の転移に分類される。学士課程でのディシプリンでの学びを自分にとって意味のある知識として再構造化するには、**高次の転移**が必要となる。すなわち、学習した内容の構造を理解することが必要であるから、知識を広げ、より柔軟に創造的に発見的に深く洞察できるような学習環境のデザインが必須となる。学習環境のデザインとしては、次の３つの知見を用いる。

4. 「**思考の可視化**」：実践編で示すワークシートのデザインは、こうしたメタ認知活動を活性化させるため、レポートの作成過程だけでなく、毎回の授業での学びも含め、全学習過程が一目で見渡せるように、思考過程を可視化できるように工夫されている。知識構成型ライティングでは、構想内容や執筆内容を調整するために、思考を外在化し、一覧にして眺めることができるようなワークシートの仕組みが必要となる。その意味において、本書で示したワークシートは学習記録としてのラーニング・ポートフォリオの機能を有している。
5. 仲間との「**協同学習**」[2]：学習を、個人が知識を獲得する活動としてではなく、授業の場における他者との関係性に着目し、他者をモデリングしたり、他者とはたらきかけ合うことによって学習者が主体的に学ぶ場を支援することができる。メタ認知を促す実践を、個人の頭の中の出来事として留めておくのではなく、さらに発展させるためにも、協同学習場面における「他者の目の役割」(田島, 1993) は有効である。
6. 「**足場作り**」としての教師の批判的役割指導：教師の助言が学習者のメタ認知的気づきを促し、それが自律的な学習者となっていくための足場作りとしての役割を担う。

2. 実践編の構成

　実践編は5つの章で構成される。**表1**は、これまでの筆者の授業実践を、支援の目的や対象によって項目別に章立てして示したものである。終章の第10章では現職を持つ社会人を対象とした研究論文の指導についても触れているので、それも含め、レポート指導の種類、対象とした授業、履習者の属性を記した。

　ここでは、レポートの種類を、木下 (1990) に従って、学習レポートと研究レポートの2種類に分けて考えている。「前者は、講義で教えるべき内容を課題として、それを自習させることを目的とするもの；後者は、教師が与えた課題について学生が主体的に調査・研究し、多少とも独自の見解に到達することを期待するものである」という。

表1 実践編の構成

章・節	支援の目的	レポートの種類	学びレポの種類	対象とした授業	対象者
6	考えるプロセス	研究レポ（基本様式）		慶應義塾大学　社会科学系日本語	1年留学生
7	議論すること	学習レポ	学び探求	京都大学　大学における学びの探求	1～4年生
8	初年次の学生の学び	学習レポ	学び経験	桜美林大学　大学での学びと経験	1年生
9 9.1 9.2	専門教養科目での学び	学習レポ 学習レポ 研究レポ	学び確認 学び確認 学び深化	桜美林大学　心理学概論　生涯発達心理学　生涯発達心理学	短1、大3 2～4年生 大学院生
10	現職を持つ社会人	研究論文 研究論文 学習レポ	学び表現	看護研究研修 京都大学大学院教育学研究科 桜美林大学大学院　大学アドミニストレーション研究科	看護師 高校教師他 大学職員

　本書では「大学での学び」ということを重視しているので、学習レポートを「学びレポート」と呼んでいる。さらに、学びレポートを5つに分類した。学びを探求する「学び探求レポート」、Freshman Year Experienceとして経験を重視する「学び経験レポート」、ディシプリンでの学びを確認し深化させる「学び確認レポート」「学び深化レポート」、経験や問題意識を表現させる「学び表現レポート」である。

　ただし、「学び深化レポート」は授業における学びからテーマを設定させるものであるが、主体的に文献に当たり、独自の意見を展開するというものであり、レポートの形式は研究レポートに分類される。研究レポートの基本的な書き方の指導を取り入れた章は、第6章、第9章の第2節である。また、研究論文の書き方の指導については、第10章での現職を持つ社会人や大学院生を対象としておこなっていることを紹介するに留めている。

　以上、表1に示した6つのタイプのレポート指導は、学士課程教育の4区分のどこに位置するものか、4象限上にプロットしたものが、図1である。番号は章と節を表している。

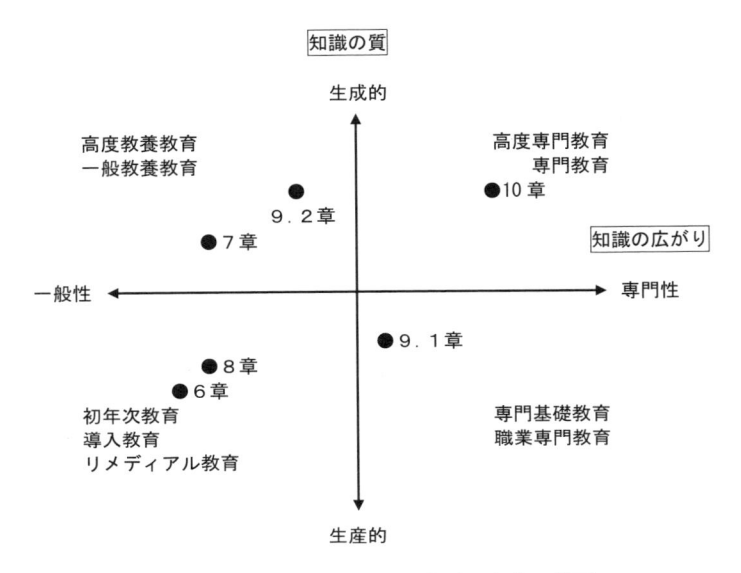

```
                    知識の質
                     生成的
                      │
  高度教養教育          │     高度専門教育
  一般教養教育          │     専門教育
              ●9.2章  │     ●10章
       ●7章          │                    知識の広がり
                      │
  一般性 ─────────────┼─────────────→ 専門性
                      │
                      │  ●9.1章
           ●8章      │
         ●6章       │
  初年次教育           │     専門基礎教育
  導入教育            │     職業専門教育
  リメディアル教育      │
                      │
                     生産的
```

図1　学士課程カリキュラムにおける各章の位置

3. 実践編のねらい

　実践編のねらいは、次の3つのことをできるだけ分かりやすく読み手に伝えることにある。

　　1　どのように授業をデザインしたか。
　　2　どのような指導をおこなってきたか。
　　3　その授業をカリキュラム上、どう位置づけているか。

　従来の心理学研究の枠組みでは、実践した結果を何らかの方法で測定し、数値化されたデータによって、効果があったかどうかの評価をおこなうことが実証科学の一般的な方法とみなされてきた。本書でも章によっては授業アンケートの結果を記載したが、それは授業報告の一環として示したもので、その結果を持って授業内容が学習者にとって効果があったと断定するものではないし、一般化することが目的ではない。

　むしろ、本書では「筆者がどのように考えて授業をデザインしてきたか」を示すことに終始し、それをそのまま読み手に問うことによって、これから

の教育を考える上での一つのたたき台となっていけばいいと思っている。すでに、理論編において、大学教育の実状を分析し、基礎研究での成果から認知モデルを導き出した上で、どのような認知心理学の知見を授業デザインに活かそうとしているか、その根拠を明示してきたのであるから、この実践編が主観を述べた単なる自己満足的な実践報告にはならないと考えている。

　また、実践編では、学生が産出した文章を本人の許可を得て記載することができた。特定の学生の文章を載せたことになるが、その学生を選択した理由はレポートとしての体裁が整っていた、内容が優れていたということよりも、その事例をもとに授業デザインや指導内容を分かりやすく説明できるということにあった。主たる目的は、授業デザインや授業者がデザインした意図を示すことにあったからである。

4. 実践編の記載様式とFD

　では、なぜ、分かりやすく伝えることが主たる目的なのか。そのねらいは、終章で詳述するが、FD（Faculty Development: 教授団の資質開発）にある。

　「書く力考える力を育てること」には文章表現科目や基礎ゼミを担当する教員の問題だけでなく、専門教育も含めたすべての教員が、何らかの「書く課題」を出して書くことの指導や評価に関わっているはずであるから、そのことにひとりひとりの教員がどのように取り組んでいるか、どのように授業をデザインしているか、どのように指導しているか、相互に学びあうことによって、学士課程カリキュラムとしてどう書く力考える力を育んでいけばよいかが見えてくるのではないか。そこには基礎教育と専門教育の分断はなく、教員間の理解と協力が必要となってくる。すなわちFDが課題となる。

　そうした教員間の相互研修の場として、京都大学のHP大学授業ネットワーク：大学授業データベース（http://www.online-fd.com/edunet/DB/index.html）を挙げることができる。授業での様々な取組みを授業担当者自らが紹介している。

　本書では、京大の大学授業データベースのデザインを参考にし、第6章〜第9章の冒頭で「授業の概要」を記した。授業実践の要点や授業デザインを

分かりやすく伝えることを目的として、〔授業者・対象とした授業・期間・受講生の属性・授業のねらい・授業ツール・指導のポイント〕の順序で記載している。

また、本書の特徴は、対象とした授業が学士課程カリキュラムのどこに位置づけられるものかを図解して示したことにある。第5章の図5-3では、各授業内容がカバーする領域をアメーバに例えて示し、その位置づけについて詳しく解説した。図1は、各章における授業内容の中核を成すポイントを●で表し、学士課程カリキュラムのどこに位置づけられるものか、各授業の位置関係を示したものである。表1と対応している。

注
1 メタ認知という概念は、もともとはフラベル（1979）のメタ記憶の研究から派生したものであるが、ブラウン（1984）によって教育へも関心が向けられるようになった。メタ認知という用語の定義は多様で、研究者間でも違いが認められるが、「認知についての認知」であり、思考という自己の認知活動そのものを認知の対象としたものであるという点では一致している。「メタ」とは「より高次の」という意味であることから、通常の認知よりも一段高いレベルの認知を想定したものとも言える。また、メタ認知は、自分の認知を客体化してモニタリングし、コントロールをおこなうメタ認知的活動と、その活動を支えるメタ認知的知識とに分けて捉えられている。秋田（1991）によれば、メタ認知研究の中心トピックはモニタリングであり、自分の認知を監視し行動を調整する活動として、つまずきや誤りを修正することだけでなく、新たな発見や理解の深化までも含むことから、領域や文脈を越えた知識の獲得や学習の転移に関するこれまでの認知心理学の問題に答える、汎用性の高い概念として導入されたという。

さらに、本書の第4章では、看護記録の認知過程において、自分の書いた記録や他者の記録を批判的にモニタリングするメタ認知活動が確認されていることから、メタ認知には批判的思考も含まれるのではないかと筆者は考えている。

また、こうしたメタ認知の概念を文章産出モデルに導入したのは、ヘイズら（1986）であった。文章を始終読み返し書き直したりする再帰的なプロセスに注目し、モニタリングの概念を取り入れ、メタ認知的働きが強調されている。内田（1990）もまた、書き手の発話プロトコルデータをもとに、書き手が適切な表現を作り出そうとして表現意図と表現のズレを調整するモニタリングの様子を

明らかにしている。

　本書では、自分の書いた文章を分析的に眺めさせるメタ認知の働きを促進することが重要であると指摘しているが、こうした考え方はヴィゴツキー理論の流れを汲むメタ認知研究に近いものと言える。ヴィゴツキー（1934）は、発達はコミュニケーションの過程で起こるとして、ことばの発達に注目し、ことばが他者とのコミュニケーションの手段であるだけでなく、思考の道具であることを強調し、「他者との対話」が次第に「自己との対話」となって思考の発達を促すと唱えた。本書の立場もまた、他者へ伝えることを意識化させることで、自らの認知過程を対象化するメタ認知を働かせようというものである。

　以上、メタ認知の概念を包括的にまとめたものとしては三宮（1996）が参考となる。大学でのリテラシー教育に活かすことを理論的に整理したものとしては西垣（2005）、北神・林（2005）が、学習における方略の転移を促すものとして、メタ認知の有効性を説いたものに、市川（1993, 1998）の認知カウンセリングがある。

2　関田・安永（2003）に従い、本書では協同学習を協同的なグループ活動に用いる多様な指導法の総称と捉えている。安永（2005）は協同学習の一技法であるLTD話し合い学習法の理論と実践を通した授業改善の試みを紹介している。

第6章
考えるプロセスを支援する

―― 授業の概要 ――

【授業者】筆者
【対象とした授業】慶応義塾大学国際センター「社会科学系日本語Ⅰ」
【分析対象期間】2001年9月～2002年1月
【受講生】慶応義塾大学1年次に在籍する学部留学生14名
【授業のねらい】書くことを通して考えるプロセスを支援する。学生が他者との協同学習（学生同士や教員との対話）を通して、レポートのテーマを絞込み、内容を組み立てていくプロセスを支援する。
【授業ツール】
ワークシート：思考を多在化し構造化するツール。思考を可視化できるようデザインされている。目標規定文を推敲し、レポートの目的を明確化していくためのシート。
ポートフォリオ：ワークシートをファイルし、思考の変容プロセスを可視化する。
【指導のポイント】
1. レポートの構想を練る段階で、目標規定文を書かせる。何を目標としてレポートを書くのか、そこで自分は何を主張したいのかを150字程度の文章に凝縮してまとめていくプロセスを指導する（目標規定文の指導の独自性については117頁を参照）。
2. 他者との協同学習を通して徹底して目標規定文を推敲させ、自分はこのレポートで何を言いたいのかを明確化させる。

第6章　考えるプロセスを支援する　113

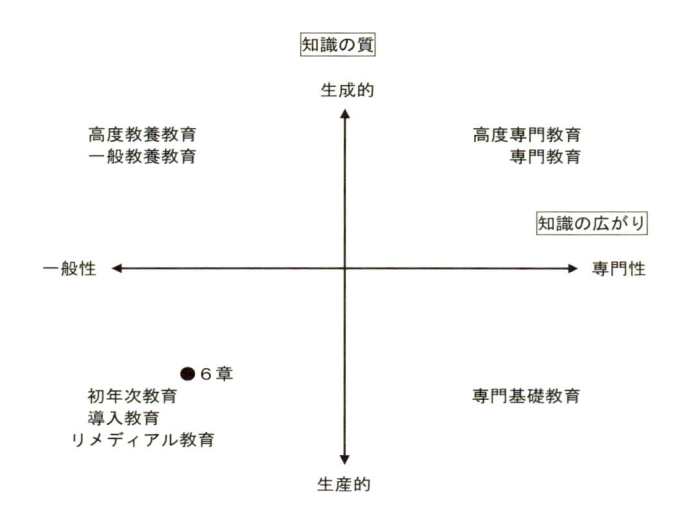

```
                        知識の質
                         生成的
                          ↑
   高度教養教育              │         高度専門教育
   一般教養教育              │         専門教育
                          │
                          │                      知識の広がり
   一般性 ←───────────────┼───────────────→ 専門性
                          │
            ● 6章        │
   初年次教育              │         専門基礎教育
   導入教育                │
   リメディアル教育          │
                          ↓
                         生産的
```

図 6-0　学士課程カリキュラムにおける 6 章の位置

1. はじめに：問題と目的

　これまで本書でも繰り返し指摘してきたが、大学教育でおこなわれている文章表現指導というと、入学直後の初年次教育として、レポートの形式を習得させる「技法解説型」の指導や、文法上の誤りや不適切な表現の修正など「問題指摘型」の添削指導を中心に展開されることが多い。また、こうした指導は学生の文章力を目に見える形で向上させる点において即効性を発揮するものと捉えられる。

　本章で報告する文章表現指導は「考えたことを表現する力を育てること」に重きを置いている。このねらいは知識や技術の習得を中心とする指導を軽視したり、否定したりすることにあるのではない。むしろ、文章表現に関する知識や技術の習得を基礎に置き、大学の授業として学生の考える力を引き出し育んでいくことに、そのねらいがある。「書くことの指導を通して考えるプロセスそのものを支援すること」とも言える。

　井下（2001, 2002）は、このような文章表現の指導を「学術的な基礎を成す

もの」として学士課程教育の基礎に位置づけている。これは、学術論文を書くための専門分野における基礎という意味ではない。また、短期集中でレポートの形式や文章の書き方などスタディスキル習得を目指した教育とも異なる。専門教育との連関を意識しつつも、その基盤となる「書く力や考える力の育成を目指す教養教育」として位置づけている。

絹川 (2001) はそうした教養教育を学術基礎教育と呼び、その根幹を貫く基本的評価項目として、次の5項目を挙げている。

1. 思考法についての重要な変化を経験した。
2. 自分で考える力をつける助けとなった。
3. 単に知識の記憶を越えた精神の働きかけを受けた。
4. 英知に裏打ちされた知識の本質に触れた。
5. 創造的思考の場に参加できた。

以上の基本的評価5項目では、学士課程教育における知識の質の確保、考える力の育成が重要であることが指摘されており、本書で提案しようとしている文章表現指導のあり方と重なるところがあると思われる。すなわち、「単なる知識の伝授ではない、書くことの指導を通して考えるプロセスそのものを支援する」という本書での取り組みは、教養教育を支える基本的条件を充たすものとなり得るかもしれない。

その可能性を検証するため、本章では次の3点について分析することを目的とした。

第一の目的は、文章表現の指導法を開発するに至った理論的背景を解説し、「考えるプロセスを支援する文章表現指導」の理念を明らかにすることである。本書では、認知心理学の立場から、文章を書くという行為を「ことばで思考し認識したことを文章として具現化する人間の内的知識表現のひとつ」と定義し、メタ認知能力を促進させることが文章表現力を養う上で重要な要因となることを基礎研究から明らかにして、それを授業実践に活かそうとしている。メタ認知とは、自分が書いた文章を対象化しモニターする能力のことを指しているが、このメタ認知を促す授業実践をさらに発展させるものとして、本章では「考えるプロセス」を支援する文章表現指導法を提案する。

まずは、これら一連の指導法を開発した理論的背景とその経過を順を追って解説する。

第二の目的は、理論的背景に基づき開発した「考えるプロセスを支援する文章表現指導法」を筆者の授業実践として記述することである。

第三の目的は、筆者の授業実践が考えるプロセスを支援するものとなり得たか、その効果について考察し、今後に向けてこうした文章表現指導を大学の授業に導入する上での検討課題を指摘することである。以上、本章では3つの段階を踏みながら指導法を開発するため検討をおこなうこととする。

2. 理論的背景

まず、授業に対する筆者の問題意識を例に、メタ認知という概念を文章表現の指導法に導入した理論的背景について重複もあるが、説明したい。

教員にとってレポートを評価したり、添削したりする負担は非常に大きい。レポートの山を前にうんざりする経験は筆者だけではないはずだ。だが、果たして時間を費やしただけの教育効果はあるのだろうか。添削では、誤字や語彙の選択の不適切さ、表現の分かりにくさなど文章の軽微な問題は赤入れによって指摘できるが、指摘しただけでは異なる文脈において新たな問題を検出し対処し得る力を養うことにはつながらない。

一方、主題の見直しや内容構成などレポートのテーマ学習に関わる問題は、創造的に考える力や学ぶことの本質にも触れる重要な問題であり、複雑であるがゆえに簡単な添削では指導しきれない。また、レポートの構造的な問題でもあることから、文章を書き上げた段階で指導しようとしても遅すぎるとも言えよう。したがって、構想を練る段階から文章の推敲までに至るプロセス全体に関わりながら、すでに持っている知識とは異なる文脈でどう対応するかという学習の転移に結びつく指導をしなければ、書く力や考える力は身につかないと思われる。

このような文脈を越えた知識の獲得や学習の転移の問題に答える汎用性の高い概念として、メタ認知は認知心理学に導入された (秋田, 1991)。メタ認

知は、単に誤りを修正するだけでなく、自己の認知過程を対象化するという、通常の認知よりも一段高いレベルの行為を想定することによって、新たな発見や理解の深化までも含むことを強調した概念として受けとめることができる。

　筆者は、新たな問題を検出し主体的に考えて書く力を養うことをねらいとして、学習者のメタ認知を促す様々な工夫を授業に取り入れている（井下，2001）。たとえば、主題の見直しや内容構成などレポートのテーマ設定や組み立てに関わる問題に対しては、執筆に入る前の段階で考えていることを「仮の概要」としてまとめさせたり、内容構成を「キーワードや目次」を使って視覚的に表現させたりしている。これは文字に書き出す作業を通して、頭で考えていることを外部に表出させ、自らの表現意図をメタ的にモニタリングさせようとした取組みである。

　しかし、この取組みにも課題はある。この授業での教員の役割は、学生一人一人がどのように考えているかを概要や目次から把握し、その問題点を的確に指摘することにある。その概要や目次のコピーを他の学生に配布し質問を投げかけ考えさせることにより、授業で学びを共有することも不可能ではない（井下，2002）が、学生が主体的に問題を発見することにはつながっていない。教員が問題点を指摘する授業場面は学生個人への一方的なはたらきかけとなっている。したがって、教員と複数の学生で構成されるダイナミックな場としての授業という営みを十分に活かしきれていないという捉え方もできよう。

　そうした捉え方の背景には、心理学における学習観の変化がある。従来の認知心理学では学習を、個人が知識を獲得する活動すなわち個人の頭の中の出来事として捉えてきた。それに対し、近年ヴィゴツキー（中村，1998）やバフチン（安部，1997）の再評価によって、他者との相互作用の重要性が強調されるようになり、他者とはたらきかけあう協同的な活動によってこそ学習が可能となるという考え方が注目されている。

　そこで、本章では授業の場における他者との関係性に着目し、メタ認知を促す実践をさらに発展させるため、「他者とはたらきかけ合う中で主体的に

学んでいく」とする協同学習を目指す。すなわち、教師と学生あるいは学生同士の相互作用の中に自らで考える力を見出そうとするものである。

3.「書くことを通して考えるプロセスを支援する」授業実践

　以上の理論的背景に基づき、本研究では協同学習の効果に焦点を当て、書くことを通して考えるプロセスを支援するための授業実践を記述する。これまでの筆者の授業実践では、概要や目次を書かせ、考えていることを目に見える形で表出することを通して、学習者のメタ認知を促そうとしてきた。本研究では、学生が他者との協同学習（学生同士や教員との対話）を通してどのようにテーマの絞込みをおこない、レポートの内容を組み立てていこうとしたか、学生が書いた概要（目標規定文）と発話内容を記述することで、思考の変容過程を分析する。

　ところで、本研究では、レポートの構想を練る段階で書かせる概要を目標規定文と呼ぶこととする。目標規定文とは、主題を最も簡潔なかたちで、文章化したものであり、何を目標としてレポートを書くのか、そこで自分は何を主張したいのかを述べた文章を指す。アウトラインとか筋書きと言い換えることもできる。

　この授業においては、目標規定文の具体的な形式を「このレポートでは〜を取り上げ〜を明らかにする。〜を提案する。」というように型を数例示し、150字程度の文章に凝縮してまとめるよう指導した。目標規定文という用語は、木下（1990）の造語であるが、この授業では「協同的学習環境を整備し、主体的に考えて書くこと」をねらいとしていることに独自性があると捉えている。

【対象とした授業】

　本研究の対象としたのは、筆者が担当した慶応義塾大学国際センターの「社会科学系日本語Ⅰ」の授業で、通年の科目である。分析の対象としたのは後期の授業で、期間は2001年9月から2002年1月までであった。外国人留学生のための日本語の授業であるが、学習者の日本語力が非常に高く、ネイティ

ブとほぼ同等であることから、授業のねらいは「大学での学習活動に必要な文章表現力を育成すること」にある。

【対象者】

慶応義塾大学1年次に在籍する学部留学生14名のうち、分析の対象者とした学生は2名であった（学生A：中国・法学部、学生B：韓国・文学部）。

【分析に用いた資料】

①目標規定文として産出された文章　②授業内で交わされた学生と教員の発話内容の記録　③授業最終回におけるリフレクションシートの回答であった。特に、①と②に関しては目標規定文と発話内容の変容過程を詳細に記述するため、分析の対象者を学生2名に限定した。また、②の学生の発話内容は逐語記録ではない。班で話した内容を毎回授業終了直前に学生に書いてもらった、その報告記録による。教員の発話内容は授業記録として教員が書き留めておいたものによる。③のリフレクションシートの回答内容については学生14名全員の結果を分析する。

【レポートの課題内容】

本研究の対象となる後期レポートの課題内容は、教師が提示する3つの話題（日本の若者、日本の企業、科学の進歩と人間）から関心あるものを1つ選択し、さらにその話題に関連する具体的なテーマを設定し、4000字程度のレポートにまとめる、というものである。

【授業の流れ】

後期の授業の流れは**表6-1**に示した。この授業は1年間の通年授業であるが、後期の授業を分析の対象とした。学生は、前期の授業において2000字程度の短いレポートを1本仕上げており、すでにレポートの基本的な様式については履修済みである。

また、**表6-2**は、授業の流れの⑥番目におこなわれる「班での話し合いのポイント」の5項目である。**図6-1**は、授業の流れの⑪番目におこなわれる口頭発表会の配布資料「レジュメの書き方」を示したものである。

表 6-1　後期の授業の流れ

①前期に書いたレポートの問題点と改善点を確認する。
②後期レポートの課題内容を説明する。
③レポート作成の手順と、授業の進行予定を説明する。
④目標規定文の書き方を説明する。
⑤〔宿題〕話題を1つ選択する。情報を収集し、自分の関心に基づいて、何に関するレポートを書くのか、目標規定文としてまとめてくる。
⑥2～3人の班編成で、目標規定文をたたき台に話し合い、目標規定文の表現内容を修正しながら、テーマを絞り込んでいく。こうした授業を3回連続でおこなう。学生同士でやり取りさせる前に「班での話し合いのポイント」として5項目（表6-2）を学生に確認させる。
⑦〔宿題〕目標規定文が定まったら、レポートの内容の構成をおこなうため、目次を作成する。
⑧目次の内容を班で検討し、必要があれば修正する。
⑨〔宿題〕目標規定文と目次を参考としながら文章化し、レポートを完成させ、提出する。
⑩添削したレポートを返却し、学生ひとりひとりに対し、問題点を指摘し解説する。
⑪〔宿題〕発表会の配布資料として題名、目標規定文、目次、文献を1枚のレジュメ（図6-1）にまとめてくる。
⑫発表会をおこなう。レジュメを配布する。

表 6-2　目標規定文をもとにした班での話し合いのポイント

①提示された3つの話題の中から具体的なテーマを選択しているか。
②そのテーマに関して自分の視点を見出しているか。
③自分の主張（自分が言いたいこと）が他の主張（現状や実情）と対比し、批判的に検討できているか。
④なぜそのよう意見（結論）を言えるのか、それを説明できる十分な資料を備えているか。
⑤「こんなレポートを書きたい」というイメージがうまく伝わってくるか。

```
                                              日付
                        題　名
     学部・学科・学籍番号・氏名
     目標規定文：１５０字～２００字で書く


     キーワード：３～５個あげる
                        目　次
     1.
     2.
       2.1
       2.2
     3.
       3.1

     引用文献
```

図6-1　レジュメの書き方

目的1：内容を構造化するツールとして用いる。
目的2：口頭発表の補助資料として用いる。

4. 授業実践の結果

目標規定文をまとめるプロセスと協同学習の効果に焦点を当てて

　この授業では考えるプロセスを支援するため、自分が何を書きたいかという、レポートのテーマを絞り込んでいく方法として、目標規定文をたたき台に学生同士で話し合う場を設けている。ここでは授業実践の結果として表6-1の授業の流れ⑥の部分を取り上げ、分析をおこなう。

【目標規定文をまとめていくプロセスの分析】

図6-2には、ある班での学生2人のやり取りと教員の発話内容、それに話し合いを通して目標規定文がどのように変容したのか、その内容を記した。図6-2の縦の流れは時間の経過を表す。図6-2に沿って、話し合いの様子と目標規定文の内容を記述すると次のようになる。

■学生Aが目標規定文をまとめていくプロセス

　まず、学生Aは3つの話題から「日本の若者」を選択し、目標規定文A1では「日本の若者のマナーの悪さ」を指摘している。しかし、学生Bが取り上げたテーマ「若者のダイエット」と比べて自分のテーマが漠然としていると感じている。

　次の目標規定文A2では現代の若者の特徴的な現象として「フリーター」という具体的なテーマを提示するが、授業で教員から「そのテーマの中にどんな問題があると思うの？」と指摘され、学生Bと話し「なぜフリーターが増えているのか、社会の制度にも目を向ける必要がある」ことを認識する。

　そして目標規定文A3では「若者の雇用のあり方にも問題がある」ことを指摘するが、学生Bと話すうちに、雇用制度は大きなテーマであることが分かり、3000字のレポートでは自分の主張をうまくまとめられないと判断する。

　さらに学生Aは資料を調べていくに従い、フリーターの増加が国民年金に深刻な影響を与えていることを知る。学生Bと話し、身近な問題である年金や税収のことを書いたほうが説得力があるのではないかと考え始める。また、教員から「結局このレポートで何が言いたいのか」と問われ、最後の目標規定文A4は次のようにまとめている。「最近若者の間で高校や大学を卒業しても定職に就かないフリーターが増えている。このレポートでは、フリーター増加による国民年金の未加入問題が深刻化していることを指摘し、なぜ若者はフリーターの道を選ぶのかを分析して、労働形態の多様化に適した年金制度や税制について提案する。」というようにテーマの絞込みをおこなった。

■学生Bが目標規定文をまとめていくプロセス

　同様に学生Bも学生Aとのやり取りを通して次のようにテーマを絞り込んでいる。学生Bはダイエットに関心があり、「若者のダイエットと健康問題」に関する目標規定文B1を書いてくるが、実はダイエットに関する適切な資

122　実践編

【学生Aのレポートの題名：フリーター増加による影響――国民年金と税収への危機――】

学生Aが書いた目標規定文　　　　　　　　　学生Aの発話

目標規定文A1：若者のマナー
このレポートでは日本の若者が引き起こす社会問題や社会現象を取り上げ、なぜそのような問題がおきるのかを分析し、日本の若者に対してもっと社会ルールやマナーを守るべきだと提案する。

> 日本にきてから電車の中での若者のマナーの悪さや服装などがずっと気になっていた。

> Bさんはテーマをダイエットにしたが、私は問題が絞れていない。

目標規定文A2：フリーター
最近若者の間で高校や大学を卒業しても定職に就かないフリーターが増えている。このレポートでは、なぜ日本の若者はフリーターの道を選んだのかを考える。

> フリーターのことは日本に来てから知った。なぜ若者はフリーターでいるのか、結構前から興味があった。

目標規定文A3：若者の雇用
最近…フリーターが増えている。このレポートでは、なぜ若者はフリーターの道を選ぶのか、フリーターが増えると日本の社会にどのような影響を与えるのかを示し、若者の雇用のあり方について主張する。

> なぜ日本の若者は定職に就きたいと思わないのか、日本の雇用制度について考えたい。

> 雇用制度はとても大きなテーマで書ききれないと思った。

目標規定文A4：国民年金の未加入
最近…。このレポートでは、フリーター増加による国民年金の未加入問題が深刻化していることを指摘し、なぜ若者はフリーターの道を選ぶのかを分析して、労働形態の多様化に適した年金制度や税制について提案する。

> 資料を調べていくとフリーターの増加が国民年金に深刻な影響を与えていることがわかった。身近な問題である年金や税収のことを書いたほうが説得力があると思った。Bさんと話して最後に決めた。

図6-2　テーマ設定における目標規定文の変容と議論による相互作用の過程

第6章 考えるプロセスを支援する　123

【学生Bのレポートの題名：健康づくりのためのバランスのとれた食生活の提案】

教師の発話	学生Bの発話	学生Bが書いた目標規定文
そのテーマの中にどんな問題があると感じているの？	ちょっと太っていたからダイエットに関心があった。	**目標規定文B1：若者のダイエット** このレポートでは、最近の若者が正しくないダイエットで健康を失っているという問題を指摘し、その対策を考える。
広げたら絞り込む。絞り込んだら、さらに調べ、掘り下げる。その繰り返しが大切	ダイエットに関する適切な資料がない。テーマを広げ、食スタイルにしてみよう。	
	食スタイルだと広すぎて、問題を捉えるのが難しい。	**目標規定文B2：生活習慣病** 食事の栄養バランスが悪いと生活習慣病になりやすい。このレポートでは、社会的に広がっている生活習慣病を取り上げ、食生活の問題点を指摘する。
テーマが決まってもどういう観点から見ていけばいいのか？	資料を調べてみると、食事の栄養バランスが悪いと生活習慣病になりやすいことがわかった。	
このレポートで何がいいたいの？何を主張したいのか。	健康のためには正しい食事が大切だと言いたい。	**目標規定文B3：正しい食事** 食事の…生活習慣病になりやすい。このレポートでは、社会的に広がっている生活習慣病の問題を指摘し、その原因と予防法を考えながら、正しい食事と健康について主張する。
学生Aへ フリーターの何が良くないと思うの？雇用制度の何が問題だと思っているの？	学生Bへ 健康って、何だろう？正しい食事って、栄養が完璧なことなの？	考えてみると健康とは単に病気でないということではない。立場や状況によっても判断は異なる。最近の日本人の食生活の問題として個食と欠食を取り上げ、健康とは何かを考える	**目標規定文B4：健康の概念** このレポートでは、最近増えている生活習慣病の問題を取り上げ、日ごろの生活習慣や食事が生活習慣病と深く関係していることを指摘し、個食と欠食の事例をもとに、バランスのとれた食生活による健康づくりの大切さについて主張する。

料がまだ見つかっていない。授業で学生Aと話し、テーマを食スタイルに広げようとするが、広げすぎると問題が見えなくなることに気づく。

そこで、目標規定文B2では「生活習慣病」を取り上げ、栄養バランスの悪い食生活の問題点を指摘している。しかし、教員から「問題を指摘した上で何を言いたいのか？　Bさん自身はどう思うのか？」と問われて、学生Aと話し、自分の主張が不明確であることに気づく。

そして学生Bは目標規定文B3で「健康のためには正しい食事が大切だと言いたい」と自分の主張を述べている。が、また学生Aとの話の中で「健康とは単に病気でないということではない」ことに気づく。教員からは「正しい食事とは栄養が完璧なことなのか」と問われ、学生Bは健康とは何かを具体的に考える必要があると気づき、最近の日本人の食生活の問題として「個食と欠食」の例を取り上げることにする。

そして、最後の目標規定文B4では次のようにまとめている。「最近増えている生活習慣病の問題を取り上げ、日ごろの生活習慣や食事が生活習慣病と深く関係していることを指摘し、個食と欠食の事例をもとに、バランスのとれた食生活による健康づくりの大切さについて主張する。」というように、学生AとBは授業においてともに話し合い、教員の指摘も参考としながらテーマを絞り込んでいった。

【リフレクションシートの回答結果】

上述した学生AとBを含め、この授業の受講生14名は、授業をどのように受けとめていたのだろうか。学生同士で話し合いながら目標規定文や目次を書き、レポートの内容を固めていくという授業を振り返り、後期の授業終了後に5項目の質問に回答してもらった。表6-3に示したリフレクションシートの回答結果をもとに、以下ではその要点をまとめる。

① 目標規定文を書くことはレポート作成にどのように役立ったか。

役立った理由としては「短い文章にまとめようとすることで混乱していた自分の考えが整理できた。レポートの目的や方向性がつかめる。レポートで何を伝えたいかというイメージがはっきりする。」と回答しており、考えを整理することで目的やイメージが明確化できたものと思われる。また「全体

第6章　考えるプロセスを支援する　125

表 6-3　後期授業終了後のリフレクションシートの回答結果　（自由回答　N = 14）

1. 目標規定文を書くことはレポート作成においてどのように役立ったか、あるいは役立たないと思う理由は何か。
〔役立ったと思う理由〕
- これを書くことによって全体のアウトラインをつかむことができた。5
- 短い文章にまとめようとすることで自分の考えが整理できた。5
- レポートの最初から最後まで話が自分のテーマからずれずに済んだと思う。3
- 自分の考えを絞ってテーマを決めていく際にどんな資料を集めればよいかわかった。3
- レポートを通して伝えたいこと、つまりレポートを書く目的やイメージをはっきりさせるのに役立った。2
- 何について調べればよいかどういう方向で進めるべきかわかった。アイディアだけではどう書くかわからない。
- 目標規定文はレポート全体の頭脳のようなもので、これを読みながらレポートを完成させることができた。1
- 序論を書くときに一番役立った。1

〔役立たないと思う理由〕
- 具体的な計画がないまま、あるいは情報収集がうまくいかない時は目標規定文を作成することはかなり難しい。計画がうまく立てば自分の考えを整理するのに役立つと思うが。1
- 目標規定文を書いただけではレポートをどう書くかよくわからない。目次を作成するほうが役立ったと思う。1

2. 執筆前に目次を書くことはレポート作成においてどのように役立ったか、あるいは役立たないと思う理由は何か。
〔役立ったと思う理由〕
- 文章にする時に楽だった。パニックにならない。4
- 論点から外れないようにするのに役立つ。4
- 細かいところまで整理するのに役立つ。3
- 論理的な文章にするために不可欠。3
- どのような順序で書いたらよいかわかる。3
- 情報の足りない部分がわかる。3
- レポートの全体、流れを見通すのに役立った。3
- 論文の骨組みがこれで出来上がった。2
- どのパートをどのくらいの字数で書けばよいか判断するのに役立った。1
- 座標軸のようなもの。1
- 目次を書いた段階でレポートの 80% はできていた。1

3. 学生同士の相互学習はどのような意味があったと思うか、あるいは意味がないと思う理由は何か。
〔意味があったと思う理由〕
- 授業で友達と話す機会があったことは目標規定文をまとめていく際に役立った。10
- 口に出して話してみることによって、自分が気づかない視点や間違い、曖昧な部分を気づかせてくれる。5
- 友達のレポートを考えることによって自分のレポートの改善点がわかる。4
- 一緒に考えることは楽しかった。3
- この授業で最もよかったことだと思う。2
- 直接相手の思考に触れることは非常におもしろい。1
- 相手の主張や意見に対する批判的な目を養えた。1
- 自分以外の様々な視点を知ることができ、勉強になった。1
- 学生同士で話をするという授業の進め方がおもしろく、一回もさぼらずに授業に出席できた。1

〔意味がないと思う理由〕
- 同じレベルの学生同士でお互いをチェックするのは難しいと思う。1

4. 教師のコメント（指導内容）で役立ったことは何か、あるいは役立たないと思う理由は何か。
〔役立ったと思う理由〕
・広すぎるテーマをどのように絞り込み改善すればよいかわかるようになった。6
・論文のテーマを決めていく時、つまり目標規定文を班で話している時に一番役立った。5
・学生同士でいくら考えても難しかった部分は先生のひとことが役立った。5
・わかりやすい文章の書き方や語句の使い方がよく理解できた。3
・論文と作文の違いを教えてもらったことが今回のレポートを書く上で役立った。3
・書きたいテーマに夢中になり、情報の整理がうまくできなかった時に役立った。2
・自分の調べた資料に基づいて自分の意見を出したのかと、指摘してくれたこと。1
・レポートは取り掛かりが難しいが、目標規定文と目次を書かせられたことで頭の中の考えを整理できた。1

〔役立たないと思う理由〕
・短い文章を書いてみる練習が足りないと思った。1

5. レポートをまとめる過程を振り返って感じたこと、気づいたことは何か。
・書きたい情報、資料を自分で探し出すのは難しい。1
・集めた情報を整理するのに混乱した。1
・膨大な資料から情報を選択することは簡単ではない。1
・自分が探し必要な部分を読んで得た知識だからこそ役立つということもわかった。1
・資料の内容を写してはいけない。必ず自分の意見を加えること。1
・自分が探してきた資料に基づいて自分の意見を出すこと、根拠のある意見がポイントだとわかった。1
・資料の中の議論に影響されて自分なりの意見を出すことに苦労した1。
・資料を集めているうちに内容がテーマからはずれてしまった。1
・レポートを書いている過程は一種の自我学習なのでないかと思った。1
・高校までは先生が決めたテーマで書いていたが、大学では自分がどう思っているかが問われている。1
・自分の考えを主張できることがレポートを書く一番のやりがいだと思った。1
・テーマを決めてからの文章の構造、組み立てが難しい。1
・結論の部分をまとめることが大変だった。1
・読み手にわかるように書くことは難しい。1
・読み手を説得させるように書くことは難しい。1

のアウトラインをつかむことができた。テーマから外れずに文章が書けた」と述べているようにレポートの流れを把握することにも有効であった。さらに「テーマを絞りこむのにどんな資料が必要かわかった」という回答もあり、情報収集にも示唆を与えていたことが分かる。一方、「うまく情報が集められないと目標規定文は書けない」という回答もあった。

② 執筆前に目次を書くことはレポート作成にどのように役立ったか。

役立った理由として「細かいところまで整理できる。文章にする時に楽だった」と述べており、目標規定文で概要をつかみ、目次でさらに詳細に内容を深め、文章化につなげていった様子が伺える。さらに「論点から外れずにすんだ。どんな順序で書いたらよいかわかる。論理的な文章にするために不可欠。レポートの骨組みや流れがわかる」という回答から、目次の項目の順番

を考え、自分が言いたい内容を構造化していったことが分かる。また「情報の足りない部分がわかる」というようにメタ的に内容を検討し点検している様子が伺えた。

③　学生同士の相互学習はどのような意味があったか。

　意味があったという理由としては「口に出して相手に話すことにより、自分が気づかない視点や間違い、曖昧な部分を気づかせてくれる。友達のレポートを考えることによって自分の改善点がわかる」と述べており、他者と対することで自分をメタ的に振り返っていることが分かる。また「授業で友達と話せたことは目標規定文をまとめていく際に役立った」という回答が多く、相互学習はテーマの絞り込みに有効であることが明らかとなった。さらに「一緒に考えることは楽しい。学生同士で話すことはおもしろく、一回もサボらずに出席できた」という回答からは授業が活性化した様子が伝わってくる。一方、「同じレベルの学生同士でチェックし合うのは難しい」という回答もあった。

④　先生のコメント（指導内容）で役立ったことは何か。

　「テーマを絞り込む時に役立った。学生同士でいくら考えても難しい時に先生のひとことが役立った」と多くの学生が述べており、テーマ設定は学生にとって最も困難な課題であったことや、学生に対する教員の助言が協同学習を促していることもわかった。さらに「読み手にとってわかりやすい文章の書き方や、論文と作文の違いを教えてもらったこと、資料に基づいて自分の意見を述べるようにと指摘されたことが役立った」と述べていることから、教員の助言が学習の足場作り（scaffolding）となっていたことが確認された。

⑤　レポートをまとめる過程を振り返って感じたこと、気づいたことは何か。

　「書きたい情報、資料を自分で探し出すのは難しい。膨大な資料の中から情報を選択し整理することは簡単ではない」など、多くの学生が情報収集の難しさを痛感していた。また「資料の中の議論に影響されて自分なりの意見を出すことに苦労した。レポートを書いている過程は自己を見つめることではないかと思った」というように、自分は何を言いたいのかを考え、表現することを体験していた。さらに「高校までは先生が決めたテーマで書いてい

たが、大学では自分がどう思っているかが問われている。高校までと違って自分の考えを主張できることがレポートを書く一番のやりがいだと思った」というように高校との学習の違いを指摘し、大学で学ぶ意味についても言及していた。

5. 考　察

　以上、「書くことを通して考えるプロセスを支援する」授業実践を振り返り、この授業の効果として、次の4点が確認された。

(1) テーマ設定における協同学習の効果：協同学習と共同作業の違い

　レポートのテーマは学生それぞれ異なるものであったが、このように学生同士の関心が共通していなくとも「目標規定文を書くことでテーマを絞り込む」という学習のねらいが互いに共有できれば、相互に意見を出し合い、自己を客体化して学習活動を展開することが確認された。

　たとえば、学生は「相手の問題を考えることによって自分の改善点がわかる」とか「直接相手の思考に触れることは非常におもしろい」と述べているように、他者との比較、他者をモデリングすることで自分の考えを発展させていることが分かる。これは「協同学習」の効果であり、単なる「共同作業」とは異なる。自分とは違った他者の考えや発想に触れることで、自己をメタ的に眺め、テーマを深めることにつながったものと考えられる。すなわち他者との関係性の中でテーマを発展的、創造的に捉えることができたと言えよう。

(2) 考えるプロセスの可視化と協同学習の相乗効果

　相手が何を考えているかを外側から観察することはできないが、書いたものや話の内容から相手がどのように考えているかを垣間見ることはできる。本研究での取り組みは目標規定文や目次を書くことで、考えているプロセスを外部に表出して見るようにし、それをもとに話し合い、テーマを深めることにあった。たとえば学生は「短い文章にまとめようとすることで混乱していた自分の考えが整理できた」とか「目次を見て、レポート全体の流れがお

互いに見通せるようになった」と述べており、自分にとっての情報整理だけでなく、相手の理解を得ることにもつながっていたことが分かる。すなわち、考えるプロセスを目標規定文や目次に表して可視化させ、それをたたき台として互いに共有することによって、意見を効率的に交換できるようになった。このことで、一層、協同学習の効果を促進することにつながったものと考えられる。つまり、「考えるプロセスの可視化」と「協同学習」との間には相乗効果が認められたとも言えよう。

(3) 足場作りとしての教師の指導的役割

足場作りとしての教師の指導的役割も確認することができた。「先生の一言で、広すぎるテーマをどう絞り込み、改善すればよいかわかった」「資料に基づいて自分の意見を述べるようにと指摘された」など、教師から指摘を受けたことによって、それが自分の認知をメタ的に振り返るきっかけとなっていった、メタ認知的気づきへとつながっていったと思われる。また、「学生同士でいくら考えても難しい時に先生のひとことが役立った」と多くの学生が述べており、こうした教員の助言が学生同士の協同学習の足場作りとなっていることも分かった。

(4) 主体的に考える体験、大学で学ぶ意味を考えるきっかけ

この授業では、レポート作成において自分でテーマを探究していくことを重視している。学生は高校時代を振り返り「大学では自分の考えが問われる。だからこそやりがいも感じる」とか、「自分が探し必要な部分を読んで得た知識だからこそ役立つということがわかった」など、テーマ設定の学習を通して、自分で考えることの意味を認識し、主体的に考える体験や、大学で学ぶ意味を考えるきっかけをつかむことができたものと思われる。

6. 今後の課題

では、このような「知識の伝授ではない、考えるプロセスを支援する文章表現指導」を大学教育の中にどう位置づけていけばよいのか、今後の課題として次の2点を指摘したい。

一つは、「文章表現指導」という授業の名称と位置づけを再検討することである。「文章表現指導」とか「文章表現教育」というと表現技術の訓練という印象が強い。「考えるプロセスを支援する」ということを重視するのであれば、そうした授業を何と呼び、どう大学教育に位置づけるのか。この授業は「書くことを通して考える力を育てること」と「学生同士が向き合って深めること」に特徴がある。したがって「何について考え、何を深めるか」という課題内容やテーマ設定が学習の質を大きく左右すると思われる。書く力や考える力は様々な学問分野に必要な基本的能力であるだけでなく、社会生活に必要な能力でもある。すなわち「考えるプロセスを支援する文章表現指導」を通して、「何を」学ばせたいのかという教育の中身が曖昧であるならば、大学の授業としては浅薄なものになってしまうだろう。文章表現科目の枠を越えて、他の共通科目や専門科目との有機的連携を図ることによって学習の質は格段に変化するのではないか。科目名や授業内容に加え、カリキュラムでの位置づけを検討する必要がある。

二つめは、少人数だからできる指導と大人数でもできる指導との違いを的確に見極めることである。本研究で対象とした授業は学生14名という小規模のものであったが、この授業の試みは人数が多少増えても部分的には適用可能だと考える。たとえば、図6-1に示したレジュメには、レポートの内容がＡ４サイズの用紙1枚に凝縮されている。この1枚に収められた目標規定文と目次に目を通せば、本文を読まずとも一目でレポートの構造と概要が把握できるように設計されている。これによって、短時間に問題点を指摘できることから人数が多少増えても対応できるであろう。一方、このレジュメの添削だけでは文章表現などの細かな問題点には対応しきれない。また「学生同士が向き合って深めること」という授業のねらいも指導法を工夫しなければ大人数のクラスではとても対応しきれないだろう。クラスのサイズに合わせ、指導の目的を明確に見極め、その目的に応じた指導方法を開発することも今後の検討課題である。

第7章
議論することを支援する

授業の概要

【授業者】溝上慎一先生（京都大学）と、筆者
【対象とした授業】京都大学全学共通科目「大学における学びと探求」/2002年度前期と夏季集中
【分析の対象とした授業内容】筆者が授業で分担した表現指導
【受講生】1回生7名、2回生4名、4回生1名、計12名。詳しい属性は**表7-4**を参照のこと。
【授業における表現指導のねらい】授業における議論のねらいは、他者というフィルターを通して自分を知ること、すなわち他者との相対化にある。また、書くことは、授業で議論した内容を構造化し、授業での学びを明確化させることにある。
【授業ツール】

1. ワークシート：思考内容を構造化するツール。思考を可視化できるようデザインされている。リフレクションシート[1]を参照し、議論での思考の変容プロセスを構造化することにより、自己の学びを明確化していくためのシート。キーワードを抽出し、そこから題名や目次、300字程度の概要を書かせる。
2. リフレクションシート：議論の後で、何を議論したか、そこで何を感じ考えたかを書いたシート。
3. メッセージメモ：議論したメンバーに対する感想や意見、特に良かったところを中心にポストイットに書いたピアレビューのためのメモ。上に

相手の名前、下に自分の名前を書き入れ、次週には相手のリフレクションシートに貼りつけ返却する。これによって、学生は互いに信頼感を深め、シリアスなテーマではあっても問題を共有する仲間意識をある程度高めることができる。

4. ポートフォリオ：以上の3つのツールを用いて、議論を通して考えたことを書き出させ、ポートフォリオとしてファイルすることによって、自己の学びを明確化することを支援する。

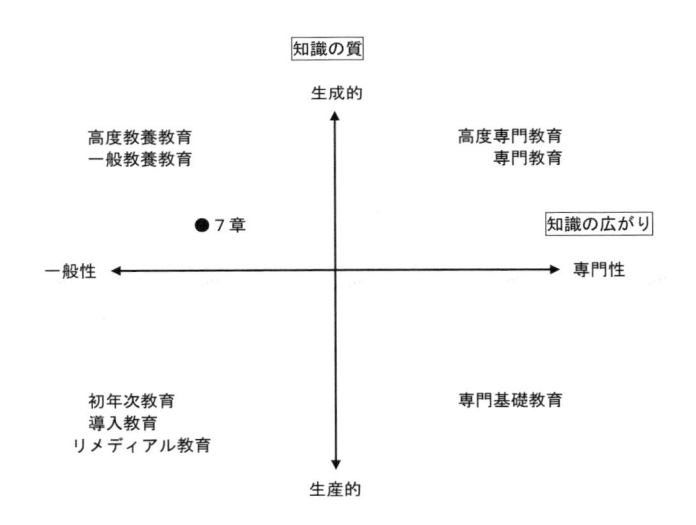

```
                    知識の質
                      │
                    生成的
  高度教養教育              高度専門教育
  一般教養教育              専門教育

   ●7章                        知識の広がり
 ─────────────┼─────────────
 一般性                        専門性

  初年次教育               専門基礎教育
  導入教育
  リメディアル教育
                    生産的
                      │
```

図 7-0　学士課程カリキュラムにおける第7章の位置

表 7-0　学びの構造化のプロセスとポートフォリオの活用

(井下, 2003: 於認知科学会)

授業内容	学び課題を	ポートフォリオ
1. 導入	理解する	初回アンケート
2. 議論	探索する	リフレクションシート・メッセージメモ
3. 調査	深める	作業計画書・作業報告書
4. 分析・考察	まとめる	ワークシート
5. プレゼンテーション	発表する	発表用レジュメ
6. レポート	確認する	レポート

(授業は計16回実施された)

第7章 議論することを支援する 133

はじめに

本章は、京都大学高等教育教授システム開発センターでおこなわれた全学共通科目「大学における学びの探求」に関する授業実践の報告である。科目名からも明らかなように、この授業は大学で「学ぶ」とはいかなるものかを学生が自ら探求することを企図したものであり、2002年度春学期と夏季に集中して開講された。

本章の主たる目的は、筆者が授業で分担した「表現指導」を記述分析することである。

以下では、次のような節立てで述べていくこととする。第1節では、この授業がどのようにして成立し、いかなるねらいのもとに授業計画が立案されたかを明らかにする。第2節では、「大学での学びを支援する表現指導」とはいかなるものなのか、指導の目標を明らかにした上で、その背景にある理論的枠組みを解説する。第3節では、表現指導が授業でどのように展開されたかを具体的に記述する。さらに、第4節では、学生による授業評価とポートフォリオの内容分析から、授業内容や指導のあり方を振り返る。最後の第5節では、実践的観点から授業での成果を総括し、課題を明らかにする。

1. 授業成立の経緯

1 「学びの導入教育」に「表現指導」が組み入れられた経緯

この授業を担当することとなったきっかけは、藤岡完治先生との出会いにある。筆者が書くことの教育に関心があり、それを大学での学びと関連づけて研究してきたことを先生にお話する機会があり、先生が「京都大学でも、書くことと考えを深めることについて教えてみませんか」と声を掛けてくださったことをきっかけとして、授業に参加させていただくこととなった。藤岡先生と溝上先生は「学びの導入教育」をプロジェクトとして企図しておられ、その一環として、学びを支援するために表現指導を入れていこうということになったのである。また、溝上先生は2001年度「大学生の心理学」とい

うタイトルで、「大学生活」「大学生」を拠り所として、学びを深めていく授業をされており、その授業を発展させていくものとして、2002年度は「大学における学びの探求」という授業が計画された。

2 授業計画の立案

　授業が開講されるまでの2001年秋から2002年3月にかけての半年間、授業の研究開発の担当者は京都と東京を往復し、計6回の会合を持ち、授業計画を練り上げてきた。理念を実践に結び付けて具体化していくこと、それを授業者間で共有していくことは、遠隔であったことも重なってそう簡単なことではなかったが、会合を重ねることによって、「授業の主軸は、学び課題を自分で発見していくという学生の主体形成にある」ということで一致していったように思われる。

　表7-1に、授業案作成に向けて実施された会合の経過を記した。以下では表7-1の流れにそって、会合で示した筆者の授業の捉え方、表現指導に対する考え方に焦点を当て振り返る。

　第1回の会合では、授業への取り組みを確認し、授業者間で考え方の擦り合わせをおこなった。

　第2回の会合では、筆者のこの授業に対する捉え方を、授業計画案ver.1として表に示した（**表7-2**）。ここで筆者が重視したことは、「知識」としての教養ではない、実際に学生が実践を通して学びを見出していく、「知」のトレーニングの場として授業をデザインしたいということだった。学生に「学び探

表 7-1　授業案作成に向けて実施された会合

	日程	場所	実施内容
第1回	10. 15.	京大	顔合わせ，授業の取り組みの確認
第2回	11. 08.	京大	授業の捉え方，授業案ver.1（井下）
第3回	12. 09.	玉川大	授業案ver.2（溝上）
第4回	1. 26.	大学セミナーハウス	表現指導の内容（井下）
第5回	3. 10.	京大	授業案の見直し，具体的な授業準備
第6回	3. 26.	慶應大	授業開始に向けて調整

し」をさせるためには、学生自らが考えたことを表現する場が確保されていること、表現する力を身につけること、表現した内容すなわち自分の考えの変遷を確認できる手段が必要となってくると思われた。そこで、授業計画案ver.1（表7-2）にポートフォリオという項目を設けた。ポートフォリオは、毎回の授業で学生が考えたことを表現し、それを記録する一つの手段と捉えている。議論したことや考えたことを書きことばとして表現し、その内容を時系列でファイルし、その思考のプロセスを確認することが、自己の学びを見つめていくことにつながるのではないかと思われたからである。また、学習内容の項目には、自己を見つめていくためのもう一つの手段として「他者と議論すること」を取り入れ、他者との相対化によって自己をメタ的に見つめさせる指導が必要なことを示している。

この段階の授業案はまだ荒削りではあるが、表現指導を担当していくに当たり、ここでの指導が、プロダクツ（レポートなどの成果物）の添削ではなく、プロセスを支援するものであるということを示している。つまり、学生が書き上げたレポートに対してプロダクツ重視の修辞的な指導をするのではなく、学生が学びを探求していくプロセス、考えるプロセスを支援するのだという、プロセス重視の指導のあり方を示した。

第3回の会合では、前回の会合の内容を受けて、授業のねらいを「他者と働きかけあう中で、自分の学びを明確化していく過程」とレジュメに明記し、議論したり書いたりという表現活動がメタ的に自己の学び課題を発見することにつながるのではないかということを確認した。一方、グループで議論をおこなわせても、学生が探求する学び課題は個人によって異なるわけであるから、互いに問題意識を共有することや、議論を深めていくことに難しさもあるのではないかということも、グループワークから派生する問題点として指摘した。

第4回の会合では、表現指導を実践するための具体的な方法について提案した。考えるプロセスを支援するためにどのような表現指導をおこなってきたのか、筆者の授業実践を例に、論点を明確化するための目標規定文の書き方や、内容を構造化するために「設計書として目次を書く方法」（第6章を参照

表 7-2　授業計画案1「大学における学びの探求」：井下千以子

	日付	区分	内容	ポートフォリオ
①	4/16	ガイダンス	授業概要説明 50人選出作業(溝上先生)	
②	4/23	動機づけ 学びへの誘い	鎌田先生のご講演・藤岡先生との討論	感想1
③	4/30		上回生・卒業生との座談会 (藤岡先生) 「学び課題の発見プロセス」について	感想2
④	5/07		佐藤先生のご講演	感想3
⑤	5/14	学び課題の 設定と追求	グループ分け・写真撮影・自己紹介	プロフィール記入
⑥	5/21		感想123返却　感想を述べあう	自己分析
⑦	5/28		自己分析1の交換 ディスカッション	他者との違い
⑧	6/04		自己と他者の比較(文章・表・図)	比較対照の表現
⑨	6/11		自己の課題の明確化・課題探索の方法	課題・調査方法
⑩	6/18		調査状況説明・問題処理・次回の予定	報告・修正1
⑪	6/25		調査状況説明・問題処理・次回の予定	報告・修正2
⑫	7/02		調査状況説明・問題処理・今後の予定	報告・修正3
⑬	7/09		これまでのまとめ	

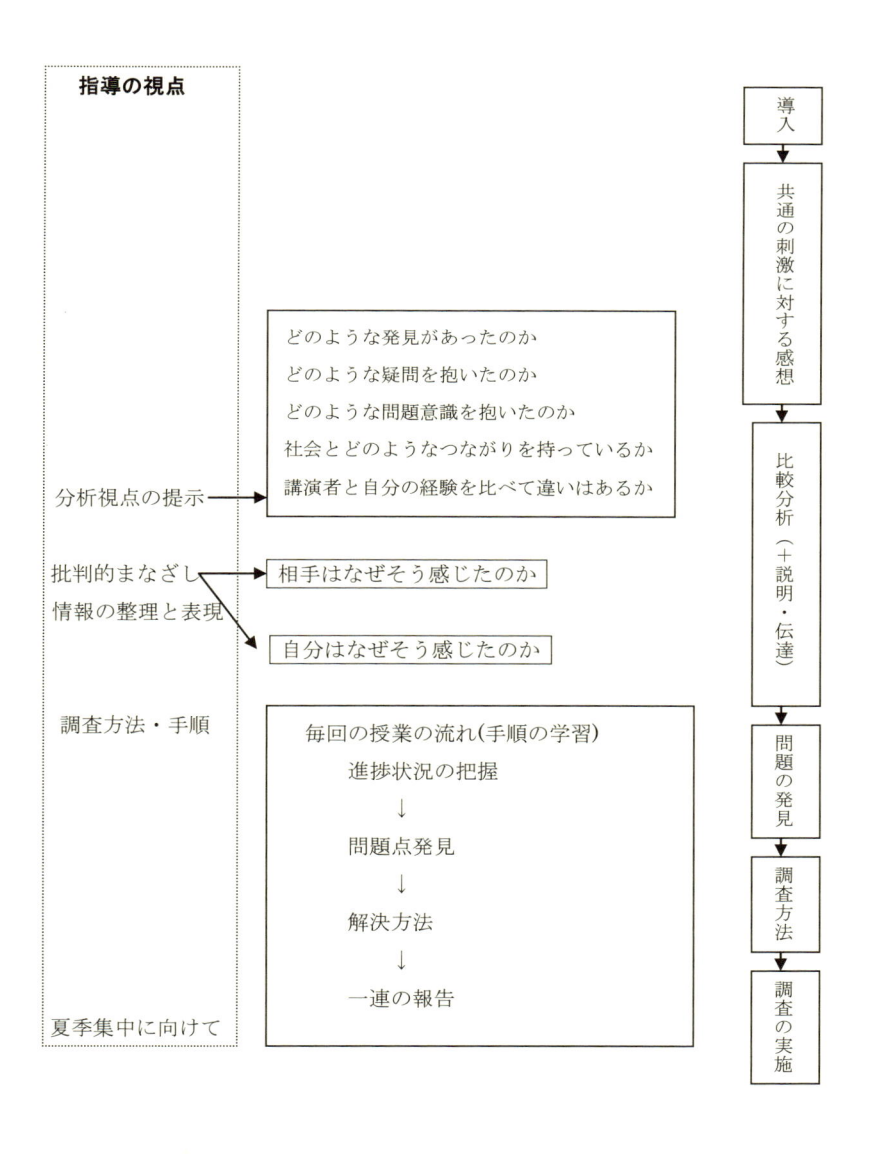

第7章　議論することを支援する　137

指導の視点		
		導入
		↓
		共通の刺激に対する感想
		↓
分析視点の提示 ——	どのような発見があったのか どのような疑問を抱いたのか どのような問題意識を抱いたのか 社会とどのようなつながりを持っているか 講演者と自分の経験を比べて違いはあるか	比較分析（＋説明・伝達）
批判的まなざし 情報の整理と表現	→ 相手はなぜそう感じたのか → 自分はなぜそう感じたのか	↓
調査方法・手順	毎回の授業の流れ(手順の学習) 　　進捗状況の把握 　　　↓ 　　問題点発見 　　　↓ 　　解決方法 　　　↓ 　　一連の報告	問題の発見 ↓ 調査方法 ↓ 調査の実施
夏季集中に向けて		

のこと) などについて提案した。

　第5回、第6回の会合では、授業開始に向けて授業案の細かな調整と具体的な準備がおこなわれた。

2.「学びを支援する表現指導」とは

1 「学びを支援する表現指導」の目標とその理論的背景

　この授業における表現指導の目標は、学び課題を学生自らが発見することを支援していくことにある。換言すれば、議論したり書いたりという表現活動の指導を通して、自己の学びについてメタ的に考えるプロセスを支援することであるとも言える。

　井下 (2001) は、書くという行為を認知心理学の枠組みの中で捉え、「ことばで思考し認識したことを文章として具現化する人間の内的知識表現のひとつ」と定義している。井下にとっての「表現指導」とは、そうした書く力や考える力を習得させることを目的とする教育であり、その点では、日常の出来事をそのまま表出し、文法的・統語的に正しい文章を書くことを目標とするいわゆる「作文教育」とは明確に異なっている。また、井下 (2002a) は、書く力や考える力を養う上で、メタ認知能力を促進させることが重要な要因となることを基礎研究から明らかにして、それを授業実践に活かしてきた。

　たとえば、本章で検討しようとしている「学びを支援する表現指導」では、自分が書いた文章 (ポートフォリオ) を振り返らせることや、議論することによって他者と自己を相対化させるような活動が、メタ認知能力を促進させることに当たる。

　では、なぜ、あえてメタ認知という概念を表現指導に導入したのか。井下 (2002b) が提案する「考えるプロセスを支援する文章表現指導法」に基づき、その理論的背景について説明したい。第6章や理論編と重なるところも多いが、本章の目的と照らしあわせて解説する。

　まず、学びを探求するということは、これまでの自分の知識や経験を越えて、新たな発見や理解の深化までも含む創造的な活動であると考えられる。

従来の初等・中等教育の中で培われてきた、与えられた課題を遂行する力や指摘された問題点を修正する力だけでは、新たな課題を発見したり、問題を深く理解したり掘り下げたりすることにはうまくつながらない。創造的に考えさせることは、学ぶことの本質に関わる重要な課題であり、複雑であるがゆえに知識や技術を教え込むような指導だけではとても対処できない。学びのプロセス全体に関わりながら、学生がすでに持っている知識とは異なる文脈で学生自身がどう対応するかという学習の転移に結びつく指導をしなければ、主体的に考える力や書く力は身につかないと思われる。

このような異なる文脈における知識の獲得や学習の転移の問題に応える汎用性の高い概念として、メタ認知は認知心理学に導入された（秋田、1991）。メタ認知は、通常の認知よりも一段高いレベルの行為を想定することによって、自己の認知過程を対象化するだけでなく、新たな発見や理解の深化までも含むことを強調した概念と解釈することができる。メタ認知の概念を表現指導に取り入れたのは、学生がメタ的に自らを対象化することが学び課題を主体的に発見することにつながるのではないかと考えたからである。

しかし、その目標はまだ十分に達成されているとは言えない。確かに、自己の学びを個に閉じられた形で認識することもひとつの学習と捉えることができる。従来の認知心理学では学習を、個人が知識を獲得する活動すなわち個人の頭の中の出来事として捉え、そうした学習観を教育にも反映してきた。

それに対し、近年、知識構成の活動を個人の頭の中に閉じ込めず、人との相互作用の中に求めていこうとする動きが活発化している。この動きは社会的構成主義と呼ばれ、「人は社会の中で他者とはたらきかけ合うことによって自らの考えや知識を構成していくものである」という認識論的立場をとる（佐藤、1996）。心理学においても、ヴィゴツキー理論の再評価によって他者との相互作用の重要性が強調されるようになり（中村、1998）、他者とはたらきかけ合う協同的な活動によってこそ学習が可能となるという考え方が注目されている。

この他者との関係性に着目し、授業という営みを捉えるならば、学生個人に向けた教え込みによる知識獲得型の学習ではなく、他者とはたらきかけ合

う中で主体的に学んでいくとする協同的学習の場として授業をより積極的に活用することもできよう。教師と複数の学生で構成されるダイナミックな場として、学生が自ら学ぶ環境すなわち主体的に考える環境を授業の場に提供できるのではないかと考える。

2　何を指導するのか――表現指導の対象

　先にも述べたように、「学びを支援する表現指導」では自己の学びについて「学生が主体的に考える力」を養うことを目標としている。この「自己について考える授業」を支援するため、ここでは、授業の場における他者との関係性に着目し、メタ認知を促す実践を個人の系の中に閉じ込めることなくさらに発展させることを目指して、主に次の2点を表現指導の対象とした。一つは「議論すること」であり、もう一つは「書くこと」である。

　一つめの「議論すること」とは、友達との単なるおしゃべりではない。自己をメタ的に批判するための「他者との対話」である。「対話」では異なる価値観や情報が交換される。あるいは共通する知識の交換によって価値観が共有される。大学生活での経験やこれまでの自分の人生を通して考えてきたことを情報として交換し合うのである。そのような場として「議論すること」を授業の中に設けた。学びを個人の系の中に閉じ込めずに、他者とはたらきかけ合う中で主体的に学ぶ協同学習の場として、学生同士で議論することを重視している。この「議論すること」を表現指導として支援するのである。

　もう一つは「書くこと」である。学生同士で議論したことを書く。自分が感じたこと・考えたことを文字として書き出してみる。文字に書き出すことによって、頭で考えていることを外部に表出させ可視化する。それをポートフォリオと呼び、時系列でファイルさせる。議論した内容やそこで自分が考えたことを書くという行為、あるいは書き上げたものを通してメタ的に振り返らせようというのである。ポートフォリオに何を書くか、どのように書くかという書くプロセス全体に深く関わり支援することが、どのように学びを深めていったかという「学生の思考の変遷」すなわち学びのプロセスを支えていくことにつながるのではないかと考える。この主体的な学びを促してい

くために「書くこと」を支援するのである。

3. 表現指導は授業でどのように展開されたか
——指導内容とポートフォリオ学習の概要

「学びを支援する表現指導」は、実際に授業でどのように展開されたのであろうか。

表7-3は、本章で分析の対象とする学生の属性である。受講希望レポートを提出した学生は19名であったが、本章で分析の対象とする学生はほぼ毎回授業に出席し、最終回でプレゼンテーションをおこなった12名とした。内訳を見ると、男性11名、女性1名で、そのうち1回生は7名、2回生は4名、4回生は1名であった。また、文系4名、理系8名という構成であった。

表7-3 表現指導の授業実施日程と内容の概略

●：井下が京大で授業をおこなった日、◎：井下がレジュメで情報提供した日、○：井下が授業参観した日

	日程	授業内容	学びのプロセスを支援する表現指導	配布資料の番号	ポートフォリオ
①	4/16	授業概要説明			内は「書くこと」の支援
○②	4/23	鎌田浩毅先生からのメッセージ			感想文1
③	4/30	上回生・卒業生を交えての座談会			感想文2
④	5/07	第1回目の議論			リフレクションシート1
●⑤	5/14	第2回目の議論	I「議論すること」を支援する——学び課題の模索 (1) 他者との相対化	資料1	リフレクションシート2
◎⑥	5/21	第3回目の議論	I「議論すること」を支援する——学び課題の模索 (2) リアリティの重視	資料2	リフレクションシート3
●⑦	5/28	第4回目の議論	I「議論すること」を支援する——学び課題の模索 (3) プロセスの重視	資料3	リフレクションシート4
⑧	6/04	作業計画書の提出：溝上先生からのコメントと指導			作業計画書
⑨	6/11	作業日1	学生が個別に自己の学び課題について調べ深める期間		
⑩	6/18	作業日2	インタビュー・アンケート調査・本を読むなど		
⑪	6/25	中間作業報告とフィードバック：佐藤進先生と溝上先生からコメント			作業報告書
●⑫	7/02	まとめに向けて	II「学びのプロセスをまとめること」を支援する (1) 論点の明確化	資料4〜7	ワークシート1 論点・根拠
◎⑬	7/09	まとめに向けて	II「学びのプロセスをまとめること」を支援する (2) 内容の構造化	資料8	ワークシート2 キーワード・題名
⑭	7/16	まとめに向けて	II「学びのプロセスをまとめること」を支援する (3) 思考の変遷	資料9	ワークシート3 概要・目次
⑮	7/23	まとめに向けて	III「学びを他者に伝えること」を支援する 伝達性・論理性	資料10	
●⑯	7/30	プレゼンテーション			発表用レジュメ
◎	8/27	レジュメ・プレゼンに対する感想をメールで送る。			
	8/31	レポートの提出締切日			最終レポート

備考）前半期：4/16〜5/28、中間期：6/04〜6/25、後半期：7/02〜7/30

表7-3は、授業の概略である。授業実施日程・表現指導の概要・表現指導として配布した資料・ポートフォリオ学習などについて記した。

　この一連の授業を担当したのは溝上（以下、授業者として敬称を省略）と井下であったが、表7-3に示したように、全16回の授業のうち、井下が直接関わって表現指導をおこなったのは9回であった。そのうち教室に出向いたのが7回（表7-3の●と○の印をつけたところ）である。そして、物理的に教室には出向かないが、レジュメで作業課題を指定したり、情報提供する形で間接的に指導したのは2回（表7-3の◎の印をつけたところ）であった。本来、授業はその担当者と学生とが毎週定期的に対面状況の中で相互作用がおこなわれるのが通常の形態ではあるが、筆者が遠隔地にあるため、毎週参加できないことをはじめから想定し、間接的指導も授業設計の中に入れていた。

　また、4月23日には京都大学総合人間学部教授の鎌田浩毅先生に「大学時代をいかに過ごすか」というテーマでお話しいただいた。そして6月25日には同大学院経済学研究科の佐藤進先生に学生の調査内容についてコメントいただいている。

　本章で対象とする学生はほぼ毎回授業に出席し、最終回でプレゼンテーションをおこなった12名とした。内訳は**表7-4**の通り。

　まず、表現指導は、表7-3に示したように、3つのステップを踏んでいる。第Iのステップは5月14日、21日、28日の3回の授業で、ねらいは「議論すること」を支援することであった。第IIのステップは7月2日、9日、16日の3回の授業で、この時期は議論し中間作業を通して「考えてきたことをまとめる」段階であり、情報を整理分析し統合することを支援している。第IIIの

表7-4　学生の属性（N=12）

	経済学部	法学部	工学部	薬学部	医学部	計
1年次	1	1	(1)	0	4	6(1)
2年次	1	0	1	2	0	4
4年次	1	0	0	0	0	1

（　）内は女性の数

ステップは7月23日、30日の授業で、プレゼンテーションに向けて自分の学びを「他者に伝えること」を支援している。夏期休暇に入ってからの8月27日には、プレゼンテーションとレジュメに対する感想を学生にメールで送っている。

以下では、授業で配布した資料を示しながら、各回の授業内容について記述していく。また、ポートフォリオ学習の内容も併記していく。表6-3のポートフォリオの項目にも示したように、学生には議論したことを振り返らせ、それをリフレクションシートに記入させたり、学びのプロセスをワークシートに整理させている。

このように、自己の学びプロセスを書くという作業を通してメタ的に振り返るポートフォリオ学習を導入した。ポートフォリオ学習には、思考を可視化し、メタ認知を促進させようというねらいがある。授業では段階的に学びの足跡を確認し、その成果を次週の授業設計に活かして、学生らの学びを発展的・建設的に捉えていくことを目指した。大筋のシラバスは授業が開講される前にできあがっていたが、毎回の授業での学びを的確に把握し、PDCAのサイクルで授業を作ってきたともいえる。そこで、ここでは、ポートフォリオ学習の成果を振り返りながら、表現指導がどのように展開されたのかを整理してみたい。

◇ **5月7日の授業：第1回目の議論**

この5月7日の授業から4回連続で議論がおこなわれた。議論の時間は1時間弱。1グループ3人編成なので一人の持ち時間は約20分程度。自分はどんなことに関心があるのか、大学でどんなことに問題を感じているのかなどについて話し合われた。議論後、その日の活動を振り返り、何を議論したか、何を考え感じたかをリフレクションシートに記入させた。なお、グループ編成は授業者の溝上がおこない、毎回できる限り異なる相手と議論できるよう、組み合わせが配慮された。

【5/07のリフレクションシート1より】

第1回目の議題は、4月23日の鎌田先生からのメッセージを受けて、それに関する疑問点を出し合ったものが多かった。主な議題は、「大学における

出会いとは」「大学における自由とは」「大学生活について」「学びと制度の関係について」などであった。

　しかし、初めての議論であったので、議論することに戸惑いを感じ、議論のあり方そのものに関する記述も多かった。たとえば「何を話すべきか定まらず、うまく議論できなかった。理由は意見の一致ばかりであったことと疑問点が抽象的過ぎること」「お互い自分の話をするのに手一杯で、議論する時間がなかった」など、互いに議題をうまく共有できなかった様子が伺える。また「自分の思っていることを相手に伝えようとしたが表現するのが難しかった」「思考を言語化する中にも自分を見出すヒントがあるのではないかと思えた」というように考えたことを表現する難しさも感じている。さらに「遠慮があるので突っ込んで話していける雰囲気を作りたい」「他人の思考のもとに全員で討論し、何がわかったのか、結論を出せるようにしたい」など、次回に向けて議論の改善点を指摘する記述もあった。

　また、リフレクションシートの最後の頁にポストイット2枚を貼っておき、その日議論した二人の相手に対して感想や意見を書くことになっていた。学生は相手に向けて次のようなメッセージを送っている。「人と係わり合いがある限り、完全な自由などないという話に共感しました」「なぜ自由があるのにしなければならないと思うのかという意見にハッとしました」「好きなことを学んでいく中で自然と教養が身についていくものだと思っていましたが、それは極めて文系的発想なのではないかと気づくことができました」「学んでいく中に面白さが後々出てくるとい考え方に強く共感しました。その面白さを見つけることが重要なのかもしれませんね」など議論を通じて共感したこと、気づいたことなどを語りかけるように綴っている。

● 5月14日の授業：　第2回目の議論

【議論することを支援する (1)　配布資料1を参照】

　表現指導を担当する授業者として直接学生に向けて話をした第一回目の授業である。学生に対する井下からの説明時間は10分程度あった。

　前回の5月7日の授業で、学生は初めて議論をおこない、リフレクションシートにその振り返りをしている。議論のあり方に問題点を感じている記述も多

く、ここで表現指導のねらいを学生に説明しておく必要があると思われた。

そこで、「1.なぜ議論するのか——対話する意味。2.なぜ書くのか——表現する意味。」とレジュメ（**配布資料1**）に記し、この授業の特徴とねらいについて説明した。

まず、一つめの「なぜ、グループを作って議論するのか、学びは個々別々に探求するものであるけれども、なぜ議論する意味があるのか」ということについて説明した。配布資料1に「他者との関係性の中で学びをとらえる」「他者を知る」「他者に伝える」と記し、自分の考えや経験を相手に伝えること、また相手の話に耳を傾け、相手の論理を読み解くことで、自己の学びを明確化していくことを目指していることを明らかにした。また、そのためには「モノローグではなくて対話の構造を持つこと」「抽象論ではなくリアリティが大切であること」を指摘している。

二つめの「2.なぜ書くのか——表現する意味」については、時間切れでこの回では詳しく触れることができなかった。

【5/14のリフレクションシート2より】

議論も2回目に入り、第1回目の議題を発展させるものとして、「大学での出会い」や「自由」、「制度と学びの問題」を取り上げているものが多かった。但し、前回は鎌田先生の考えに対する意見というスタンスで議論が展開されていたのに対し、今回は学生自らの体験や問題意識として語られていたことに議論の発展が確認できた。たとえば「大学へは専門的知識やスキルを期待して入ったが実際のところ大学は応えてくれない。打開策はないものか」「自由大学で縛りの感覚を持つのは目標のない人間で、語学・一般教養・専門科目などの制約に捉われているからではないか」「前回の出会いという観点から大学での問題点を考えてみたところ、大学における学問の自由と自己の責任の重みを知った」など、前回より自分の問題に引き寄せて考えていた。

また、ポストイットには「話も非常に順序良く語られよかったです」「論点がわかりやすいと思いました」などの相手に向けた書き込みもあり、議論が順調に進み、論点も前回よりは明確になってきているようだった。

さらに、井下の表現指導に関連した記述では「メタ的に自分を見ながら話

をしたので前回より時間的にも内容的にもはるかによいディスカッションになった」「この授業をきっかけとして、人間関係についてメタ的に考えることにより、生の具体的な人間関係の構築につなげることができるかもしれないと思った」「どうやって他者と相対して対話の構造を構築できるか。この授業の特殊性。井下先生も言ってた通り、対話の構造を作り出す努力は必要だと思う」などがあった。

◎ 5月21日の授業：第3回目の議論
【議論することを支援する（2）　配布資料2を参照】
　この回は、次のようなレジュメ（配布資料2）を送り、授業中に読みあわせをしてもらった。今回の指導のポイントは2点で、「リアリティを大切にし具体的に書こう」ということと「対話の構造すなわち対等な関係での他者と自己のやりとりを大切にして話してみよう」ということだった。内容は、配布資料2を参照されたい。

【5/21のリフレクションシート3より】
　前回と同様「専門の授業が期待はずれ」であることや「大学での一般教養は必要かどうか」という議論が続いていたのに対して「大学の制度に問題があるというだけでなく、自分の中で解決できるような問題点に修正していくこと」など議論の矛先を大学側から学生側に変更しようとする学生も出てきた。

　また、井下の「リアリティを持って具体的に話そう」という問いかけに、学生は「自分の問題点を具体的に相手に伝えることができるように意識した」「具体的な例として、人と付き合うことを挙げられて初めて勉強だけが勉強でないという意味がわかり、精神的に満足のいく人生を送るための勉強とは具体的にどういうものかを考えた」というような反応を見せていた。

　一方で「学びに対する具体的なテーマが捻出できずに困っている」「僕は他人との議論より一人で考え込むほうがあっているかも」「議論がうまくいかない、相手と噛み合わない」「テーマが定まらない、議論をしても自分のテーマは深まらない」というような、議論によって学び課題を深めていく難しさを訴える記述もあった。この授業のあり方そのものに問題を投げかける重要

な記述であったため、次回の授業で取り上げることにした。
● 5月28日の授業：第4回目の議論
【議論することを支援する (3)　配布資料3を参照】
　この回では、前回のリフレクションシートより学生たちの発言で、特に重要だと思われた発言を2つ取り上げ、4つの提案をしている。
　まず、一つめの発言は、「議論がうまくいかない、相手と噛み合わない」というものだった。学生らは話の内容にお互い関心を示しながらも、うまくやりとりできないもどかしさを感じているようだった。
　そこで、提案1として「相手にも自分にも批判的であること」とレジュメ(**配布資料3**)に記し、建設的な批判や多様な意見への感受性、自分へのメタ的な批判も必要ではないかと説いた。
　提案2としては「相手に質問すること。自分にも問いを発すること」と記し、「その意味、よくわからないんだけど」とか「なぜ、そう思うの？　具体的に言うとどんなこと？」など曖昧で抽象的にならないようにということを指摘した。
　二つめに取り上げた発言は「テーマが定まらない、議論をしても自分のテーマは深まらない」ということだった。学生らはたとえ議論したとしても、相手のテーマに関しては素人であるのだから大したコメントはできないと考えているようだった。そこで、「学びを探求しているプロセスそのものが重要で、この段階でテーマが定まらずとも臆することなく、むしろ、考えてきたプロセスをそのまま流してしまわないことが大切」と配布資料に記し、さらに2つの提案をした。
　提案3は「必ず、表現する」ということだった。「自分のことばで話してみよう、素朴に感じていることを話してみよう」「自分は何をしたいか、何が好きかなど素直に話してみよう」と提案した。
　提案4は「ファイルを利用する」ということだった。これはリフレクションシートに書いた内容をポートフォリオとして活用するという意味である。この授業での議論を通して「自分がどう変化しているか、自分の変容過程をとらえる」と記した。さらにその手がかりとして、リフレクションシートで

の使用頻度の高いことばをキーワードとして抽出してみることや、シートに書かれた文章の語尾（感じた、考えた、思った、気づいたなど）に注目し、思索した足跡を振り返ることを促した。

こうした一連の提案は、中間作業での調査に向けた作業計画書へとつなげていくための指導でもあった。

【5/28のリフレクションシート4より】

この日で議論は4回目、前半期の最後の議論となった。学生らは学び課題がうまく見つからないと言いながらも、議題の内容はグループで共有できる部分を含みつつ、個人固有の問題へと掘り下げているように思われた。たとえば、「大学でいかに行動すべきか」「大学と関わる方法」「一般教養に単位は必要か」「教授はどのような認識で教えているのか」「自分のことを知るための具体的な方法について」「自分の行動の意味付けについて」「やる気のある生徒とは」「自由とは」「遊びとは」「勉強とは」「学習とは」「対話とは」というような課題を挙げている。

この個人の問題を学び課題として素直に話せるようになったのは、井下の提案3「素朴に感じていることを話してみよう」の効果も多少はあったかもしれないが何よりも、学生自身が議論を重ね、仲間と信頼感を築いてきたことに他ならないと思われる。たとえば、学生は相手に向けてポストイットに次のようなメッセージを寄せている。「○○の話はいつもわかりやすくかつ考えさせられる。自分の悩みに直接ヒットして本気で参考になった。これからも頼りにしているんでヨロシク」「○○の悩みはまだはっきりしないようですね。その分しんどいと思います。僕もですから。でもこの授業を受け続ければちょっとはすっきりできると信じているので一緒に頑張りましょう」「一生の学びの探求の重要性には共感しました。貴方と話すと考えることが多いので楽しいです。ありがとう」「自分たちで自主ゼミを開こうとしている。現状に甘んぜず改善していこうという姿勢を見習いたいです」「ヴィジョンがあり、そのためには人の目など気にせず行動する、それはすごくカッコいい生き方だと感心しました」というようにともに学びを深めていく仲間にエールを送っている。そして相手にエールを送ることで自分をも励まして

いる。そこには同じ目標を持つ仲間意識のようなものが感じ取れる。

　また、議論のあり方に関する記述では「リアリティを出せるように意識してみた」「どうやったら他の二人のテーマと自分のテーマが結びつくのかってことについて考えることが案外自分の考えをまとめることに役立つということがわかった」「自分と相手とが衝突することでお互いの輪郭を浮かび上がらせるという方法がかなり有効であることに気づいた」というように、他者との相対化の有効性について述べているものもあった。

　◇ 6月4日：作業計画書の提出

　学生一人ひとりに対し、作業計画書をもとに中間期の作業内容に関する指導が溝上によっておこなわれた。これ以降の中間期には授業の時間枠を越えて溝上が個別に指導した。

　◇ 6月11日：作業日1
　◇ 6月18日：作業日2

　6月11日から6月18日までの2週間にわたって、中間期の作業として、学び課題を深めていくためのインタビューやアンケート調査などが実施された。この期間、学生は溝上に進行状況の報告をおこない、学び課題に関する個別指導を受けている。

　◇ 6月25日：中間作業に対するフィードバック

　中間作業に対するフィードバックが佐藤進先生と溝上によって学生一人ひとりに向けて丁寧におこなわれた。

● 7月2日の授業：学びのプロセスをまとめることを支援する (1)　配布資料4～7を参照

　7月2日からの授業は、前半期の議論による学び課題の模索、中間期の調査を経て、これまでの経過を振り返り、学び課題をさらに深め、内容をまとめていく時期に入った。

　しかし、学生からは「何をどうまとめていけばいいのか」「情報は集まったけどどう整理すればよいのか」とか「中間期をうまく過ごせなかった」「調査も十分できていない」などの意見が出て、混沌としている状態が伝わってきた。

　そこで、最終回でのプレゼンテーションと、成果のまとめとしての冊子の

作成に向けて、後半期での表現指導のポイントを配布資料に示して説明した。ポイントは2点で、「論理を組み立てること」と、「相手に伝えること」である。

一つめのポイント「論理を組み立てる」という指導は、形式としての文章の書き方を強調したものではない。これまでの議論や調査を経て収集した情報を、学びの成果として筋道だてるということである。すなわち探求のプロセスを論理だてることが学びを深め、自己を知ることであるとここでは説いている。

二つめのポイント「相手に伝える」こともプレゼンテーションのノウハウを伝授する形式的な指導ではない。ここでの相手とは他人だけでなく、メタ的にみた自己も含まれる。漫然とこれまでの経過を述べるのではなく、相手に向けて自己の主張があることが重要である。「自分はこんなことがわかった」とか「気づいた」とか、相手だけでなく、これまでの自分に向けて言いたいことがある。伝えたいと思う何かを見出すことが、自己にとっての学びの発見ではないかと説いた。

そこで、7月2日の作業では、配布資料にも示したように、前述の2つのポイントを取り入れ、3つのステップの作業を提案した。

作業1は、個人の作業で、「論点を書き出してみよう」と提案した。自分は何を言いたいのか、何を主張したのか、まず結論から考えてみようということを提案した。結局、現時点で何が分かったのか、演繹的捉えてみようということである。情報が拡散していて混乱しているからこそ、余計な部分を削ぎ落として論点を明確にする必要があると思われた。新聞のリードの書き方を例に取り上げ、重点先行でまとめていく方法を提案した。さらに、その論点の根拠として「なぜ、そういえるのか」という具体的で妥当性のある根拠をこれまでに収集した情報の中から整理してみるように提案した。

作業2では、グループでの作業で、作業1でおこなった内容をグループで確認しあうことだった。論点は明確か、情報として何が足りないかをチェックしあうのである。

作業3は、再び個人の作業に戻り、作業2のグループでの意見を受けて内容を修正し、シートにその内容を記述することであった。

一通り、作業内容について説明を終えると、学生から「説明された内容は納得できる。先生の腰を折るようで悪いけど、でもいきなり何が分かったかをこの場で書けと言われても無理」という意見が出た。さらに「リフレクションシートからどう変わったかを書き出すことはできるが、主張や根拠を今書くのは厳しい」「中間期の調査が途中だから主張も根拠も示せない状況だ」「何を言いたいのかをまだ探している状態」と意見が続いた。

そこで、筆者は「ここで書いてもらおうとしたことは最終的な結論ではなく、自分の考えを収束させていくための一つのステップ、暫定的なものであると捉えて欲しい。まとめていくための手がかりとして書き出してみる。そして書いた内容を何回も見直し修正を重ねていくことで考えがしだいにまとまっていくのでないか」と話した[2]。

しかし、学生が「いきなり」「しかも、この場で」と感じるのは当然である。学生から「授業予定から考えて、この時期にまとめる方向で考えなければうまく終わることができないこともよくわかる」「この授業時間内でまず議論し、主張に近いものに絞っていきたい」「これからの方向性を見定めていくために、問題を出し合うために議論をしたい」という要望が出た。

こうした学生と授業者との議論を経て、この7月2日の授業では、グループに分かれて現状を把握するための議論が学生同士でおこなわれた。そして「論点と根拠を書き出す」という2つの課題は次週までの宿題となった。

この日は、次週までの宿題を他にも5つ課している。

一つめの宿題は、キーワードを5〜8個抽出することである。まず、ポートフォリオを活用し、リフレクションシートや作業計画書に使用されていた語句の中から、重要と思われる語句を選び出す。さらに重要度の高い順に並べ替え、記入するようにレジュメには8個のボックスを作った。

二つめは、題名を3〜5個考えてくることである。題名はレポートの「顔」であり、テーマを具体的に示すものでなければならないと説明し、キーワードを用いながら、レポートの内容を端的に示した題名となるよう考えてみようと促した。さらに、問題の視点の当て方や研究方法など、表題の内容を補うものとして、できればサブタイトルも考えてみようと提案した。

三つめは、目次を書いてくることである。見出しをつけ、全体の構造を考え、階層的に書くように注意を促した。また、この目次は設計書として内容を構造化するためのものであること、鳥瞰図のように高いところから学びのプロセスをメタ的に眺めるための手立てであると説明した。

四つめは、論点と根拠に基づいて、レポートの概略を「仮の概要」として200〜300字でまとめてくることである。

五つめは、題名・概要・目次・キーワードを、Ａ４の用紙１枚にまとめてくることである。そのフォーマットを統一化し、配布資料に示した。

最後に留意点として、配布資料には次のような文面を付け加え、指導のねらいを示した。

> 「このレポートは学術論文ではありません。また、調べ学習でもありません。個人の学びの探求が目的であり、この授業の足跡を克明に辿ることによって、自分が考えたことを明らかにすることを目標としています。自分の考えが議論を通してどのように明確化されていったかを詳しく分析するような内容を期待しています。したがって、自分の学びを探求するためのレポートであることを念頭において、目次を考えてください。この作業は内容を構造化することにもつながっています。今後は目次に肉付けするような方法で文章化をすすめてもらいます。」

以上の課題のねらいは文字に書き出す作業を通して頭で考えていることを外部に表出させ、自らの学びのプロセスをメタ的に振り返らせようとしたことにある。また、Ａ４の用紙１枚にまとめさせたのは、自分の学びを振り返るためだけではない。最終回でのプレゼンテーションでは、概要や目次を記したレジュメのコピーを他の学生にも配布し、互いに学びを共有していくことを計画していた。フォーマットを統一化したレジュメを完成させることは、プレゼンテーションで用いる補助資料作成に向けた準備でもあった。

◎ **7月9日の授業：学びのプロセスをまとめることを支援する（2）　配布資料8を参照**

この日は、次のような文面を送り、支援した。以下はその主な内容である（一部省略）。

> 「受講生の皆様へ　きょうは、京都大学まで出向くことができないため、文面での参加ということでご了解願います。先週は受講生のみなさん

第7章　議論することを支援する　153

との議論を経て、後半期の授業内容を吟味できたことは非常によかったと思います。この授業の目的は皆さん自身の学びの探求にあるわけですから、今後も主体的で積極的な参加を期待しています。以下は、先週の議論を経て明らかになった後半期の授業予定です。あくまでも目安としての予定ですので、進行状況にあわせた細かな調整は今後も必要だと思っています。」
（後半期の予定表、省略。**配布資料8**を参照のこと。）
「次に、後半期のグループ（班）編成についての提案をします。前半期は様々な仲間と交わることで広く自分の学びを探求することを目的としていましたが、後半期は学び課題を収束的に深めていく方向にあると思うので、現時点でのお互いの状況をよりよく知り合っている仲間と班を編成することが望ましいのではないかと考えています。したがって、先週と同様、学部別の班で議論を進めることを提案します。後半期はこの班で議論や作業を進めていってはどうかと考えていますが、どうでしょうか？」

　さらに、レジュメでは、本日の授業のポイントとして2点指摘している。
　一つめは、「自分が考えてきたこと」を相手にわかるように説明しあうことである。宿題となっていたワークシート1、2、3をもとに、自分の学びについてお互いに説明、コメントしあうよう提案し、「自分の学びを説明する側」と「相手の学び課題についてコメントする側」の2つの立場からの留意点を示した。
　二つめは、レポートの構造化に焦点を当ててコメントしあうことである。学びを探求する過程で「自分がどのように変容してきたか」を筋道立てて説明できるように、構造化に注意を払ったコメントをおこなうよう提案した。この作業により、混沌としている部分が明確化されていくことにつながっていくだろうとの考えを示した。

● 7月16日の授業：学びのプロセスをまとめることを支援する (3)　**配布資料9**を参照

　7月16日の授業では、プレゼンテーションと冊子の作成に向けて、次の2点をレジュメ（**配布資料9**）に記して確認した。
　一つめは、学びを探求するという行為はこの授業で完結するわけではないという点である。今後に向け「発展性のある学び」とするために、いったん

ここで立ち止まり区切ることが必要性であるということ、これまでの過程を振り返ることの重要性について確認した。

二つめは、自分が考えてきたこと・考えてきた過程を相手に分かるように説明することである。そのためには、筋道を立て説明する論理性が重要で、発表内容を構造化すること、内容に飛躍や矛盾・漏れがないか、点検する必要もあることを説いた。

さらに、この日は宿題として、プレゼンテーション用のレジュメの書き方について説明した（**図7-1**を参照）。

一つは、プレゼンのレジュメとして、タイトル・キーワード・目次・概要[3]をＡ4、1枚にまとめることである。キーワードは5〜8個。概要は200〜300字にまとめる。ここでの留意点は、タイトルは1つの案に絞ることである。

二つめは、概要の部分を膨らませて文章化することである（プレゼン用の原稿としてＡ4、1枚にまとめる）。原稿は1000〜1200字程度とし、必ずＡ4、1枚にまとめる。内容の切れ目で段落を入れる。見出しを入れて読みやすさに心がけるようにする。

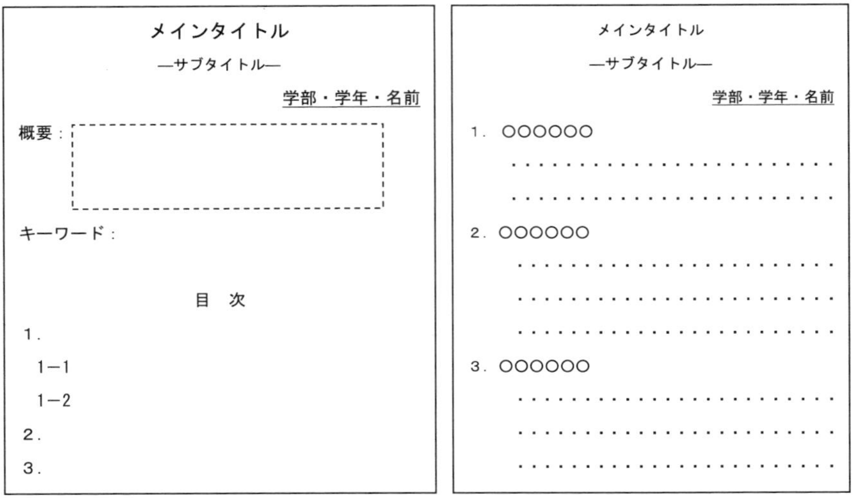

備考：プレゼンテーションの際に補助資料としてＢ4サイズの用紙、見開き2ページに印刷し配布した。

図7-1　レジュメの書式

また、図を挿入する場合も1. 2. 合わせてこの2枚に必ず収まるよう指示した。

● **7月23日の授業：伝えることを支援する——プレゼンに向けた支援**

7月23日の授業では、まず、宿題のレジュメのチェックをおこなった。問題点を指摘し、その対策のためのポイントを示すためだった。

ポイントは2点で、ポイント1は、どこに焦点を当てて発表するかということだった。発表の持ち時間は一人12分間に設定したので、学びのすべてを12分間で述べるのは無理だということ。しかも聴き手はこれまでのプロセスを知っている仲間たちなので、発表でどこに焦点を当てるかを考えておこうと指摘した。

ポイント2は、探求のプロセスが分かるように構造化しようということだった。これは、調べ学習ではなく、「学びの探求」であるのだから、議論の流れ、思考の流れ、作業の流れが分かるように内容を構造化しようと指摘した。

さらに、この日は最終日のプレゼンテーション進行に向けて、司会進行・発表順序・集合時間・発表時間・タイムキーパーなどの役割分担・発表に用いる視聴覚機器などの確認をおこなった。

最後に、プレゼンテーションに向けて留意点を2点指摘した。留意点1は、まずレジュメを完成させるということである。これがプレゼンを成功させるための第一歩であると励ました。留意点2は必ず練習してみようということである。時間を計ること。できれば誰かに聞いてもらうこと。文章化したものに捉われずに言いたいことが言えるように自分なりに発表用のメモなどを作っておくとよいことなどを付け加えた。

また、この日は7月30日に都合で発表できない学生1名が発表をおこなった。

● **7月30日の授業：プレゼンテーション**

最終回の7月30日には、学生11名のプレゼンテーションがおこなわれた。

1人の持ち時間が12分、質疑8分、交替時間3分で、11名の学生が発表をおこなった。その間に休憩15分を2回入れ、全体での振り返り30分を含め、合計5時間を越える時間を費やしてプレゼンテーションがおこなわれた。夕

イムキーパーや司会者の役割を学生が自発的に申し出ておこない、進行は順調であった。OHP や PowerPoint を巧みに使って、レジュメを補助資料とし、手際の良い発表が続いた。

このように全員が発表するには長時間を要した。したがって、授業者が学びの内容に深く触れたり、プレゼンやレジュメについてコメントしたりする時間をこの場で設けることは時間的に難しく、詳しいコメントはできなかった。

【後半期のポートフォリオ学習について——ワークシートより　表7-5を参照】

先に述べたように、7月2日から授業も後半期に入り、7月30日のプレゼンテーションに向けて、考えてきたプロセスをまとめるための作業を開始した。ここでは論点を明確化することや内容を構造化することをねらいとして、ワークシートを3枚作成させる課題を与えている。しかし、中間期の調査の進捗状況が思わしくなく、すぐにまとめに入る状況ではなかった。授業では学生から「今、何が問題か。何をすればよいか」を話し合ったほうがよいという意見が出て、再びグループでの議論の場を設けることとなり、ワークシートは学生の希望で宿題となった。

表7-5に、宿題としてのワークシートの提出状況を示した。ワークシートは後半期のポートフォリオ学習に相当するものである。前半期では議論後、その場でリフレクションシートを書くことになっていたので全員がその日の成果を記録（ポートフォリオ）として残していたことになる。それに対して、後半期はワークシートが宿題となったため、未提出あるいは未記入、または何か文字らしきものは書いてあるが解読できないものを提出するという状態となった。ワークシート1と2でそれぞれ合計5名ずつ、つまり4割の学生がワー

表7-5　ワークシートの提出状況（N=12）

	ワークシート1	ワークシート2	ワークシート3
	論点・根拠	キーワード・題名	概要・目次
提　出	7	7	12
未提出	1	4	0
未記入・解読不能	4	1	0

クをおこなわなかったことになる。徹底しなかったワークの内容は、論点と根拠、キーワードと題名を書き出すことであった(**配布資料5、6を参照**)。しかしながら、概要と目次を入れたワークシート3は全員提出している。ワークシート1と2の提出が徹底しなかった最大の原因は授業も終盤に入り、作業状況に個人差も出てきて、足並みを揃えるだけの時間的余裕が全くなかったことが考えられるが、原因の詳細な分析は次節での学生による授業評価の分析を含めて考えることとしよう。

4. 表現指導は学生にどのように受け入れられたか
――**学生による授業評価と最終レポートをもとに**

1 学生による授業評価から

　井下が担当した「思考支援・表現指導」について、学生による授業評価をおこなった。この授業において、井下は「表現することを通して考えるプロセスを支援すること」あるいは「考えていることを表現する指導」を主に担当してきた。特に「議論すること」と「考えてきたプロセスをまとめること」に焦点を当て、配布資料をもとに授業をおこなってきたが、この「思考支援や表現指導」に対して、学生がどのような感想や意見を持ったかを評価させることが目的である。

　プレゼンテーションが終了した後、調査票と返信用封筒を学生12名に配布し、10日以内に郵送による回答を依頼したところ、11名の回答を得た。

　調査は井下が指導した内容を次の4つの側面から評価させるものであった。

1. 「議論する」ための指導について
2. 「考えてきたプロセスや調べたことをまとめていく」ための指導について
3. 「相手に伝えることを意識化させる」ための指導について
4. 井下の表現指導全般について

　評価は、学びを探求する際に指導内容がどの程度役立ったかを次の5つの選択肢から、最も当てはまると思う番号に○をつけるという方法で実施され

た。
　学びの探求に
　　　5：非常に役立った　4：役立った　3：どちらでもない
　　　2：あまり役立たなかった　　1：全く役立たなかった

　また、指導内容について改善してほしいことや、指導に対する意見や感想を自由記述で答えてもらった。以下では、調査結果をもとに表現指導が学生にどのように受け入れられたかを振り返る。

1.「議論する」ための指導について（表7-6を参照）

「議論がうまくいかない、議論をしても自分のテーマは深まらない」という学生の声を受けて、授業ではいくつかの提案をしてきた。これらの提案が、学びを探求する際にどの程度役立ったかを5段階で評定させた結果を**表7-6**に示した。

① 議論することのねらいについて

〔i. 議論を通して自分の考えがどのように明確化されたかを分析しようという指摘〕が4.46と最も高い評価を得た。これには議論のやり方そのものの指導ではないが、学びを探求するという授業における議論のねらいが示されており、学生は「自分の考えを整理する上で役立った」と答えている。他にも〔a. 議論とは、異なる考え（体験）を持つ相手に自分の考えを述べることだという指摘〕や〔g. 議論の場には対話の構造があるという指摘〕も3.91と

表7-6　議論するための指導内容に関する質問項目と平均評定値（N=11）

質問項目	平均	SD
a. 議論とは、異なる考え（体験）を持つ相手に自分の考えを述べることだという指摘は	3.91	0.793
b. リアリティを大切に具体的に表現しようという指摘は	3.91	0.793
c. テーマを定めるよりも探求するプロセスを大切しようという指摘は	3.55	0.891
d. 相手にも自分にも具体的な問いを発しようという指摘は	3.62	0.881
e. 相手を建設的に批判しようという指摘は	3.00	0.953
f. 自分をメタ的、客観的に批判しようという指摘は	3.46	0.988
g. 議論の場には対話の構造があるという指摘は	3.91	0.793
h. 素朴に感じたことを自分のことばで表現しようという指摘は	3.82	0.833
i. 議論を通して自分の考えがどのように明確化されたかを分析しようという指摘は	4.46	0.643

高く支持されていることから、他者との議論を通していかに自己の学びを深めていくかという授業のスタンスが学生に受け入れられ、学生がその重要性を理解していたことの現われだと解釈できよう。

② リアリティについて

〔b. リアリティを大切に具体的に表現しようという指摘〕も高く評価された。調査票の自由記述の回答欄にははじめの頃の議論を振り返り「抽象的なお話に終始し、具体的なテーマを捻出できずに困っていた」「人間関係ができていない段階では議論がやりにくかった」と記しているように、学生は始め互いに理念を語り、リフレクションシートに抽象的な結論だけを書く傾向が見られた。そこで、「リアリティを大切に具体的に話そう」という提案をし、リフレクションシートには議論で重要だと思われた発言をできるだけ生のことばで書くように促したのであるが、この指導に対して学生は「大変わかりやすかったし、タイミングとしてもよいところで指導してもらった」「具体性を意識することで議論がやりやすくなった」と評価している。また「リアリティを持って具体的に語ること・書くことの大切さを再認識した」という記述は、リフレクションシートや最終レポートにおいても散見された。ある学生はレポートで「今まで僕も議論の相手も抽象的な話に終始していたが、具体的な例をあげて示すというやり方があったのかと感心した。このことが後に学びの探求という授業そのもののあり方をテーマにしようと方向転換することのきっかけになった」と記している。

③ 批判することについて

〔e. 相手を建設的に批判しようという指摘〕は一部の学生には受け入れられなかった。「個人的に相手を批判することは嫌で、相手の良いものを見ることのほうがいいと思っている」「2、3人だと納得共感するばかりで相手の批判が出てこない」「議論によって相手に寄与できているか疑問」「内面の話だから表現するのはなかなかきついかな」という意見もあった。授業では建設的にということを強調し、批判することの意味を説いたのだが、批判ということばのイメージは相手の短所や弱点とつくという意味で認識されていることが分かった。

160　実 践 編

④ 個別的直接的な指導について

　自由回答の感想より「議論に対するこうした提案はよく理解できるが、頭でわかっても案外できない」「議論のやり方についてグループ別にアドバイスしてほしい」「議論の中に入って直接指導してほしいが、それだとおもしろくないかな」という個別指導の要望があった。

⑤ 議論する時間について

　「何よりも議論する時間自体が少なかった気がする」「あの短い時間で議論するのは困難」「前もって議論する内容をつきあわせる時間がもう少し欲しい」と議論する時間が足りないことを指摘する意見も多かった。

⑥ 議題について

　「取り敢えず1回くらいは同じテーマのもとに皆で議論する場を設けてもよかったのではないか」という意見もあった。「相手に適切なコメントができない」という指摘も学びの課題は個人によって異なることに起因するもので、共有できるテーマのもとで議論したいという要求に通ずる意見があった。

2.「考えてきたプロセスや調べたことをまとめていく」ための指導について（表7-7を参照）

表7-7　考えをまとめるための指導内容に関する質問項目と平均評定値（N=11）

質問項目	平均	SD
a. 自分は何を言いたいのか、論点を書き出すことは	3.55	0.782
b. なぜ、そう言えるのか、根拠を示すことは	3.36	0.771
c. 重点先行型で、論理を組み立てていくことは	3.36	0.979
d. ファイルした情報からキーワードを抽出することは	3.46	0.988
e. キーワードを重要度順に並べ替えることは	3.18	0.936
f. キーワードから題名を考えることは	3.09	0.9
g. キーワードから副題を考えることは	2.91	0.793
h. 項目a～gをもとに300字程度の概要を書くことは	4.27	0.75
i. 項目a～hをもとに目次を作成することは	4.18	0.833
j.「学びを探求する行為」はこの授業で完結するわけではないという指摘は	3.64	0.643
k.「発展性のある学び」とするためにここで区切り振り返ろうという指摘は	3.46	0.782
l. 調べ学習ではない。個人の学びの探求が目的であるという指摘は	3.73	1.052
m. 授業の足跡を克明に辿ることが重要だとする指摘は	3.91	0.426
n. ファイルしたものを利用して自分の変容過程をとらえようという指摘は	4.36	0.656

① プロセス重視の指導について

〔n. ファイルしたものを利用して自分の変容過程をとらえようという指摘〕は4.36、〔m. 授業の足跡を克明に辿ることが重要だとする指摘〕は3.91と評価が高く、「考えてきたプロセスや調べたことをまとめていく」プロセス重視の指導のあり方は支持されたといえる。学生は「その場その場で考えると自分の変化にあまり気がつかなかったが、考えるプロセス全体を見て考えると自分の変化がよくわかった」と答えている。

② 概要をまとめることについて

〔h. レポートの執筆前に概要を書かせる〕という指導も4.27と高く評価された。学生は「何が何でも300字にまとめよという指導は非常によかった。少ない文字数に強制的にまとめることは難しくもあり、かつエキサイティングだった」「概要を書いていると考えがまとまってきた」「概要のまとめ方は普段も使えそう」「まとめの裏には実は大量のことばがあると実感した」と、その有効性、応用性を評価していた。

③ 目次を作成させることについて

〔i. 目次を作成させる〕という指導も4.18と評価が高かった。「書く前に目次を作る手法は聞いたことがなかったので興味深かった」「目次を書いて内容を構造化するという作業の重要性有益性はよくわかったが、欲を言えば良い例悪い例を示してほしかった」という指摘もあった。

④ 論点と根拠を書き出させることについて

〔a. 自分は何を言いたいのか、論点を書き出すこと〕と〔b. なぜそう言えるのか、根拠を示すこと〕は学びをまとめていく上で重要なポイントであるが、学生の評価は3.55、3.36と予想より低かった。学生は「言いたいことを書けという指示がありましたが、そもそもわざわざ書きたいことがなかったので、どうしてもテーマをひねり出すところがあった」と述べており、ワークシートでの指示の仕方、問いの作り方にも検討の余地が残されていると言えよう。また「一週間計画を延ばしてくださったのは助かりました」という記述からは中間期作業がまだ終わり切らない時期でまとめの作業に入ったので学生の負担が大きかったことが伺える。

162　実践編

⑤ キーワードについて

〔f.g. キーワードから題名や副題を考えること〕〔e. キーワードを重要度順に並べ替えること〕を学生は3.09、2.91と評価しており、キーワードを用いた作業課題は学生にあまり重視されていないことが分かった。一方、学生によっては「キーワードの抽出はこれまでの過程を思い出す上でかなり役立った」と答えており、論点を書き出す前あるいは中間作業の前にキーワードを抽出する作業をおこなう方が効果的であったかも知れない。

3. 「相手に伝えることを意識化させる」ための指導について（表7-8を参照）

① レジュメの作成について

表7-8　伝えることを意識化するための指導内容に関する質問項目と平均評定値（N=11）

質問項目	平均	SD
a. わかりやすく伝えるため、レジュメを完成させることは	4.00	0.603
b. わかりやすく伝えるため、声に出してプレゼンの練習をすることは	3.82	0.716
c. わかりやすく伝えるため、プレゼンをだれかに聴いてもらうことは	3.73	0.75
d. わかりやすく伝えるため、聴き手や読み手を分析することは	3.55	0.656
e. わかりやすく伝えるため、ビジュアルに表現することは	3.55	0.891
f. わかりやすく伝えるため、表現内容を吟味することは	3.91	0.668

〔a. わかりやすく伝えるため、レジュメを完成させる〕という指導の評価は4.00と高かった。学生は「フォーマット化による統一はきれいな中身になって発表の理解を助けた」「レジュメを完成させることは、自分の考えをはっきりさせるのにとても役に立った」と述べている。

② 表現の吟味、声を出す練習について

〔f. 表現内容を吟味する〕の評価は3.91、〔c. だれかに聞いてもらう〕は3.82と表現法に関する知識・技術面での指導も有効であることが示された。

4. 井下の表現指導全般について（表7-9を参照）

表7-9　井下の表現指導に関する質問項目と平均評定値（N=11）

質問項目	平均	SD
a. 授業で配布した資料（井下が作成したレジュメ）は	4.27	0.445
b. 個人の学びには深く立ち入らず、考えることや表現することを支援するというスタンスは	4.27	0.617

① 授業での配布資料について

評定値は4.27で、「基本的にわかりやすく簡潔でよかった」「先生の作ったレジュメはまとまっていて見やすい」「貴重な提案が多かった」と評価された。「レジュメがわかりやすくまとまっていたので説明時間を短くして、その時間を議論や個別指導に当てることもできるのではないか」「配布していただいた資料を見返し、他の場面でも実際に用いてみることで少しでも多く身につけてみたい」「技術的指導はこれまで皆無に等しかったのであらゆることが参考になった」という意見もあった。

② 学びには立ち入らず、表現支援をすることについて（自由回答）

評定値は4.27であった。「考えることや表現することを支援することは有益であった」という意見が大半を占めていた。しかし、「学びに立ち入らないことが有益であったかどうか。もしかしたら貴重な意見が聞けたかも」「学びについて突込みがあってもよかった」という意見もあった。質問項目を学びに関するコメントと表現支援の2項目に分けたほうが指導内容について学生の意見をより正確に聞けたかもしれない。

③ 指導で時間を増やして欲しいことは（自由回答）

「文章化するための指導の時間を増やして欲しい」「リフレクションシートのフォローアップ」「意図的にしていなかったと思うが個別に文章の指導をして欲しい」というような要望があった。

④ 価値があった指導やアドバイスは（自由回答）

「思考を言語化し深める指導」「プロセスやリアリティを大切にしようという指摘」「概要・目次を作成する方法」「他者と相対する議論の方法」が有意義であったという回答を得た。

⑤ 指導に関するその他の感想意見（自由回答）

「距離の問題もあって顔を合わせるのが授業だけということもあったが、ビデオ、ペーパーなどでフォローができていて何も言っていないのに先生が理解していてくれるのはこちらとしてもうれしかった」「正直なところ、自分のどこが変わったのか、それは何によってだったのかとか、何ら思いついて書き表せない。せっかく表現指導うけたのに」「日にちを決めて強制的に

プレゼンの練習をさせると良い」「実際に学生が参加するところ以外で先生方がどのような作業をしてこの授業をなりたたせているのかを説明して欲しかった。学生が授業という場により意識的に参加することにつながると思ったから」「このような思考支援というのは初めてだったので、これがあるとないとでは学びの探求の出来が大きく異なっていただろうということがよくわかる」「言葉と心の相関について考えた。言葉の限界を感じた」など。

2 学び探求レポート（表7-10、表7-11を参照）

最終レポートの締め切り日は8月31日だった。プレゼンテーションが7月30日だったのでその後ちょうど一ヵ月後ということになる。その間にメールで発表用レジュメとプレゼンテーションに関する感想を送った。授業者として学生にメールを送るのは初めてで、直接顔をあわせずに感想を述べることが果たしてどう学生に影響するのかを考え、レポート執筆に向け、参考となるような内容とした。学生からは「レポートを書く参考としたい」というようなメールが返信されてきた。

表7-10と表7-11に学生のレポートの題名とキーワードを記した。それによると、題名と副題の内容が重なっているようなもの、せっかくレジュメでは題名をつけたのにレポートには題名が記されていないもの、キーワードに

表7-10 学生が書いたレポートの題名と副題

01. 自分を認めることについて―自分を認めることについての考え方―
02. 私は何を悩んでいたのか―自己決定を促すシステムについての考察―
03. 「自由を感じるとき」はどのようなときか―自由の感覚と不自由の感覚―
04. 大学生活はあいまい？ ―線引きできない「遊び」を通じて―
05. 「学びの探求」の難しさ―苦痛であった4ヶ月、その白状―
06. 一般教養を面白くする―学びのあり方という観点に立って―
07. 対話の構造と生におけるその位置付け―出会いの場としての対話―
08. 「学問の自由」と「国立大学の独立行政法人化」―「国立大学の独立行政法人化」から「学問の自由」をとらえ直す―
09. 『私』のスタンス― the environment of myself by myself for myself ―
10. 夢・目標・やる気、そして私。
11. 積極的に、前向きに―「時間がなかった」でごまかさないように―
12. 学部生にとっての大学とは何をするところであるか―大学において将来を如何に定め、行動すべきか―

表7-11　学生の書いたレポートのキーワード

01. 自分を認めることについて、こころよく、納得、目標、日々の活動
02. 〈なし〉
03. 自由を感じるとき、しばりの感覚、自由そのもの、強制力、大学、必修科目、システムの利用、生きた時間
04. 領域、整理、なんとなく、分からない、定義、線引き
05. 曖昧な共有、他人との比較、怠惰、勉強
06. 一般教養、全学共通科目、学び、出会い、興味
07. 〈なし〉
08. 出会い、学問の自由、自己責任、他者との関わり合い、やる気
09. 私のスタンス、the environment of myself by myself for myself、自分、大学、自分中心、無視と利用
10. やる気、目標、夢、いい子、学生、先生
11. 行動、出会い、時間、夢、制約、遊び、サークル、自主ゼミ
12. 大学は研究の場、自ら探求する、「学び」≠「教育」、積極性とやる気、好奇心と継続、大学は「義務」ではない、選択と無視、出会いと利用

テーマとなる語彙が含まれていないもの、目次を作成したのにレポートの本文に見出しも段落もないものなどもあった。しかし、それは指導の時間が確保されれば、すぐに修正できる問題で、さほど大きな問題ではない。

　むしろ、レポートのポイントは学びがいかに記されているかにある。ほとんどのレポートには学びのプロセスがしっかりと書き込まれてあった。さらに、その学びを分析するに当たってさまざまな工夫が施されてあった。文体を工夫することによって自分の気持ちをリアルに伝えようとしたもの。議論のプロセスを分析的に捉えようと、右側に事実、左側に心、すなわち自分の意見や判断を書き分けたもの。膨大な資料をもとに調査結果を綿密に書き記したもの。構成に配慮し問題点を先に述べる方法を思いついたものなど。

　一方、学びのプロセスをレポートに記していないものもいたし、レポートを提出しない学生もいた。ある学生は、授業中の議論においては、いかにその学び課題が引き出されたかをこれまでの自分の生活から説得力を持って語っていたのであるが、レポートでは一切触れられていなかった。書きことばとして残したくない内容だったのかもしれない。レポートに綴ることがゴールなのではなく、学生自らが学びを探求したという認識、体験を持つことが重要であると考えれば、必ずしもレポート提出や、その中身、その書式

まで細かくチェックする必要もない。学びを探求したいという要求を持って参加したのは学生自身であるのだから、その学生が学べたという認識が持てればよいと捉えることもできよう。

5. 「学びを支援する表現指導」の成果と今後の課題

この授業における表現指導のねらいは、大学における学びを学生自らが発見することを支援することにあった。議論したり書いたりという表現活動を通して、学生はいかにして学びを深めていったのであろうか。本章では、表現指導が授業においてどのように展開されたのか、これまでの指導内容を整理し、ポートフォリオと学生による授業評価をもとに、実践的観点から記述してきた。

最後に、学びを支援する表現指導として何ができて何ができなかったのか、その成果と今後の課題を明らかにしたい。

1 学びを支援する表現指導の3つの成果

1. 「議論すること」を支援する「書くことの指導」のデザイン

第一の成果は表現指導を取り入れた授業のデザインである。「他者と相対化することによって自己の学びを深めていく」という授業のねらいを授業計画に埋め込み、メタ認知を促す表現指導としてその方法を具体化したことにある。その方法とは、

① 議論することを授業計画に盛り込んだことである。議論することの意味は、「他者との対話」というフィルターを通して自己を知ること、すなわち他者との関係性において自己の学びを明確化していくことにあった。

② 議論し考えたことをリフレクションシートに「書く」という「思考の可視化」によってメタ的に自己の学びを振り返るしくみを徹底させたことである。

③ その思考の変容プロセスをポートフォリオ学習によって的確に把握し

モニターする「プロセス重視」のしくみを取り入れたことである。
　以上の3つの学習方法はそれ自体、決して目新しいものではない。しかし、これらの方法を組み合わせ、授業計画に埋め込んだことによって、自己の学びを探求させることがある程度可能になったと思われる。

2. 内容の構造化法：「学びのプロセスをまとめる」ためのワークシートのデザイン

　第二の成果は、議論すること、学びのプロセスをまとめることを支援するために様々な提案をしたことである。以下の3つの提案は学生から最も効果のあったものとして支持されたものである。

① 議論がうまくいかない、テーマが深まらないという学生に対して「リアリティ」の大切さを説き、具体的に語ること・書くことを促したことである。

② 情報が混沌としている状態の学生に対して、「概要と目次」をレポート執筆前に書かせ、論点の明確化、内容の構造化を促したことである。

③ プレゼンテーションを成功させるために「発表用レジュメ」をフォーマット化したことであること。

3. 表現指導と他の科目との有機的連関：授業での学びを支援する表現指導の試み

　第三の成果は、表現法という独立した授業枠を越えて、他の科目との連携が実現できたことである。表現指導の目標に「考えるプロセスを支援すること」を掲げるのであるならば、表現技術習得のための授業という枠を越えて、他の共通科目や専門科目と有機的に連携を図ることが学習の質を高めるのではないかと考えてきた（井下、2002b）が、それを一つの試みとして実践する機会を得たということである。また、それに対して学生が一定の評価をしたことは今後の励みとなった。筆者にとっても表現指導が京都大学の学生にどれだけ必要性を持って受け入れられるか、これまでの指導内容が問われる機会であったわけだが、学生から「思考支援・表現指導があるとないとでは学びの探求の出来が大きく異なっていただろうということがよくわかる」「表現支援のスタンスはこの授業全体を通して最も特徴的であり大変効果的であった」との評価を得て、今後発展的に考える良い機会となった。今回の試みは、京都大学の全学共通科目「大学における学びと探求」を支援することにあっ

たが、「表現することを通して考えるプロセスを支援する」という表現指導のあり方は、固有の専門領域を持った他の科目にも発展させていくこともできるのではないか。大学の授業における学びを深めていくための表現指導として、仮説ではなく、授業の一つのあり方を提案できたのではないかと思う。

2　今後に向けた表現指導の課題
1.　主体的な学びを促す「書くことの指導」にむけて

　学びを深めることを目指すのであるならば「何をどう書かせるか」「何のために書かせるか」を授業者が授業計画の段階で明確しておくことが重要だと思われる。この授業においては学びのプロセスを重視し、そのプロセスにおいて作成するポートフォリオに何をどう書かせ、まとめていくかということが指導の中心となった。ここではリフレクションシートやワークシートの指導がそれに当たる。文章を書き上げた後で表現の細かな添削をするよりも、このシートをどうデザインするかが主体的な学びを促し、学びを深めることにつながる。たとえば、論点を明確化する作業においても学生がステップを踏んで段階的に思考をまとめていくような質問項目が用意され、一目で流れがつかめるようなフォーマットを準備していく必要がある。学生自身の力で学びを見出していける効果的なワークシートと、それを総合的にまとめるポートフォリオのデザインが課題となる。

2.　学びを深める「議論の指導」に向けて

　この授業は、議論はするが探求するテーマは学生によって異なるという難しさを抱えていた。しかも限られた時間内に深い問題を語らなければならない。この議論の難しさを克服したのは、「書く」という行為であり、思考プロセスを可視化したポートフォリオ学習にあったと思われる。議論という他者との対話を、書くという自己との対話に昇華させ、その思考の変遷を捉えていくことで、情報を整理し学びを深めていくことができたものと思われる。「なぜ議論し何を議論し何がわかったか」という思考プロセスを明確にする上で、議論を支援する上で、書くことの指導のデザイン力が問われている。また、今後の可能性としては、授業者が学生たちの問題意識を把握すること

によって共通したテーマを見出し、それについて学生たちが議論することも、自己の学びを明確化していくひとつの方法ではないかと思われた。

おわりに

　学生の期待に応え、効果的に指導することは難しい。多くのことを効率よく授業で学ばせようとすると、学生の自由や主体性を奪うことにもなりかねない。この授業で私は「学生個人の学びには深く立ち入らない」というスタンスを貫いた。学生の学び課題に私個人の感想や意見をできるだけ述べないようにしていた。だが、正直なところ、私なりに感じていることを授業中に言いたくてうずうずしていることもあった。たとえば、「一般教養がおもしろくない」という学生の議論に対しても、教える側の言い分があった。私自身、心理学をどう教えているのか、授業で何を伝えようとしているのか、ライブで授業することの意味をどう捉えているのかなど、もっと率直に語ってもよかったのかしれない。議論に突っ込みを入れてもよかったかもしれない。よくよく振り返ってみると、私は学生と対峙するのが怖かったのかもしれない。学生の主体性、学生の学びを引き出すには教師の勇気も必要だということを知った。そうした意味において、この授業は私にとってもどう教えるかという「学びの探求」となった。

　　本書をまとめるに当たり、あらためてこの授業を振り返った。もう6年も前のことだが授業の様子や学生たちのことが昨日のことのように鮮やかに蘇ってきた。「まなたん (manatan)」は息の抜けない大変な授業だった（学生たちは「大学における学びの探求」という授業名をそう呼んでいた）が、毎回わくわくするような楽しさがあった。議論をするときの集中力、課題を的確にこなす遂行力、問題を考え抜く力、仲間を思いやる思慮の深さなど、学生の賢明さに支えられて、授業を創る醍醐味、楽しさを味わうことができた。私が投げるボールをきっちりと受け止め、ずっしりとしたボールを的確に投げ返してくる、力強いキャッチボールをしているような感覚があった。優れた学生たちだった。

注

1 リフレクションシートは、溝上（2004）が前年度の授業「大学生の心理学」で用いたフォーマットに問い6を追加して使用された。質問項目は次の6問。問い1：今日のあなたの活動を振り返って、何を議論したか、あなたはそこで何を考えたか、何を感じたかを書いてください。問い2：今日の授業で、貴方にとっての意味ある気づきや発見がなにか得られましたか。次のいずれかに○をしてください。得られた人は問い3へ・得られなかった人は問い4へお進みください。問い3：①その気づきや発見とは何ですか。②それはどのようなきっかけで得られましたか。③あなたにとってその気づきや発見はどのような意味がありましたか。問い4：どうしてあなたにとって意味ある気づきや発見が得られなかったのでしょう、考察してください。問い5：今日の反省をふまえて、次週はこんな課題や問題をさらに追求してみたい、あるいはこんなことを議論してみたいということを挙げてください。問い6：ディスカッション・グループの他のメンバーに対して、感想や意見を送ってあげてください。（次週その人のリフレクションシートに貼ります。）良かったところを中心に書いてください。また、各ポストイットの上に相手の名前を、下に自分の名前を必ず書くこと。これがメッセージメモに当たる。

2 溝上（2003）によれば、井下が授業で取った行動は、藤岡（1998）の言う「授業デザイン」に当たると言う。藤岡は「授業設計」との対比において、授業デザインには教師と子どもとで創る相互性が活きづいていると述べている。杉原（2004）もまた、教師の支援のあり方として学生のつまずきや葛藤を授業デザインに活かすことが重要だとしている。

3 本章では、「概要」という用語を、レポートの構想を練る段階での設計書という意味で用いている。これまでの学びのプロセスを最も簡潔なかたちで、文章化したものであり、プレゼンテーションで自分は何を主張したいのか、何を目標としてレポートを書くのかをまとめた文章を指す。授業では200〜300字程度の文章に凝縮してまとめるよう指導した。木下（1990）は、設計書としての概要に当たる文章を目標規定文と呼んでいる。目標規定文という用語は木下の造語である。本章ではこれまでの学びのプロセスを「まとめる」というニュアンスを強調するため、この授業では「概要」という用語を用いた。

配布資料1【大学における学びの探求】

平成 14 年 5 月 14 日（火）

井下　千以子

この授業では、

> 1．なぜ、グループなのか。　── 対話することの意味
>
> 2．なぜ、書かせるのか。　── 表現することの意味

1．なぜ、グループなのか。

「相手との関係性の中でとらえる」

　　他者を知る
　　他者に伝える

　　モノローグの世界ではない
　　対話の構造を持つ

　　対話（議論の展開）
　　　自分は他者とどう異なるのか
　　　他者とは異なる自分の意見を展開する

　　＊　リアリティがなければおもしろくない
　　＊　理屈では説明ができないリアリティ

配布資料2【大学における学びの探求】

平成 14 年 5 月 21 日（火）
井下　千以子

受講生の皆様へ

　きょうは、京都大学まで出向くことができないため、文面での参加ということでご了解願います。
　まず、前回プレゼン＆ディスカッションの様子を拝見して、また授業後のリフレクションシートを読んでみて、この授業の枠組みである「相手の話を聞くことによって自分の問題意識を探っていく」という取り組みは総じて学生の皆さんに理解いただいているように感じています。

　前回の 5/14 には、「議論にならない」とか「議論がうまく進まない」という皆さんの声を受けて、主に次の2つのことを指摘しました。
　　1．議論を展開するためには『対話の構造』をもつこと
　　2．『リアリティ』がなければおもしろくない
おおよそ、この2つであったと思います。

　きょうは、これまでの皆さんの取り組みを見て、気になっている点、問題と思われることを指摘したうえで、上述の2点をさらに深めつつ、いくつかの提案をしたいと思います。

Ⅰ．『リアリティ』について
　もっとも気になった点は、抽象的なレベルでの感想として記述しているということです。たとえば、リフレクションシートの問い1においての記述ですが、ディスカッションを通して何を考えたか、何を感じたかということは実にうまく書けているのですが、相手のどのような具体的なことばに感じたかが書けていない。リアリティがない。
　すなわち、研究であるならば、結果は記述されているが、データの記述がないという状態です。データの記述がない研究には当然のことながら説得力はありません。

　　提案1
　そこで、提案1ですが、問3の（2）気づきや発見がどのようなきっかけで得られましたか、というところをできるだけ具体的に書くようにしてみてはどうでしょう。皆さんのシートを見ると「〇〇さんの発言」とだけ記しているものが多く、具体性に欠けます。相手の発言内容を思い起こし、できるだけリアリティをもって相手のいったことばそのものを書き記してみてください。

2

　ここでいうリアリティとは、各人の感覚を揺り動かした素朴な刺激（たとえば相手の何気ないことば、発言など）とは何だったのかということです。自分はどういう刺激に反応したかということを分析してほしいのです。この点が各人にしっかりと理解され把握されないと、ひとりひとりの「学び」というものが個人のものとして浮かび上がってこないように思います。いつまでもグループとしての議論の域を出ないように思います。

　|提案2|
　さらに「学び」課題を深めていくためには、問5の捉え方、表現の仕方は重要なポイントとなります。これは溝上先生も繰り返し指摘しておられました。
　皆さんのシートを読んで気づいたことですが、問5の記述に論理の『飛躍』が散見されます。問5は、問1から問3まで積み上げてきたことの集大成の結果です。今回の気づきや発見が次回の課題につながるようにすること。つながっていることが他者にも理解できるような表現が必要でしょう。つながりや関連づけを大切にすることが、考えを収束させていくこと、学びを探求していくことに集約されていくと思われるので、この問5の表現の仕方、すなわち論理的な表現に注意を払うよう試みることが、提案2ということになります。

Ⅱ．『対話の構造』について

　リフレクションシートに「日常では他者の視線に煩わされて対話の構造が築けない」「その対極にあるのがこの授業。暗黙のルール（思いやり？）みたいなものが存在しているとは思うが」という記述がありました。重要な指摘だと思うので、ここで取り上げ、考えてみたいと思います。
　「他者の視線」とは、この場合、他者とは自分を邪魔するもの、外敵の視線というような感覚がどこかにあるのでしょうか。対話の構造を構築することを目指して「双方向性のある視線のやりとり」を期待するのであれば、まずは「他者の視線を受け止める余裕、他者を受け入れる余裕」そして「他者の論理を読み解く力」を身につけていくことが必要だと思います。
　実は、これが「思いやり」とか「やさしさ」につながっていると思うのです。他者に向けて自分を主張する。相手も自分の意見を主張する。対等な関係において主張が交わされるのは、相手を思いやるやさしさ、すなわち共通の枠組みが共有されているからに他ならないと考えます。
　この点については、来週また京都で詳しく触れたいと思います。それでは来週を楽しみにしています。皆さんの議論が発展し、学びが深まるよう祈っています。

井下　千以子

配布資料3【大学における学びの探求】

平成14年5月28日（火）
井下　千以子

＊リフレクションシートより学生の皆さんの発言を取り上げ、4つの提案をします。

Ⅰ．「議論がうまくいかない。相手と噛み合わない。」

　　議論とは、自分とは異なる意見を持つ相手に、自分の主張を述べること。

　　提案1　相手にも自分にも批判的であること。
　　　　　相手への批判：建設的に。多様な意見への感受性が必要。
　　　　　自分への批判：メタ的に。客観的に。

　　提案2　相手に質問すること。自分に問いを発すること。
　　　　・その意味、よくわからないんだけど。　（ことばが曖昧）
　　　　・なぜ、そう思うの？　　　　　　　　　（根拠が欠如）
　　　　・具体的に言うとどんなこと？（抽象的、リアリティの欠如）

Ⅱ．「テーマが定まらない。議論をしても自分のテーマは深まらない。」

　　学びを探求しているプロセスそのものが重要。

　　この段階でテーマが定まらずとも臆することなく、
　　むしろ、考えてきたプロセスをそのまま流してしまわないことが大切。

　　提案3　必ず、表現する。
　　　　・自分のことばにする。
　　　　・素朴に感じていることを話してみよう。
　　　　　自分は何をしたいか。何が好きか。

　　提案4　ファイルを利用する。
　　　　・自分の変容過程をとらえる。どう、変化しているか。
　　　　　手がかり①キーワード（使用頻度の高いことば）
　　　　　　　　②　感じた、考えた、思った、気付いた
　　　　　　↓
　　　　　作業計画書へとつながる。

配布資料4【大学における学びの探求】

平成14年7月2日（火）
井下　千以子

Ⅰ. 後半期のポイント

　　　　　「文章にまとめる」：　論述文。作文ではない。
　　　　　　　　　↓　　　　　　議論をつくる。主張がある。

　　　　　1．論理を組み立てること
　　　　　2．相手に伝えること

Ⅱ. 現在の問題点とその対策（本日の作業）

　　　　「情報が拡散し、混沌としている状態。」「何をどうまとめればよいのか。」

　┌─────────────┐
　│ 作業1：個人で　│　論述の順序を考える。　—　重点先行という考え方。
　└─────────────┘
　　│　　　　　レポートの「概要」から考えてみる。
　　│　　　　　　1．自分は何が言いたいのか。何を主張するのか。論点。
　　│　　　　　　2．なぜ、そう言えるのか。　根拠が示せるか。
　　↓
　┌─────────────┐
　│ 作業2：グループで │　レポートのイメージは伝わったか。
　└─────────────┘
　　│　　　　　　1．論点は明確か。
　　│　　　　　　2．情報として何が足りないか。
　　↓
　┌─────────────┐
　│ 作業3：個人で　│　作業2の意見を受けて、作業1の**内容を加筆修正する**。
　└─────────────┘

Ⅲ. 来週の予定と来週までの宿題

　【来週のポイント】
　　　1．レポートの構造化。
　　　2．プレゼン、冊子へのイメージの明確化。意見や希望を出し合う。
　　　　　「どのようなプレゼンにしたいのか。どのような冊子を作りたいか。」
　　　　　「何のためになぜ書くのか。」

　【来週までの宿題】
　　　1．キーワードを5～8個抽出する。
　　　2．題名を3～5個考えてくる。サブタイトルもつける。
　　　3．目次を書く。見出しをつけ、全体の構造を捉え、階層的に書く。

配布資料5【大学における学びの探求】　　　　　　　　　　　　　　　井下千以子

平成14年7月2日（火）

|作業1：個人で|　論述の順序を考える。　—　重点先行という考え方。
　　　　　　　レポートの「概要」から考えてみよう。

1．自分は何が言いたいのか。何を主張するのか。論点を書き出してみよう。

2．なぜ、そう言えるのか。　中間期の作業結果を受け、妥当性のある根拠が示せるか。

|作業3：個人で|　作業2での議論を経て作業1を振り返り、問題点を修正しよう。

配布資料6【大学における学びの探求】　　　　　　　　　　　　　　井下千以子

平成 14 年 7 月 2 日（火）

＊　来週(7/09)までの宿題

1. キーワードを5～8個抽出する。まず、ファイルを活用し、リフレクションシートや作業計画書に使用されていた語句の中から、重要と思われる語句を選び出す。さらに重要度の高い順に並べ替え、記入する。

1	2	3	4
5	6	7	8

2. 題名を3～5個考えてくる。題名はレポートの「顔」であり、テーマを具体的に示すものでなければならない。キーワードを用いながら、レポートの内容を端的に示した題名となるよう考えてみよう。さらにサブタイトルも考えみよう。問題の視点の当て方や研究方法など、表題の内容を補うものとして活用してみよう。

1（メインタイトル）
（サブタイトル）
2
3
4
5

配布資料7　　　　　　　　　　　　　　　　　　　　　　　　　井下 千以子

3. 目次を書いてみよう。見出しをつけ、全体の構造を考え、階層的に書くこと。
　　本日の作業で明らかにした論点と根拠にもとづいて、レポートの概略を200〜300字でまとめ、題名の下に書き入れてください。

　　題名・概要・目次を含め、A4の用紙1枚にまとめてくること。

書き方の例

留意点

　このレポートは学術論文ではありません。また、調べ学習でもありません。
　個人の学びの探求が目的であり、この授業の足跡を克明に辿ることによって、自分が考えたことを明らかにすることを目標としています。自分の考えが議論を通してどのように明確化されていったかを詳しく分析するような内容を期待しています。
　したがって、自分の学びを探求するためのレポートであることを念頭において、目次を考えてください。
　この作業は内容を構成することにもつながっています。今後は目次に肉付けするような方法で文章化をすすめてもらいます。

仮の題名＿＿＿＿＿＿＿
　　　　　　　　学部　　学年　氏名＿＿＿＿＿
概要：

　　200〜300字程度にまとめる。

1
　1-1　　　　　　　　　　第1章
　1-2　　　　　　　　　　第1節
　　1-2-1　　　　　　　　第2節
　　1-2-2
　　　　　　　　　　　　　第2章
2
　2-1
　　2-1-1
　　2-1-2
　2-2

* 手書き、ワープロ書き、どちらでもよい。

配布資料8−1【大学における学びの探求】

平成14年7月9日（火）

井下　千以子

受講生の皆様へ

　きょうは、京都大学まで出向くことができないため、文面での参加ということでご了解願います。
　先週は受講生のみなさんとの議論を経て、後半期の授業内容を吟味できたことは非常によかったと思います。この授業の目的は皆さん自身の学びの探求にあるわけですから、今後も主体的で積極的な参加を期待しています。以下は、先週の議論を経て明らかになった後半期の授業予定です。あくまでも目安としての予定ですので、進行状況にあわせた細かな調整は今後も必要だと思っています。

後半期の予定

7.02　後半期のポイント、授業内容に関する議論、班での議論（宿題にむけて）

〔宿題02〕論点の明確化、根拠としての情報の整理（中間期作業の整理も含む）
　　　　　内容を構造化するための作業として「キーワード・題名・概要・目次」を作成

7.09　宿題02をたたき台として「レポートの構造化」に向けた班での議論、
　　　最終回プレゼンのイメージの具体化

〔宿題09〕「レポートの構造化」に向けた班での議論を受け、自分の課題を進化させてくる。

7.16　宿題09をたたき台として「レポートの構造化」に向けた班でのさらなる議論
　　　プレゼンへの具体的準備：自分の学びの探索過程をどう伝えていくか

〔宿題16〕プレゼンのレジュメとしてタイトル・キーワード・目次・概要をA4にまとめる。
　　　　　概要の部分を膨らませて文章化する（プリゼンの原稿として）。

7.23　宿題16をたたき台として班での議論、プレゼン（7.30に来れない人の発表）

〔宿題23〕議論をもとにレジュメ、原稿を改善する。

7.30　プレゼン、前期授業の振り返り

配布資料8－2　　　　　　　　　　　　　　　　　　平成14年7月9日（火）
　後半期のグループ（班）編成についての提案
　　前半期は様々な仲間と交わることで広く自分の学びを探求することを目的としていましたが、後半期は学び課題を収束的に深めていく方向にあると思うので、現時点でのお互いの状況をよりよく知り合っている仲間と班を編成することが望ましいのではないかと考えています。したがって、先週と同様、学部別の班で議論を進めることを提案します。後半期はこの班で議論や作業を進めていってはどうかと考えていますが、どうでしょうか？

本日の授業のポイント

I.「自分が考えてきたこと」を、相手にわかるように説明しあう

　　宿題（論点の明確化、根拠としての情報の整理、内容を構造化するための作業として「キーワード・題名・概要・目次」）をもとに、自分の学びについてお互いに説明、コメントしあってください。以下はその際の留意点です。

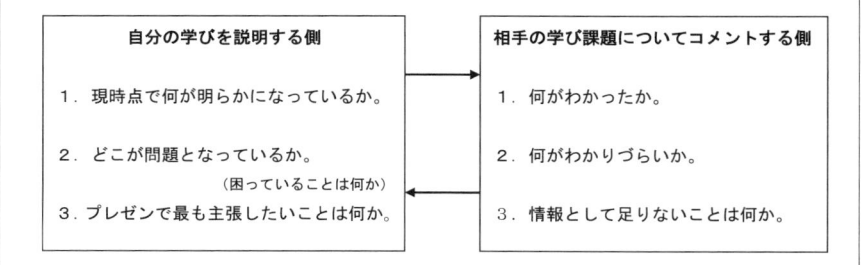

自分の学びを説明する側	相手の学び課題についてコメントする側
1．現時点で何が明らかになっているか。	1．何がわかったか。
2．どこが問題となっているか。 　　　　（困っていることは何か）	2．何がわかりづらいか。
3．プレゼンで最も主張したいことは何か。	3．情報として足りないことは何か。

II.『レポートの構造化』に焦点をあててコメントしあう

　　学びを探求する過程で「自分がどのように変容してきたか」を筋道立てて説明できるように、構造化に注意を払ったコメントをおこなってみてください。この作業により、混沌としている部分が明確化されていくことにつながっていくだろうと考えています。

本日の授業の振り返り

宿題のプリントの1枚目、作業3のところに、本日の授業を振り返って、宿題として次回までに何を進めてくるかを簡潔に書いてください。書き終えたら、センターでコピーを取ってもらい、オリジナルの方を自宅にお持ち帰りください。

それでは来週お会いします。
　　　　　　　　　　　　　　　　　　　　　　　　　　　　　井下　千以子

配布資料9－1【大学における学びの探求】

平成14年7月16日（火）

井下　千以子

本日の授業のポイント

Ⅰ．「学びを探求する」という行為は、この授業で完結するわけではないことを確認する。

> 今後に向け、「**発展性のある学び**」とするために
> ・いったん、ここで立ち止まり、区切ることが必要性。
> ・これまでの過程を振り返ることの重要性。

↓

> 1．プレゼンの意味。
> 2．レジュメにまとめることの意味。
> 3．これまでの過程を文章化することの意味。

⇩

Ⅱ．「自分が考えてきたこと、考えてきた過程」を、相手にわかるように説明する。

> 1．「伝えること」：　　伝達性
>   　　　　　　　　　audience analysis, reality
>
> 2．「筋道だてること」：論理性
>   　　　　　　　発表内容の構造化
>   　　　　　　　点検〔飛躍・矛盾・漏れ・ズレ・一面的〕

本日の議論

【目的】　レジュメの作成、プレゼンに向けて内容を固める。

【ポイント】
1．題名から内容がスッと（すぐに）伝わってくるか。
2．目次は筋道だった順序に配列されているか。
3．「自分が考えてきたこと、考えてきた過程」が盛り込まれているか。
4．プレゼンで最も言いたいこと、強調したい部分はどこか。
　　　　　　　　きちんと強調されているか。

配布資料9－2　　　　　　　　　　　　　　平成14年7月16日（火）
【大学における学びの探求】　　　　　　　　　　　　　　井下

7.23までの宿題

1. プレゼンのレジュメとして、**タイトル・キーワード・目次・概要**を **A4, 1枚**にまとめる。
   タイトルは1つの案に絞る。キーワードは **5～8個**。概要は **200～300字**にまとめる。

2. 概要の部分を膨らませて文章化する（プレゼンの原稿として **A4, 1枚**にまとめる）。
   原稿は **1000～1200字**程度とし、必ず **A4, 1枚**にまとめる。
   内容の切れ目で**段落**を入れる。**見出し**を入れて読みやすさに心がける。

   注：**図を挿入**する場合も1．2．合わせてこの2枚に必ず収まるようにしてください。

```
┌─────────────────────────┐  ┌─────────────────────────┐
│        メインタイトル       │  │        メインタイトル       │
│        ―サブタイトル―      │  │        ―サブタイトル―      │
│           学部・学年・名前   │  │           学部・学年・名前   │
│ 概要：                      │  │ 1．○○○○○○              │
│   ┌─────────────┐       │  │     ・・・・・・・・・・     │
│   │             │       │  │     ・・・・・・・・・・     │
│   │             │       │  │     ・・・・・・・・・・     │
│   └─────────────┘       │  │                          │
│ キーワード：                │  │ 2．○○○○○○              │
│                           │  │     ・・・・・・・・・・     │
│         目　次             │  │     ・・・・・・・・・・     │
│                           │  │     ・・・・・・・・・・     │
│ 1．                        │  │                          │
│   1－1                    │  │ 3．○○○○○○              │
│   1－2                    │  │     ・・・・・・・・・・     │
│ 2．                        │  │     ・・・・・・・・・・     │
│ 3．                        │  │     ・・・・・・・・・・     │
└─────────────────────────┘  └─────────────────────────┘
```

【7.23の授業予定】

　7.23には、宿題の2枚のレジュメをたたき台とし、特に文章化したものに焦点を当てて、グループでお互いの問題点を指摘しあう予定です。この議論をもとに、7.30に行われるプレゼンに向けて最終的な修正を行ってください。
　また、7.23には、7.30にプレゼンができない人にプレゼンをしていただく予定ですので、その予定の人は発表準備をしてきてください。

> プレゼンは、発表時間12分、質疑応答8分です。時間厳守！！！
>
> 制限時間（枠）を設定することで内容を凝縮する、構造化する練習。
>
> （発表・質疑）20分×11人＝約4時間　（休憩）15分×2回＝30分　（振り返り）30分

第8章
初年次の学生の学びを支援する

───── 授業の概要 ─────

【授業者】筆者
【対象とした授業】桜美林大学「大学での学びと経験」全14コマのうち、最終回の授業
【期間】2006年度～
【受講生】桜美林大学1年生対象
【授業における表現指導のねらい】

　授業は、初年次の学生を対象として、大学生活へのスムーズなスタートを支援することを目的としている。授業の最終回で締めくくりとして、授業で学んだことをこれからの大学生活に意味づけて考えられるよう、「学び経験レポート」としてまとめることが、表現指導のねらいである。この授業にどのような意識を持って臨んだか、充実感や達成感だけでなく、難しかったことや悩んだことなども含め、なぜそのように感じたのか、レポートに書くことを通して、これからの大学生活に向けて分析的発展的に考えさせる。

【授業ツール】

1. ワークシート：毎回の授業でおこなったことや、考えたこと・感じたことなどを回答する設問が用意されており、Ａ４用紙両面使用のワークシート1枚に記入するようデザインされている。
2. ポートフォリオ：ワークシートや配布資料、授業で作成した作品をファイルしておく授業記録である。ファイルすることも自己管理の学習となる。

3. 学び経験レポート：最終回の授業で、これまでを振り返り、レポートにまとめる作業を通じて自分にとって意味があるように学びを再構成することを支援する。大学入学後の経験やこの授業での経験を具体的に記すことに加え、学びや気づきを根拠を示しながら論理的に書くことが求められる。

【指導のポイント】
1. 半期の授業で何をやってきたのか、ポートフォリオを使って振り返りをさせる。
2. レポート本文からキーワードを選択させ、自分の学びで何が重要であったかを意識化させる。
3. キーワードを用いて、具体的な題名をつけるように促し、学びを明確化させる。
4. どう書かせるかということよりも、何を書かせるか、何を考えさせるか、何を学ばせたいかという授業デザインが重要である。初年次の学生を支援する授業のねらいを、学生の「経験」として具現化していくことによって学びの成果物としての「学び経験レポート」が充実する。

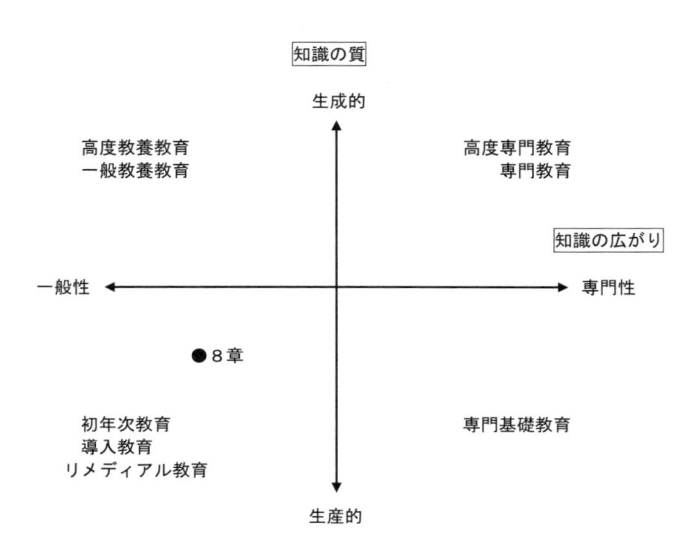

図8-0　学士課程カリキュラムにおける第8章の位置

1. 初年次支援プログラム「大学での学びと経験」

「大学での学びと経験」という授業は、科目名の通り、基盤教育院における初年次支援プログラム (Freshman Year Experience) の一環として開講された。井下は、2006年の春学期より、桜美林大学基盤教育院のアカデミックキャリアガイダンス領域において、この授業の開発と運営に携わってきた。

桜美林大学では2007年4月リベラルアーツ学群が開設されたことにより、総合文化学群、健康福祉学群、ビジネスマネジメント学群を加え、「学部学科制から学群制へと」完成した形となった。学群制では「自分で学びを創造し体系化する」ことが求められる。そこで、「学生一人ひとりが主体的な学びを可能にする基盤を身につけるための教育を施す」場として、基盤教育院が設置された (佐藤, 2008；畑山, 2008)。

本章では、初年次の学生の学びを支援する取組みとして、この基盤教育院のアカデミックキャリアガイダンス領域において、筆者が開発した「大学での学びと経験」を取り上げる。授業のデザインの基本は、Freshman Year Experience: FYE の 'E' つまり「経験」を重視した"学びのコミュニティ作り"にある。学生らが、ともに学びあう仲間として、学びの礎を築くという目的や意義を共有し、学びのコミュニティの一員となれるよう、大学生活へのスムーズなスタートを支援することを目的として、プログラムを具現化した。

具体的には、次の四つの力を習得することを目指している。一つめは、ともに学びあう「仲間を理解する力」である。仲間を作ることが大学生活へのスムーズなスタートに直結する。二つめは、「自分を見つめる力」である。自分は何に関心があるのか、何をしたいのか、自分を知ることを仲間とのやり取りのなかで発見していく。三つめは、「表現する力」である。自分の気持ちを仲間に伝える力、自分の考えを論理的に表現する力も必要とされる。四つめは、「考える力」である。大学では知識を憶えるだけでなく、主体的に考える力が求められる。仲間とのやり取りの中で他者との考え方の違いを知ることが、主体としての自分を認識し、分析的に考える力、批判的に考え

る力を育てることにつながっていくと捉えている。

　このように、この授業では、仲間とともに様々な経験を通して、大学で学ぶための自己学習力を習得すること、すなわち大学で知的に自律していくことを目指している。仲間とともに学ぶことの楽しさや難しさを経験し、自分の学びや学び方を発見できるようになることがこの授業のねらいである[1]。

　授業は全14コマから成り、次の8つの取組で構成されている。自己紹介・他己紹介、名刺交換会、上級生からのメッセージ、事務の方からのメッセージ、自分がやりたいことある？、いろいろな考え方・表現の仕方、Photo & Interview "OBIRIN graffiti"、学び経験レポートである。

　すなわち、知識や技術ではなく、仲間という「他者との関係性を通して自分を認識すること」を、「経験」できるプログラムとして具現化していった。仲間とは、授業での仲間だけでない。上級生や教職員をはじめ、教室外での学内活動も取り入れ、様々な出会いの場を設けることによって、桜美林大学の一員としての認識を高めていくようにプログラム化した。

　ここでは、本書の目的である「書くこと」の指導に焦点を絞り、授業の最終回で実施している「学び経験レポート」について取り上げる。

2.「学び経験レポート」

　実は、学び経験レポートはこの授業(大学での学びと経験)のために開発したものではない。もともとは心理学の授業において開発したものだった。授業最終回でおこなう知識試験とともに、学びの成果を明確化するためのレポートとして授業時間内に執筆させている。たとえば、第9章2節の「学び確認レポート」や「学び深化レポート」がそれに当たる。心理学概論や、生涯発達心理学など他の心理学の授業でも用いている。

　心理学の授業における学びレポートでは、ディシプリンでの学びをもとに自分の考えをまとめることを要求している。授業中に書かせるという形式にしたのは、これまでの学生のレポートに、不正引用の問題があったからである。文献の安易な書き写しや、インターネットからダウンロードしてそのま

ま貼り付けるという行為コピペ（コピー&ペースト）があまりに多く見られたことである。いわゆる剽窃の問題である[2]。

その要因の一つに引用の難しさがある。引用は、引用の様式を踏んで書けばよいというものではない。引用するには文献の内容を的確に理解しなければならない。自分の主張のためにその部分だけ取り出して引用すると、執筆者が用いた意図と異なっている場合もある。また、初学者にとっては専門的な内容に対して自分の意見を展開することも難しい。引用の様式は適切であったとしても、結果として、安易な書き写しとなっているということも考えられる。さらには、文献やサイトを参照しながらレポートや論文を書いたとしても出典を明示せずに、あたかも自分のオリジナルのアイディアや意見のように書いている場合もある。

そこで、毎回授業で課題を出し、その回答をポートフォリオ形式のワークシートに記入させ、その学習を積み重ねていくことで、授業の最終回で「学び確認レポート」をまとめるという方法を取ることにした。学生に自分で考える経験をさせること、自分の意見を表現させるための試みであった（詳しくは第9章を参照されたい）。こうして心理学の授業において、授業での学びを自分のことばで表現させるための授業方法とワークシートの書式を開発した。

この心理学での授業経験をもとに、初年次の学生の学びを支援するためのレポートとして「学び経験レポート」を再構成していった。「学び経験レポート」の指導のポイントは、半期の授業で何をやってきたのか、その経験をポートフォリオに収めたワークシートとシラバスを使って振り返りをさせることにある。配布教材【学び経験レポートの書き方】にそって説明していこう。

まず、学び経験レポートを執筆させる前の作業として、自分のワークシートを参照して、印象深い取り組み（自分にとって意味があると感じた取り組み）を印象度の高い順に書き出させ、その取り組みで何を感じたか、何を考えたか、自分にとってどんな意味があったと思うのか、選んだ理由も述べさせている【1】。

さらに、【2】執筆前の内容の組み立て方、【3】執筆上の留意点、【4】執筆後の作業と、執筆作業を3段階に分けて説明している。かつ、最後に、学び経験レポートのねらいを徹底させるために、執筆上の留意点を2点再確認し

ている。①体裁よく文章をまとめることではなく、しっかりと考え抜いて書くこと。②自分はこれを学んだのだという「学び」とその「経験」を、ことばに表現することを通して確認すること。

　ところで、この【学び経験レポートの書き方】では、敢えて「批判的に」ということばは使わずに、批判的に考えることを学生に意識させる工夫を取り入れている。学生は「批判的」ということばに相手のよくない点を指摘するというネガティブなイメージを強く持っており、それを払拭することはなかなか難しい（たとえば、第7章 p.159の③）。そこで、敢えて「批判的に」ということばは使わず、この授業の様々な場面で批判的に考えさせる工夫を埋め込み、「批判的に考える態度」を育めるよう、デザインした。

　批判的思考者が持つ傾向性（態度）として、楠見（1996）は次の6項目を挙げている。(a)明確な主張や理由を求めること、(b)信頼できる情報源を利用すること、(c)状況全体を考慮すること、(d)複数の選択肢を探す、(e)開かれた心を持つ、(f)証拠や理由に立脚した立場をとる、である。

　この6項目を「学び経験レポート」に照らしてみよう。まず、「学び経験レポート」の書き方では、授業での学習内容を具体的に記し、自分の学びや気づきを、根拠を示しながら、筋道立てて書くことを求めていることから、(a)と(f)が活かされていると言えよう。また、ポートフォリオを活用することのねらいは、授業の情報を記録し、授業全体を振り返ることにあるから、(b)と(c)が活かされていると言える。さらに、授業全体を通して"学びのコミュニティ作り"、すなわち仲間とのやり取りから様々な考え方があることを認識し、それを受け入れていく広やかな態度を求めているから(d)と(e)が活きていることになる。このように、学生が批判的に思考することの必要性を自ら認識し、批判的に考える態度を無理なく育んでいけるよう、授業全般にわたってプログラム化し、学び経験レポートをデザインしていった。

　以下は、文学部中国文学科1年次の男子学生が書いたレポートの一部である。この授業での様々な取組みを通して、仲間との出会いが大切であると再認識したことを「学び経験レポート」としてまとめている。この授業の趣旨を理解し、素直に自分の学びを表現している。

題名：大学での出会いときっかけ

キーワード：きっかけ、出会い、仲間

　大学生になって数ヶ月、私は様々な挑戦をしてきた。たとえば、留学生との交流や、サークル活動、学生委員会や学会の行事にも参加した。その中で、自分が得た最も大きな収穫は友達である。
　この授業でも友達について扱った内容が多かった。たとえば、自己紹介では自分のことを短い時間にどれだけ相手に伝えられるかを考え、他己紹介では新たな自分を知ることもできた。名刺交換会では名刺をきっかけに様々な人と話すことができた。OBIRIN graffiti では、グループで相談し、テーマを決め、コミュニケーションを取り合うことで、キャンパスの学生たちの写真を撮り、ポスターを作った。この課題をきっかけとして、グループの仲間が団結するだけでなく、学内での新たな交流も広まった。とても充実していた。
　私がこの授業から得たものは"きっかけ"だと思っている。なぜなら、紹介、交流、団結というように、よい手順を踏んで仲間を作る"きっかけ"を授業によって与えられたからである。自己紹介・他己紹介、名刺交換会、OBIRIN graffiti は、自分をわかってくれる存在がいかに大切かを改めて認識する"きっかけ"を与えてくれた。（中略）
　仲間作りは、学生生活だけではなく、人生においても重要なことだと思う。人間関係は時の流れによって変化していくものだとも思うけれど、だからこそ、今ここにいる仲間、そしてこれから出会う仲間を大切にしたいと思う。

注

1 『名古屋大学新入生のためのスタディティプス②──自発的に学ぼう』(2006) においても、人と出会うことの意味や、仲間とともに学ぶ大切さが説かれている。

2 土持 (2007) は剽窃について次のように指摘している。「アメリカでは、剽窃 (Plagiarism) を学問に対する重大な「犯罪」行為と位置づける。(中略) 東洋には「写経」の伝統があり、「学ぶことは真似ること」と教わっているため、無断で引用しても「罪の意識」が弱い」という。さらに、「何が剽窃で、何が剽窃でないか、学生は当然のこと、教員の間でも十分に理解されていないことが多いため、モラルあるいは著作権の問題が発生する」と指摘し、「剽窃をなくすには、教育的な指導しかない」と述べている。筆者も同様の見解を持っており、教員としてだけでなく、研究者としても、剽窃に関してはコンセンサスが必要だと考える。また、土持は、「表現を変えて内容だけを引用した場合も出典として明記すべきである。表現を変えることで自分のものだと勘違いして出典を明記しない人がいる」とも述べている。さらに筆者は、表現や様式の問題だけでなく、研究の核となるアイディアを引用しながらも、出典を明記しない人がいることも問題だと思っている。剽窃の問題は、学生の教育だけの問題ではなく、研究者自身の倫理観にも抵触するものとして、FD の課題ともいえるだろう。

大学での学びと経験　　【 学び経験レポートの書き方 】　　担当：井下　千以子

（　　）学群　学籍番号（　　　　　　）　名前（　　　　　　　　）

＊　授業を振り返り、何を学んだと思うか、なぜそう思ったのかを検討し、論述してもらいます。

【１】ワークシートとシラバスを参照し、印象深い取り組み（自分にとって意味があると感じた取り組み）を印象度の高い順にその番号を３つ書いてください。また、その取り組みで何を感じたか、何を考えたか、自分にとってどんな意味があったと思うのか、選んだ理由を簡潔に書いてください。

○	記号	理由(感じたこと・考えたこと・意味があったことを簡潔に書く)

【２】上記の３つの事柄からどの項目を選択し、論述するのか、選択した記号の脇に○を記入してください。１つ取り上げ論述する方法、複数取り上げて論述する方法、いずれの方法でもよい。

【３】執筆する。【１】で書いた理由を深め、発展させて書いてください。特に次の点に留意してください。
1．授業での経験や学習内容、また、大学入学後の活動内容も含めて具体的に記す。
2．自分の学びや気づきを、根拠を示しながら、筋道立てて書くこと。授業の概要や感想を羅列するのではなく、そこから何を考えたか、なぜそのように感じたのか、自分のことばで表現してみましょう。
3．回答用紙(A4)の枠内に回答する。裏面には書かないこと。文字の大きさは自由。色の薄い文字は厳禁！

【４】書き終えたら、次の２点をおこなってください。
1・キーワードを３つ選んで、○で囲んでください。
2．題名をつけてください。題名は抽象的なものではなく、具体的な内容を表すものを期待します。

＊＊＊　学び経験レポートのねらい　＊＊＊

　この課題の目的は、成績評価のためだけでなく、受講生のみなさんが、この授業を通して学んだことや経験したことを、これからの大学生活に意味づけて考えられるよう、支援することにあります。授業の大切な締めくくりです。
　みなさんがこの授業にどのような意識を持って臨んだか、充実感や達成感だけでなく、うまくいかなかったことや難しかったことや悩んだことなども含め、授業での自分の経験を素直に振り返り、なぜそのように感じたのか、その根拠を分析してみましょう。体裁よく文章をまとめることよりも、しっかりと考え抜いて書いてください。空欄を埋めるということに消耗するのではなく、自分が経験したこと、自分が学んだこと、自分が考えたことを、自分のことばで表現してみましょう。
　作文が苦手でもいいのです。文章のうまさより、この授業で何を感じ、何を考えたかは、あなたが書いた文章に素直に表れます。この課題を書き終えた後で、みなさん自身が「自分はこれを学んだのだ」というような、自分の「学び」を、確かな手ごたえを持って感じられるよう期待しています。

（　　）学群・学科　学籍番号（　　　　　　）名前（　　　　　　　　）

題名：

第9章
専門教養科目での学びを支援する

1. 「心理学概論」の授業

――――――― 授業の概要 ―――――――

【授業者】筆者
【対象とした授業】桜美林大学「心理学概論」 全14コマ
【分析対象期間】2002年9月～2003年1月
【受講生】桜美林大学3年生53名、短大1年生61名、合計114名。
【授業のねらい】

　ディシプリンから得た知識を自分にとって意味ある知識として確認し、再構築することをねらいとする。「心理学概論」の授業において、授業内容から学生自身が主体的に自分の関心を掘り起こし、テーマ設定をおこない、心理学のレポートとしての体裁を整えながら、内容を組み立てていくプロセスを支援する。さらに、多人数の講義型授業においても学生ひとりひとりの思考に伴走しながら支援することを目指す。簡易型ポートフォリオや思考のプロセスを一覧できるワークシートのデザインが鍵となる。

【授業ツール】

1. ワークシート：レポートをまとめるまでの作業経過を記入するためのシート。思考の変容プロセスを自分で一覧できるよう、Ａ４用紙両面に作業内容を凝縮させている。また、それを授業終了時に毎回回収し、次回の授業まで必ずひとことコメントを書いて学生に返却する。
2. 簡易型ポートフォリオ：Ａ４用紙両面使用のワークシートやその他の資

料を多くとも2～3枚に納まるようにデザインした授業作業記録。
3. 比較モデル：「心理学のレポートとしてどのようにテーマを絞り込んだらよいか」、「根拠となる証拠（データ）は何か」、「内容をどう構造化するか」「いかに論理立てて説明（表現）するか」を具体的に解説するため、学生のワークシートから良い例や改善すべき例をモデルとしてレジュメにまとめて配布し、自分の作業内容と相対化するように促す。
4. 投票システム：レポート提出後、題名と副題を載せたリストを回覧し、投票によって発表者を選出する。

【指導のポイント】
1. ワークシートは作業過程を一覧できるようにデザインし、思考を可視化させる。これをＡ４用紙両面１枚に納まるようデザインすることによって、多人数の指導が可能となる。学生の思考プロセスを構造化するだけでなく、授業者にとっても学生の思考プロセスを一目で把握できるというメリットがある。
2. 学びの成果物をポートフォリオとしてファイルし、心理学で学んだ知識を確認し、再構築することを促す。
3. レポートの作成段階ごとに良い例や改善すべき例などを細かく提示することや、投票システムによって学生同士にレポートを評価させるなど、お互いに相対化させる。グループ学習の形態をとらずに多人数の授業において協同学習の効果が期待できる。

【指導の手順】

表9-1　レポート作成に向けた表現指導の手順

1. 履修希望調査。	
2. レポート課題に関する説明。講義「心理学とは」で関心をもったこと考えたことを書き出す(a)	ワークシート1
3. レポート作成に関する実態調査。講義「発達Ⅰ」で関心をもったこと考えたことを書き出す(b)	
4. レポートと作文の違いに関する説明。講義「発達Ⅱ」で関心をもったこと考えたことを書き出す(c)	
5. (a)(b)(c)を読み，キーワードの抽出する。資料収集など次回までの課題の明確化。	ワークシート2
6. テーマを定め，目標規定文を書くⅠ。資料収集など次回までの課題の明確化。	
7. テーマを定め，目標規定文を書くⅡ。資料収集など次回までの課題の明確化。	
8. 内容を構造化するため，目次を作るⅠ。資料収集など次回までの課題の明確化。	
9. 内容を構造化するため，目次を作るⅡ。題名をつける。	
10. 文章化に向けての留意点。題名を回覧し，発表者を投票により選出する。	
11. 最終レポートの提出。自己評価。	
12. レポートの発表：第1次選考(学生の投票によって選出されたもの)。	
13. レポートの発表：第2次選考(学生の投票によって再度選出されたもの)。	

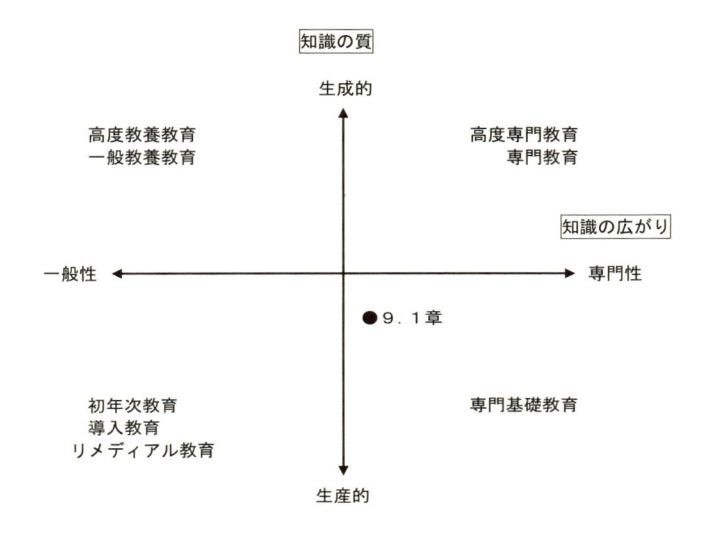

第9章 専門教養科目での学びを支援する　195

```
                        知識の質
                         ↑
                        生成的

    高度教養教育                高度専門教育
    一般教養教育                専門教育

                                    知識の広がり
  一般性 ←――――――――――+――――――――――→ 専門性

                    ● 9.1章

    初年次教育                  専門基礎教育
    導入教育
    リメディアル教育

                        生産的
                         ↓
```

図 9.1-0　学士課程カリキュラムにおける第 9 章 1 節の位置

1　問題と目的

　本章では、専門教養科目における学びをより深めていくためにはどのような支援が可能か、筆者が担当した心理学概論の授業を例に、書くことの指導を取り入れた授業のあり方について検討をおこなう。

　本書の実践編で取り上げた表現指導（第6章「考えるプロセスを支援する」、第7章「議論を支援する」、第8章「初年次の学生を支援する」）は、ディシプリンには捉われない日本語の授業や、学びの導入教育、初年次支援のための授業であった。そこで、今後、授業枠を広げ、専門分野（ディシプリン）での学びをより深める文章表現指導のあり方について検討するため、これまでの指導内容の問題点を指摘する。

1) 授業者の専門領域ではない分野のテーマについては、いわゆる構造面での書き方など技術的定型的な指導に留まってしまい、内容や考え方など深く踏み込んだ指導ができないことがある。
2) 学生の主体的な問題発見を重視すると、それぞれのテーマ設定が多岐に渡り、深い議論ができず、学生同士で問題関心を共有しあうような相

互学習、協同学習が難しくなることがある。
3) 1クラス20名以下の学生であれば細やかな指導も可能であるが、果たして多人数のクラスにおいても「考えるプロセスを支援する」ことは可能か。
4) 固有のディシプリンを持つ授業科目に文章表現指導を取り入れることによって、専門教養科目における学びを深めることは可能か。

そこで、以上の問題を検討するため、下記のように目的を設定した。

目 的

専門分野に関する講義内容(ここでは心理学の入門的な内容)から学生が問題関心を見出し発展させ、かつ学生間でその関心を共有する効果的な支援法を確立できるか。また、個別指導ではなく、多人数の授業において学生の考えるプロセスを支援することができるか。その可能性について検討する。

2 授業におけるレポート作成指導とワークシート

心理学概論の講義内容から自分の関心を掘り起こし、レポートのテーマを明確にし、かつレポートの構造を組み立てるプロセスを指導するため、授業終了前15分間を使って毎週作業をおこなわせた。作業は表9-1に示した順序で実施された。

なお、投票システムとは、レポート発表者の選出方法のことである。レポート提出後、題名と副題を載せたリストを回覧し、投票によって発表者を選出した。第1次選考では14名のレポートが選出され、その概要が教師によって紹介された。さらに、第2次選考で4名に絞り込まれ、そのレポートの全容が紹介された。**表9-2**は選出されたレポートの一部である。

表9-2 投票によって選出された受講生のレポートの題名と副題

分類	No.	題名	印
子どもの発達課題	1.	育った環境が性格に及ぼす影響―きょうだいと一人っ子を比較して―	
	2.	キレル子どもと食生活について―キレルことを繰り返さないために―	**
	3.	問題のある子どもの絵―心からのサイン―	*
青年期の発達課題	4.	職業的アイデンティティーの確立まで―職業選択を目前にした心理的変化とその経緯―	
	5.	就職活動は誰のため? ―大学生活で得た経験は活かされるのか―	**
	6.	自立できない若者たち―パラサイトの事実―	
高齢化と介護の問題	7.	高齢者の孤独死の増加―日本での介護の現状―	*
	8.	痴呆症の老人と介護―痴呆老人と向き合っていくには―	
	9.	介護を通しての家族の問題―核家族の増加―	

*と**の印があるものは第2次選考で選出されたレポートの一部。そのうち、**はさらに高い支持を得たもの。

3 レポート作成指導の効果

　学生による授業評価と、レポートの成績評価をもとに、考えるプロセスを支援するポートフォリオを用いたレポート作成指導の効果について検討する。

方　法

対象者：心理学概論を受講した学生114名のうち、レポートを提出した82名(大学3年生32名、短大1年生50名)。

質問紙の構成：評価項目は15問。そのうち13問は「非常に役立った5」～「全く役立たなかった1」の5段階で評定させ、最後の2問は自由回答を求めた(表9-3)。

手続き：レポート提出後に授業内で集団で実施し、回答は被験者ペースでおこなった。

表9-3　表現指導の評価に関する質問項目と評定平均値 (N=82)

	平均	SD
〔作業内容について：5段階評価〕		
1．授業で感じたことや考えたことを書き出すことは	3.71	0.84
2．授業で考えた内容からキーワードを抽出することは	3.84	0.80
3．キーワードを重要度順に並べ替えることは	3.12	0.89
4．キーワードをもとに目標規定文(概要)を書くことは	4.02	0.75
5．目標規定文をもとに目次(設計書)を書くことは	4.01	0.68
6．目標規定文や目次をもとに題名を考えることは	3.92	0.85
7．目標規定文や目次をもとに文章化することは	4.21	0.83
8．目標規定文や目次など、レポートの骨組みを作るまでの思考の変容プロセスを1枚の紙に書くことは	4.26	0.75
〔指導内容について：5段階評価〕		
9．心理学の授業内容に基づいて目標規定文や目次の具体例を提示したことは	4.21	0.85
10．前回の授業で学生が書いた目標規定文や目次を数例印刷して配布し、良い点や改善点を指摘したことは	4.27	0.72
11．ひとりひとりの学生の作業内容に毎回コメントを書いて返却したことは	4.49	0.63
12．資料に基づいて自分の意見を述べようという指摘は	3.98	0.77
13．目標規定文や目次を考えることによってテーマを絞り込もうという指摘は	4.11	0.86
〔自由回答〕		
14．自分にとって価値があった指導方法やアドバイスは		
15．作業プロセスを振り返り、難しいと思ったことは		

心理学概論　平成14年度　秋学期　　ワークシート１　　　　　担当： 井下　千以子

　（　　　　　　　　　　）組・学科　（　　　　）学年　　名前（　　　　　　　　　　　　　　　　）

　　授業を聴いて、感じたこと・考えたことを書いてください。ただし、「～について、～と思った」というように「何について」という授業内容の部分を必ず書くようにしてください。できれば、「なぜそう考えたのか（感じたのか）」というところまで考察してみましょう。書き終えたら、キーワードと思われることばを３つ選び、○で囲みましょう。
　　＊これは自分の関心を心理学概論の授業から掘り起こし、レポートで取り上げるテーマを明確化するためのプロセスです。

① 10月2日の授業「心理学とは」で考えたこと・感じたこと

② 10月9日の授業「発達Ⅰ」で考えたこと・感じたこと

③ 10月16日の授業「発達Ⅱ」で考えたこと・感じたこと

第9章 専門教養科目での学びを支援する　199

心理学概論　平成14年度 秋学期　　ワークシート2　　　　　　　担当：井下 千以子

（　　　　　　　）組・学科　（　　　）学年　　名前（　　　　　　　　　　　　）

④ 10月23日

　①，②，③の内容からキーワードを3つ抽出し、重要度の高いものから順に記入する。

　テーマを決めていくにあたり、現時点での問題を考え、来週までに調べてくること、持参する資料などを記入する。

⑤ 10月30日

目標規定文：

現時点での問題点・来週までの自分の課題：

⑥ 11月6日

目標規定文：

現時点での問題点・来週までの自分の課題：

⑦ 11月13日　　仮の目次を書く（レポートの設計図を作成する）

問題点・課題：

⑧ 11月20日　　仮の目次を書く（レポートの設計図を作成する）
仮の目次の修正点

題　名：

問題点・質問など：

結果と考察

(1) 学年間比較：表現指導に対する評定平均、レポートの成績について

表現指導に対する評定平均については項目2のみ5％水準で有意差が認められ、3年生のほうがキーワード抽出を高く評価していることが明らかとなった。レポートの成績評価では有意な学年差は認められなかったことから、レポートを書いた経験がない短大1年生であっても、表現指導を受けることによって、レポート執筆経験のある大学3年生と同等にレポートが書ける可能性があることが示唆された。

(2) レポートの成績による比較：表現指導に対する評定平均について

レポートの成績を5段階で評価し、評価が5～4であった学生を高群(43名)、3～1の学生を低群(39名)として表現指導に対する評定平均値を比較した。t検定をおこなったところ、項目7, 8, 13が1％水準で、項目4, 6, 11が5％水準で有意差が認められ、レポートの成績の良い学生のほうが「目標規定文や目次の作成を重視した指導」や「ひとりひとりの作業内容に毎回コメントを書いて返却したこと」を高く評価していることが明らかとなった。また、自由回答の結果からも「思考の変容プロセスやレポートの構造が一覧できるポートフォリオ」や「教師からのコメント」を価値ある指導と評価していることが分かった。

4　今後の可能性

多人数の講義形式による心理学の授業においても、問題関心を掘り起こし思考プロセスを支援するという目的を持ったレポート作成指導のあり方は、学生から高く評価されることが分かった。それを可能にしたのはポートフォリオ形式によるワークシートを用いた授業デザインであった。フォーマット化された作業内容、思考過程を一覧できるワークシート、良いモデルを示したレジュメなど、学びの成果物をポートフォリオとしてファイルすることは、心理学で学んだ知識を再構築することを促し、自分の問題関心を発展させるだけでなく、学生間で共有された知識をもとに互いに相対化することによって、自分の問題をより一層明確化させ、授業での学びを深めることにつながったのではないかと思われる。

第9章　専門教養科目での学びを支援する　201

　今後は、複数の授業者間で文章表現指導の目的と方法かつ授業で扱うテーマが共有されれば、文章表現科目だけでなく、専門分野での体系的なレポート指導など、カリキュラムを越えて、学びのプロセスを支援する授業を展開することも可能だと思われる。

2.「生涯発達心理学」の授業

――――――― 授業の概要 ―――――――
【授業者】筆者
【対象とした授業】桜美林大学「生涯発達心理学」
【分析対象期間】2005年9月～2006年1月　全28コマ
【授業のねらい】

　本授業のねらいは、ディシプリンでの学習経験を自分のことばで表現することを通し、広い視野で学習者が自己の学びを意味づけることを支援することにある。

　生涯発達心理学の授業では、人は生涯を通じて成長発達し続ける存在であるという観点から、人の一生を見通すことによって、人はどのように変容していくのか、何が人の成長において重要な要因なのかを、できるだけ客観的科学的な立場から記述することを目的としている。こうした目的からも、この授業のねらいは、専門教養科目（拡張専門科目/Enriched Major）として「教養」形成の機能を持たせることにあるとも言えよう。なぜなら、ディシプリンの学習経験を通じて学生が自分と向き合うことは、「何のために学ぶのか」というアイデンティティの模索と重ねられるような構造を持つという意味でも、キャリア教育としても、また、創造的な学習や研究へと発展させていくというアカデミックな場としての大学の意味を考える上でも、「大学での学び」の真の意味を捉えていくにおいて、生涯発達心理学には重要な要素が含まれていると思うからである。

　また、この授業では「本日の課題」と称して授業での理解を深める記述課題を毎回課している。書くことは俯瞰的に自分をモニタリングする「メタ認知活動」そのものであり、学習者の思考を深めることでもあるから、ディシ

プリンで学んだ知識を自分の問題意識へと発展させていく上で重要な役割を果たす。発達心理学というディシプリンの学習を通して書くプロセスを支援することは、学生の学びを深めていくことにつながると考えている。

【授業ツール】

1. 理解の深化を促す記述問題：その日の授業のトピックに関して書かせる、「本日の課題」である。単に授業の感想を書かせるのではない。設問は、講義内容（理論）を学生の日常の問題と照らし合わせて考えられるよう、また、専門分野の学習に必要な学習技術の習得（用語の解説、定義の述べ方、図表の読み方、比較対照の仕方、引用の仕方など）を通して、授業での学びを深められるようにデザインされている（たとえば、図9-1、9-2、9-3）。回答はポートフォリオ形式のワークシートに記入させる。

2. ポートフォリオ形式のワークシート：Ａ４用紙の両面に記述問題の回答すべてが収まるようにデザインされている。この授業を通して学生自身が考えてきたことを一目で眺められるようになっている。レポートのテーマを絞り込むときの資料とする。

3. 学び確認レポート：ディシプリンでの学びを確認することを目的とする。授業の最終回で、1クールの授業の締めくくりとして、授業で学んだことを振り返り、自分にとって意味があるように知識を再構成することを支援する。学習内容を具体的に記すことに加え、授業での学びや気づきを、根拠を示しながら、論理的に筋道だてて書くことが求められる。初年次支援での学び経験レポートとは異なり、専門教養科目の学び確認レポートでは、理論を展開することや、用語を説明することなど、ディシプリンでの学びを明確に表現することが求められる。

4. 学び深化レポート：ディシプリンでの学びを深めることを目的とする。1クール（28回）の授業の後半4コマを使い、段階を追って書き進める手書きのレポート。構想マップの作成や、目次構成などの作業も含む。これまで自分がワークシートに書いてきた回答（この授業で考えてきたこと）からテーマを設定し、内容を構造化していけるようにデザインされている。文献を引用しながら、自分の考えをまとめていくことなどから、学習レポートと

いうより、研究レポートに分類される。
5. レポート執筆手引：授業内容に即して作成した学び深化レポート執筆のための手引き。構想マップの作成や、目次構成なども含め、モデルを示しながら作業内容を分かりやすく解説している。

【指導のポイント】
1. 授業は理論の紹介だけでなく、理論を日常的な問題や学生の関心に照らして解説する。映像を用いることによって効果を高めることもできる。
2. その日の授業の主題が明確に伝わるように、授業内容を構造化する。
3. その日の授業の主題にそった記述問題を作成する。
4. 記述問題における設問の仕方を吟味し、理解の深化を促す。
5. 最終レポートの作成に入る前に、必ず1クールの授業内容を振り返る。受講生のワークシートから授業での学びや授業のねらいを確認し、レポートのテーマ設定につなげていく。これは授業で学んだ知識を統合させ、意味づけていくことにつながる。

【レポート作成指導の手順】
レポート指導の手順は、**表9-4**授業の流れと学び深化レポート作成指導に記した。学び確認レポート作成の指導では、表9-4の6.7.8.11.を簡略化して実施している。

表9-4　授業の流れと学び深化レポート作成指導 (2コマ続きの14回、全28コマの授業)

1. 講義をおこなう。
2. 講義内容の理解の深化を促す記述課題を出す。課題は理論を自分の日常の問題と照らし合わせて考えられるよう配慮されている。課題の書き方に関する指示を与える。回答はポートフォリオ形式のワークシートに記入させる。
3. ワークシートを回収し、翌週、回答にコメントして返却する。
4. 回答例をコピーして配布し、解説する（1〜4を11回おこなう）。
5. 11回（22コマ）の授業内容を振り返る。受講生のワークシートから授業での学びを紹介する。
6. 書き方の要領を説明する。
7. テーマ設定について、ワークシートを用いて学生間でやり取りさせる。教師がコメントする。
8. 内容構成について、ワークシートを用いて学生間でやり取りさせる。教師がコメントする。
9. 授業時間内に執筆させる。
10. レポートを回収する。
11. コメントを書いて返却する。
12. クラス全体に向けて講評し、数例のレポートを紹介する。

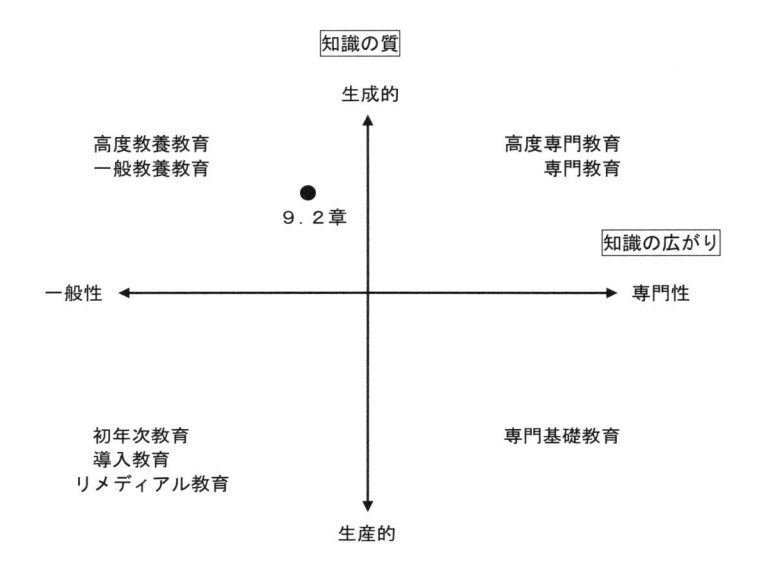

```
                    知識の質
                     生成的
                      ↑
   高度教養教育              高度専門教育
   一般教養教育              専門教育
                  ●
                 9.2章
                                      知識の広がり
   一般性 ←――――――――――――→ 専門性

   初年次教育               専門基礎教育
   導入教育
   リメディアル教育
                      ↓
                     生産的
```

図9.2-0　学士課程カリキュラムにおける第9章2節の位置

1　学び確認レポート：ディシプリンでの学びを確認する

【目　的】

　生涯発達心理学（2006年度秋学期開講）の授業（全28コマ）において、「青年期の発達」をテーマとした授業に3コマを割いている。ここではそのうちの2コマを取り上げる。「理解の深化を促す記述問題」に回答することを通して、学生がいかに授業内容を理解し、それを「学び確認レポート」へと発展させたか、ディシプリンでの学びを自分にとって意味ある知識として確認し再構成することができたかを記述する。

【分析の対象とした受講生】

　文学部英語英米文学科3年生（F）：学生A
　文学部健康心理学科3年生（M）：学生B
　以上の2名の学生の承諾を得て、ワークシートとレポートの内容を記載する。

【授業の流れと学び確認レポート作成指導】

　まず、授業の流れと学び確認レポート作成指導の手順を時間軸にそって下記に示した。表9-4にその流れを示したが、6.7.8.11.の指導は簡略化して実施している。

課題1
本日の課題：大人になるとは？
　あなたは自分を大人だと思いますか、子どもだと思っていますか。自分の認識を踏まえたうえで、大人になるとは、どういうことだと思いますか。以下のaとbのどちらかを選択し、あるいは併用して回答してください。
　a．ビデオの若者と自分を照らして
　b．エリクソンのアイデンティティ論に照らして
ビデオの内容：高校を卒業し、老人介護施設で働く2人の若者のドキュメンタリー。納得できる自分を求め、仕事を通して人との関わり合いのなかで成長していく姿を描いたもの。

図9-1　〔講義内容の理解の深化を促す記述課題〕の例1

課題1に対する回答

（学生A）
　私は自分はまだ子どもだと思っている。まだまだ経済面でも自立していないし、親に頼っている所があり、何よりも私自身何をして生きていくのか、何のために生きていくのかがはっきりしていないからである。ビデオの若者二人は私と全く同じ年であるにもかかわらず、「仕事」を通して自分を見つめ「本当にやりたいこと」を見つけ出していた。彼らは様々な不安や葛藤のすえにアイデンティティを確立していったことがわかった。そんな二人はとても輝いて見え、そして何よりも一人の「大人」に見えた。大人になることということは本当の自分と真正面から向き合い、進むべき道を見出そうとした時をいうのでないかと思った。

〔学生B〕
　ビデオの若者二人は、老人介護の仕事を通して、男性は看護師、女性は介護福祉士と、自分が何をしたいかが次第にはっきりしていきました。大人だと思いました。それは、日々、自分を見つめる力、内省する力が備わっていたからだと思います。老人介護の仕事には「死」というものが常に隣り合わせにあるということでしたが、アイデンティティの確立というのも死ぬまで一生かけて自分の課題となるものではないかと思いました。今の自分はビデオの若者二人のようにこれから何をしたいのか、目指すものがはっきりと定まっていませんが、自分と向き合って、自分が将来何をしたいのか、何ができるかということを考えていきたいと感じました。

課題2
　本日の課題：キャリア選択における自己概念の変容について
　荒川さん(大学4年生)は、町工場を経営する親の苦労を目の当たりにし、「有名企業に就職したい。安定した人生が約束されているから。」と大企業への就職をめざし活動していましたが、うまくいかず、サークル活動に力を注いだ大学生活を後悔し、挫折感を抱いていました。一方、父親は後を継いでほしいと願っていました。荒川さんはこの後、どのように変化しましたか。荒川さんはキャリア選択の過程で自分の夢をどのように再構成していったのでしょうか。また、あなたはこのビデオを見てどんなことを感じましたか。自分に照らして考えてみましょう。

図9-2〔講義内容の理解の深化を促す記述課題〕の例2

課題2に対する回答

〔学生A〕
　大企業に就職したいと強く願っている荒川さん。それは「安定しているから」「周りからすごいといわれるから」という理由からであった。大手企業か実家の町工場か。挫折して迷った末、「身近な人から幸せにしたい」という考えにたどりつく。自分が会社を選ぶ！　じぶんのやりたいことを!!　最終的に光が見えた。

このビデオを見て、はじめは「勝ち組」か「負け組」か、社会は二分されていて「勝たなければいけない」という思いを私に与えた。しかし、次第に、荒川さんの就職活動における苦悩を目の当たりにし、こだわりすぎてはいけないと思った。確かに安定した職に就きたいという思いは誰にだってあるはずだが、それは一体どうしてなのか、誰のために大企業に入るのかということを考えると少しおかしな気もしてくる。自分のやりたいことを見つける。「自分が会社を選ぶんですね」という荒川さんのことばがすごく印象に残った。

〔学生B〕
　荒川さんは「大手有名企業に就きたい、それは安心で安定しているからだ」と言っていて、何か内定獲得のためだけに目を向けすぎではないかなと思いました。この企業に入りたい、内定を得たいという強い気持ちを持つことはもちろん重要であると思いますが、まずは自分自身が将来何をしていきたいのか、その職に就いてからの自分をイメージしながら就職活動をおこなっていくことが僕は一番大切なのではないかなと思いました。荒川さんは最後の方で「身近な人から幸せにしたい」と自分の原点の気持ちを取り戻していました。理想を追い求めるだけでなく、自分が本当に何をして貢献していきたいのか、原点の気持ちを忘れずに就職活動をしていく必要があると思いました。

学び確認レポート

〔学生A〕
　　　題名：現実の私と理想の私～アイデンティティの確立～
キーワード：現実自己、理想自己、アイデンティティ
　授業の中で、現実自己と理想自己ということばが出てきました。現実自己は今の私のこと、理想自己は「こうだったら良いな」と願う私を指すということでした。人、特に私たちのような青年期は、理想と現実の狭間で「自分は今何をすべきかなのか、何ができるか」というアイデンティティの確立の時期にあることを知り、果たして私はアイデンティティをちゃんと確立できるのかと疑問に思うと同時に不安になりました。私には何をすべきか、何ができるのかなど、答えが出せそうにないと感じていたからです。就職活動を控えた今、「あの仕事に就きたい」という理想と、「でも、今の私には無理」という現実の私がいて「本当は何をしたら一番良いのか」という考

えても考えてもわからない一つの壁にぶちあたってしまい、ますますどうしたらよいのか混乱するようになってしまいました。悩んでも悩んでも答えが見つからず、ただただ理想と現実の間でふわふわとさまよっている状態でした。

　そんな中、授業で見たビデオが私に少しだけ勇気を与えてくれました。それは、荒川さんという大学4年生が大手企業への就職を熱望していたけれども、最終的には将来実家の工場を継いでいくことを考えて、中小企業に就職することに決めたという内容のものでした。彼女もまた大手企業就職という理想の自己を持ちながらも失敗ばかりという現実の自己に直面し、悩んでいました。しかし、様々な人のアドバイスや話を聞く中で「私は身近な人から幸せにしたい」と彼女なりの答えを出していました。理想にとらわれすぎてもいけないし、かといって現実ばかり見て落胆してしまうのもいけない。ちょっと見方を変えるだけでも「今、自分は何をすべきか」という問いへの答えが明確になってくるかもしれないなと、ビデオを見て感じました。

　理想の私と現実の私、まだまだ心の中では葛藤が続きますが、荒川さんのように視点を少し変えて私にできることすべきことを見つけ出し、アイデンティティを確立できたらよいなと考えています。

〔学生B〕
　　　　　題名：現在の私自身の課題である自我同一性の確立について
キーワード：自我同一性の確立、理想自己、現実自己

　生涯発達心理学を学ぶ中で最も印象に残っていることは、老人介護にはげむ若者たちと、就職活動をする大学生のビデオを見た授業でした。私は今大学3年生であり、これから何をやりたいのか、どのような職に就きたいのかを考えていかなければいけない時期にあるため、ビデオの若者の気持ちに共感できる部分が多々ありました。授業においても「どんな人間か、何のために生きていくのかという問題を直視し、自分自身で答えを見出していく自我同一性の確立」が青年には求められるということを学びました。このエリクソンの理論から見ると、ビデオに出ていた若者に共通していたことは、自分のやりたいこと、自分が社会に出た際に、どのように貢献していくのかという答えを見つけようと努力していたことだと思います。

　たとえば、老人（施設では「ゲスト」と呼ぶ）が若者に向かって「待っていたよ」と言ってくれたとき、日常では小さなことかもしれませんが、そ

れは老人介護をする若者にとって大きな喜びで、生きがいとなっていきました。そして、ゲストと深く接したい、自分の知識・能力を広げたいとの思いから、看護師の資格も目指すようになっていきました。

一方、就職活動をする大学生は、最初は将来の生活の安定を求め、大手企業に入ることを目的としていましたが、次第に「自分の力で周囲にいる人を幸せにしたい」という自分の本来の気持ち、原点の気持ちを取り戻していました。

現在の私はビデオの若者たちのように「将来これをやりたい」というものをまだ見つけることはできておらず、自我同一性の確立に向けてもがいているモラトリアムの状態だと思います。いまの私にとって最大の課題は自分がやりたいと思える仕事に就くことだと思います。これからこうでありたい自分「理想自己」と、実際の自分「現実自己」をしっかりと見つめ、その差を少しでも埋められるよう、自分を肯定的に見つめる力や内省する力をつけていきたいと思います。

2 学び深化レポート：ディシプリンでの学びを深める

【目　的】

本章では、筆者の担当する生涯発達心理学（2005年度秋学期開講28コマ、2コマ続きの14回）の授業を取り上げ、ワークシートやレポート、授業評価の結果から、次の2点について分析をおこなうことを目的とする。

第一点は、学生が書くことを通していかに学びを深め、自分にとって意味ある知識を獲得することができたかを分析することである。

第二点は、学生が科目間のつながりをいかに見出していったか、生涯発達心理学の授業枠を越えていかに学びを転移させることができたか、他の科目との有機的連関について考察することである。

【分析の対象とした受講生】

分析は、履習者全員の共通性を抽出して授業の効果を測定するということではなく、学生がいかに考えて書いたかを明らかにすることを目的として、1人の学生の授業での学習活動を縦断的に追跡することとした。対象者の抽出に当たっては、目的の第二点に注目し、他の科目との有機的連関について考察するため、「看護師の仕事を離職して大学院の健康心理専修に入学した

修士課程1年生1名」を分析の対象とした。以下では、学生Cとする。学生Cは大学院の学生だが、学部の時、心理学を専攻していなかったことから、心理学の基礎を学びたいとして、文学部の授業である生涯発達心理学を受講していた。本章では本人の了承を得て本人が執筆したワークシートやレポートを引用する。

【授業の流れと学び深化レポート作成指導】

まず、授業の流れとレポート作成指導の手順を時間軸にそって下記に示した。2005年度秋学期の授業は2コマ続きの14回、全28コマおこなわれた。表9-4にその流れを示した。

課題3
本日の課題：幼児期の自己コントロールの発達とその教育
幼児期は自我が芽生え、自己を確立し始める時期であるとともに、他者の視点に立つことを学び始める時期でもあります。幼児が適切な自己コントロール力を身につけていくためにはどんなことが大切だと思いますか。次の3つの設問から1つ以上選択し、回答してください。
① 自己主張と自己抑制のバランスを規定する要因について、親の養育態度と関連づけて述べる。テキストの3つの図を比較対照しながら説明する。
② 日常場面を具体例として説明する。たとえば、ブランコの貸し借り場面など。
③ 授業で学習した自己中心性、脱自己中心化という用語を引用しながら説明する。

図9-3〔講義内容の理解の深化を促す記述課題〕の例3

学生Cのレポート作成プロセスと教師から助言

学生Cが最初に考えたテーマは「中年期の危機」についてだった。「中年期の危機について取り上げ、アイデンティティの再体制化とは何かについてまとめたい」とワークシートに記していた。

その学生Cの回答に対して、授業者としての筆者は「幼児期の自己コントロールの課題も問題意識を持ってよく書けていました。この内容もテーマとして良いように思います」と助言した。幼児期の問題を看護の臨床での経験と照らし合わせて記述しており、これと中年期の問題を絡めて捉えていくことができるのではないかと思ったからである。

以下は、学生Cがワークシートに記述した課題3「幼児期の自己コントロールの発達とその教育」に対する回答である。

【学生Cの回答】 本日の課題：幼児期の自己コントロールについて

今回の授業は幼児期における脱自己中心化の問題だった。幼児の視点の特徴は自己中心的で、自己以外の他の視点を考慮できないことにある。しかし、この脱自己中心化の問題は幼児期の問題にとどまらず、成人になってからも重要で、幼児期が基盤になっているのではないかと感じた。幼児期における自己主張・自己抑制など自己コントロールの身につけ方のパターンは成人になってからも影響するのではないか。たとえば、生活習慣はまさしく自己コントロールが重要である。そのパターンの良し悪しで病気になる（たとえば糖尿病など）。病気になってからもその病気とうまく付き合えるかどうかということに、自己コントロールの力が重要になってくるからである。今回は成人のことまで考えが及んでしまい、幼児期の問題としてまとまらなかった。

構想マップの作成

この後、授業内レポートの執筆では、構想マップの作成や、目次構成などおこないながら、レポートを構造化できるよう支援した。学生Cが書いた構想マップ（図9-4）は、看護記録の関連図を連想させるものであった。中年期における身体の衰えやストレスなど生活習慣のひずみが、糖尿病を引き起こす要因となっているということ、生活習慣の改善には中年期のアイデンティティの再体制化が関連するというメカニズムをうまく図式化していた。また、幼児期からの自己コントロールのパターンが成人後の過剰適応的行動に影響を与え、それが糖尿病を発症する要因となっているのではないかという仮説生成の過程を表していた。以下は、学生Cが書いた構想マップとレポートである。

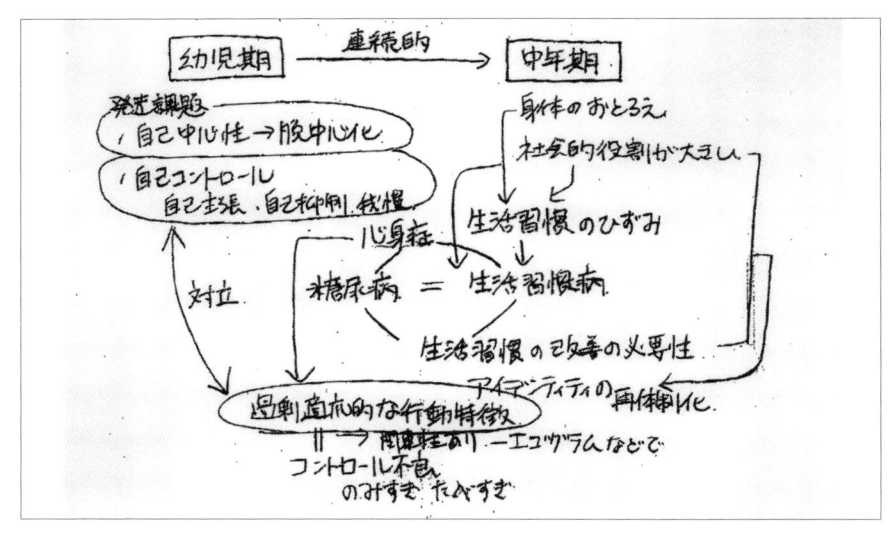

図9-4 学生Cの構想マップ

学生Cのレポート

幼児期の発達課題と中年期の過剰適応的行動との関連

キーワード；
自己中心性から脱中心化、自己コントロール、アイデンティティの再体制化、過剰適応的行動

1. はじめに（問題と目的）

　幼児期の発達で、自己中心性から脱中心化のプロセスや自己コントロールの仕組み・形成について学んだ。そのとき、私はこれらの概念や発達概念が青年・中年期以降にも大きく関与する、影響するのではないか、と、なんとなく感じた。また、中年期の発達では、アイデンティティの再体制化という興味深い概念を学んだ。このアイデンティティの再体制化はいったい何をきっかけに生じるのであろうか。

　今回のレポートでは、幼年期の発達の特徴がなぜ青年期・中年期以降にも影響するとなんとなく感じたかをはっきりさせたい。それをはっきりさせることに、中年期のアイデンティティの再体制化を絡めて論じたい。

2. 中年期の身体的特徴と病気（糖尿病を例にして）

　中年期は、身体的能力が衰え、今までの生活習慣の影響が身体に出現しやすく、病気になることが多い。例えば、2型糖尿病があげられるだろう。2型糖尿病とは、遺伝的素因が強く、小児期に発生しやすい1型糖尿病とは区別され、生活習慣が、大きく影響し、発症する。　だんだんと基礎代謝量が減ってくるにもかかわらず、何らかの誘因で食べすぎ、飲みすぎとなり、体内で代謝しきれない量の糖分が細胞に取り込まれずに、血液内に浮いている状態である。この状態を放置することで、筋肉は栄養が取れず、細くなり、また、様々な臓器に障害をもたらす。糖尿病と診断された場合、現代の医学では完治しない。悪化させないための食事・運動などの長期的な生活調整が必要になってくる。今までの生活習慣を改めなくてはいけないのである。しかし、この生活習慣の改善は容易なものではない。それは、糖尿病を悪化させ、腎不全となり、透析を導入することになった患者が毎年3万人以上いること（すべてが、糖尿病が原因ではないか）を見れば、その難しさがうかがえる。

3. アイデンティティの再体制化のきっかけ

　中年期の発達課題には、アイデンティティの再体制化がある。アイデンティティの再体制化とは、青年期に培われた自己概念では適応しづらくなってくるために新たに体制化をすることが必要となる。このアイデンティティの再体制化は、何がきっかけとなってはじまるのだろうか？

　このきっかけとして考えられることに「身体の衰えを感じたこと」や「自分が病気になったこと」があげられる。例えばある人が糖尿病にかかったとする。その人は生活習慣を改善し、糖尿病とうまくつきあうことという、人生の新たな問題を持つことになる。

　中年期は、社会的役割が大きく、生活習慣を改善することは、その役割に大きく支障をあたえるかもしれない。そうなるとやはり、再体制化という行動のきっかけになるだろう。

4. きっかけがきっかけにならない場合

　病気（このレポートでは糖尿病であるが）になることで、アイデンティティの再体制化が生じることは考えられる現象である。しかし、問題点として、その病気が苦痛を伴わない、自覚症状が乏しいものであったら、どうなるだろうか？

　また、糖尿病は代表的な心身病であり、身体と心理面の両方からの治療的アプローチが必要とされている。心身病の発症には、過剰適応的な性格が、

関与しているといわれる。社会に適応することに、一生懸命であり、自分の体や心に対する自覚が乏しく、そのひずみが身体に出現し、病気になる。適応的なことは決して悪いことではない。社会人として働くためには必要なことである。しかし、自己を犠牲にしてまで過剰に適応することに問題がある。

　ある人が過剰適応的に行動した結果、糖尿病になったとする。糖尿病は自覚症状が乏しいために、アイデンティティの再体制化のきっかけとならず、その人は、そのための行動を続け、糖尿病を悪化させるのではないかという構造が考えられる。

5. 過剰適応的な行動と、幼児期の発達課題の関係

　一番の問題点は、過剰適応的ということである。また、病気になってからも自己コントロールができないことであろう。

　ここでは、過剰適応的な行動に、幼児期の発達課題（自己中心性から脱中心化のプロセス、自己コントロール）が関与しているのではないかと、考えた。

　つまり、他者を理解することは、自分を理解することにつながる。他人のことを思いすぎ、自己が犠牲になることは自己理解が、不十分なのではないだろうか。他者の反応を見つつも自分の感情や身体的知覚に、誠実であり、お互いがよい状態に保つことは脱中心化でもあり、自己コントロールができていると思われる。

　幼児期のこの基盤の良し悪し、またはパターンが影響を与えているのではないかと考える。しかし、良し悪しの基準、パターンなど、それに正解があるのか、正解はなくとも、どのように育めば、過剰適応的、自己犠牲的な行動が防げるかは、考えつかなかった。

6. おわりに

　今回のレポートは、授業後に書く課題に対して、何故そう思ったかを改めて考え直す、整理するために行った。その結果、ある疾患群の原因となる、過剰適応的な行動が幼児期の行動パターンと関連があるのではないかと自分なりの考えをまとめることができた。

参考文献

新井邦二郎　1997『図でわかる発達心理学』福村出版.
河盛隆造・岩本安彦　2004『糖尿病最新の治療』南江堂.

【教師からのフィードバック】

学生Cのレポートに対する教師からのフィードバックを下記に記した。

> 授業内容から発した問題意識に基づいて臨床での経験を統合し、理論を展開して検討することにより、1つの仮説を生成することが出来ていると思います。こうした思考プロセス・思考経験が 今後臨床の場で、また研究として発展していくきっかけになればよいと思っています。心理学あるいは看護の研究としては、今後どのような事実に着目し、いかに実証していくのか、その方法論が課題となります。

3 学生による授業評価（自由記述）

学生Cは、理解の深化を促す記述問題と、学び深化レポートについて次のように振り返っている。

（理解の深化を促す記述問題について）

> 授業をしっかり聞こうという意識が芽生えた。また、自分なりの考えをつくることができた。課題自体には積極的に取り組んだが、理解がスムーズに運ばないことがあった。しかし、今回試験勉強で教科書を一読したとき「あー!!この課題にはこういう概念が関与していたのか」と改めて気づくことがあった。課題と理論の結びつけが容易じゃなかった。が、翌週に回答例をプリントにして解説してもらったことによって、他の人がどういううまい書き方をしているか、どういう考えを持っているか知ることができてよかった。

（学び深化レポートについて）

＊ 学生Cは授業2コマと自宅で2時間執筆に費やし、合計4時間でレポートを仕上げている。

> レポートの書き方の指導は、他の授業のレポート課題でも活用できる指導だったと思う。しかし、私にとっては細かすぎてかえって難しかった印象を受けた。構想マップは、頭の中の整理に役に立った。また、授業時間内に書くことは、自分なりの仮説や考えを集中してまとめることになり、レポート執筆には有効だった。しかし、それは自分の考えであるだけで、「文

献ではこういわれている」など授業中には調べることができなかったので、後で調べなければならなかった。また、毎回授業でワークシートに書く課題は、最終レポートを書く上で小さな訓練になったと思う。院では最初から自分でテーマを設定するので、授業でやったことから自分の意見をまとめることは少ない。この授業では講義を通して基礎がふまえられただけでなく、自分の意見をおおいに表現できた。心理学部卒じゃないのに心理の院にきてしまった私にとって心理学の基礎やレポートの構成まで学べたのはよかったと思う。これで心理卒の人と肩を並べられると思う(たぶん)。自信ができた。か……。

3. 専門教養科目「生涯発達心理学」の授業におけるレポート指導を振り返って

　生涯発達心理学の授業のねらいは、ディシプリンでの学習経験を自分のことばで表現することを通し、広い視野で学習者が自分の学びを意味づけることを支援することにあった。

　学生Cは修士課程の院生であったが、心理学の基礎知識を身につけたいという目的を持ち、大学院のカリキュラムを越えて学士課程の授業を受講していた。学生Cの書いたレポートや、振り返りの記録を読むと、心理学の知識と看護師としての経験を、「書く」という行為を通して理論と照らし合わせ統合することにより、ダイナミックに知識を構造化し、自分にとって意味のある仮説を生成できたことが分かる。

　筆者(授業者)は授業で、幼児期の自己コントロールの問題と、中年期のアイデンティティ再体制化の問題を直接つなげて解説することはしなかったが、学生Cは、それを生活習慣病である糖尿病患者の自己コントロールの問題と結びつけていた。授業で課した〔理解の深化を促す記述問題〕において幼児期の自己コントロールの問題を考察することによって、中年期の問題へと発展させていった。その発端は、学生Cのレポートの冒頭にも記されているように、「なんとなく感じた」という不確かで曖昧な感覚ではあったが、そこでは今までつながっていなかった知識同士が結びついていく、メタ認知

的気づきが生じていたと考えられる。
　学生Cはレポートの構想を練る段階で、幼児期の問題と中年期の自己コントロール問題が連続性を持っていることを構想マップに示すことによって、思考を外在化し、内容の構造化をおこなっていった。そうしたプロセスを経て、幼児期の発達課題が中年期の生活習慣と関連しているのではないかとの仮説を生成していったものと推察される。
　このように、授業では学問的に確立されたスタンダードな知識を日常の場面や受講生の関心と照らし合わせて解説し、毎回、〔理解の深化を促す記述問題〕として「書く」課題を出した。院生Cは、書くことの積み重ねを「小さな訓練になった」と述べており、それが最終回でのレポート執筆に集約されていったと、自分のレポート執筆過程を振り返っている。書くことは俯瞰的に自分の思考をモニタリングする「メタ認知活動」そのものであり、思考を深めることでもあるから、ディシプリンで学んだ知識を自分の問題意識へと発展させ、関連づけ、構造化していく上で、〔理解の深化を促す記述問題〕は重要な役割を果たしていたのではないか。さらに、教師の助言はその足場作りの役割を果たしていたと思われる。

　また、学生Aや学生Bのレポートにおいても、〔理解の深化を促す記述問題〕に取り組むことによって、授業で学んだ心理学の基礎知識を、自分の経験と照らし合わせることによって、自分にとって意味のある知識として再構造化していることが最終レポートで確認されている。「自分は今何をすべきか、何ができるか」と将来に向けて真摯に自分に向き合っているひたむきな姿が綴られていた。
　この学生AとBのレポートは、青年期におけるアイデンティティの発達をダイレクトに取り上げたものだったが、その他にもレポートのテーマとしては、「乳幼児期の愛着の問題」や「新生児微笑から遺伝と環境を考える」というものなど、受講生の関心は多岐にわたっていた。その様々な関心を自分のレポートのテーマとして育て、人が人として発達していくことのメカニズムを、授業での学びと関連づけ、自分のことばで表現していた。

したがって、ディシプリンの学習経験を通じて学生が自分の関心と向き合い、それをレポートとして表現していくことは、「何のために学ぶのか」という自分のアイデンティティの模索と重ねられるような構造を持つという、広い意味でのキャリア教育でもあるとも言えるだろうし、また、院生Cのように創造的な学習や研究へと発展させていくというアカデミックな場として大学を考えることにもつながっていくものであり、「大学での学び」の真の意味を捉えていくことにおいて、生涯発達心理学の授業は専門教養科目としての役割を担っていたと言えるのではないか。すなわち、発達心理学というディシプリンに基づき、書くプロセスを支援することは、学生のメタ認知的気づきを促し、思考の発展やアイデンティティの模索へとつながっていったことから、授業での学びを深め、教養形成の機能を持たせる専門教養科目として、ある程度の成果を示すことができたと思われる。

しかし、院生Cのように、カリキュラムを越えて科目間に有機的なつながりを見出していくことは決して簡単なことではない。あるいは、理想的なカリキュラムを組んでも、それを構成する個々の授業の中身が理念を反映するものとなっているかどうかは曖昧になっていることも多いのではないだろうか。

終章の10章では、学士課程カリキュラムにおいて、学びを転移させる「書く力考える力を育む教育」の可能性とその組織的な体制づくりについて考察する。

第10章
「転移」につながる文章表現教育
——深い学びを目指して

　本書では、「大学における書く力考える力とは何か」「いかに育むか」という問いを発し、理論編での考察を経て、「高次の転移を促すメタ認知的気づきのある学習環境モデル」を導き出した。次に、実践編では、そのモデルを自らの授業実践として記述することによって具現化した。それは学士課程の学生を対象とする授業のデザインであった。

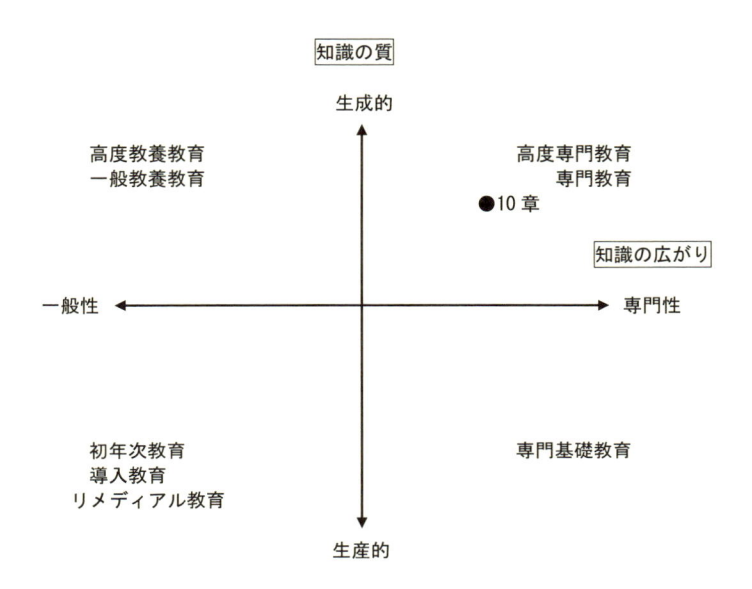

```
                    知識の質
                      ↑
                     生成的

  高度教養教育              高度専門教育
  一般教養教育              専門教育
                          ●10章
                                    知識の広がり
  ←─────────────┼─────────────→
  一般性                           専門性

  初年次教育                専門基礎教育
  導入教育
  リメディアル教育
                     生産的
                      ↓
```

図 10-0　学士課程カリキュラムにおける第 10 章の位置

終章では、書く力考える力を育む学士課程教育に向けて、視線を少しだけ前に進めてみたい。学士課程の学生から現職を持つ社会人大学院生へ。現職を持つ社会人が抱える問題を考えることは、学士課程での教育を発展的に捉えていく上でも重要である。「基礎的な知識」を「意味ある知識」へと、「深い学び」へと、いかに転移させていくことができるか。現実の問題に転移できるのか。そうした転移を促す授業はどのような学習環境において効果を発揮することができるのか。授業から学士課程カリキュラムに視線を進め、組織的取組みとしては今後どのような支援の方向が考えられるか、ささやかな私見を述べて結びとしたい。

1. 現職を持つ社会人の教育——多様な学生のニーズから授業を「創発」する

筆者はこれまで学士課程の学生を対象とする授業のほかに、現職を持つ社会人の教育に携わってきた。看護師、教員、大学職員など、現職を持つ社会人や社会人大学院生にとっての研究論文のあり方、文章の問題を考える機会に恵まれた。こうした経験は筆者の文章表現教育に対する考え方や授業デザインに少なからず影響を与えている。ここでは、その経験から現職を持つ社会人学習者にとっての「書くこと」の意味を考察し、深い学びへと誘う授業のあり方について検討する。

1　現役看護師の看護研究研修を担当して

筆者は、看護記録の研究を通じて、臨床で働く現役看護師の研修に携わってきた。担当した研修は、看護における文章表現の基本を学ぶ「わかりやすい文章表現」と、看護研究論文の書き方を学ぶ「看護研究研修」である。研修を担当するに当たり、報告書・指導書・看護サマリーなど臨床での記録や、研究発表のための抄録と論文を大量に読んだ。記録は、病棟や個人名が特定されないよう、ところどころマジックで黒く塗りつぶされている。最初は医療用語も分からず、正直なところ、記録の山を前にどうしようかと途方に暮れたときもあった。しかし、読み進めるうちに問題も見えてきた。基本的な

書く力と考える力の問題である。医療チームのメンバーに情報を正確に伝えることは記録の基本的要素である。その上で、医療行為を受ける側の一般の人にもある程度分かるように書かなければ情報開示の流れの中で看護行為を的確に示していくことはできない。実際の記録を読んで、素人ながらそう感じた。看護の門外漢の筆者が指導できるところ、門外漢であるからこそ気づける問題もある。そうしたスタンスでこれまで研修を担当してきた。これまでの研修を通して、記録や研究論文には大きく3つの問題があると感じている。

　一つは文章そのもので、文章の構造や表現の問題である。記録には、事実関係や看護師の判断を、明確に分かるように書かねばならない。それにはまず文章の構造や表現の基本をしっかりと習得させる必要があった。看護師らの産出する文章は様々な問題を抱えていたが、これは練習問題をおこなうことによって解決できる問題だった。研修では実例をもとに手作りした教材を徹底しておこなった。実例がたたき台となっているから説得力があり効果的だった。

　二つめは看護師の分析力の問題だった。看護過程や患者の全体像を的確に把握し、記録の用途を理解した上で、表現を吟味できなければ、適切な記録は書けない。記録様式に情報を当てはめていくことでは解決できない問題だった。看護研究論文においても同様の問題があった。論文形式はAPA style（American Psychological Associationの投稿様式）に準じているのだが、形式を提示しただけではたとえ1ページの抄録であっても書けるようにはならない。具体的な記録や論文に当たり、なぜそう書くのか、何が問題なのか、分析する力や考える力を身につけなば書けるようにはならない。形式を教えるだけは、学習者にとって役立つ知識とはならないということが確認された。

　三つめは看護研究をおこなうことが、あるいはその成果が、実際の臨床での仕事の場で活用できるものとなっているかどうかという問題である。看護師の関心は論文としての体裁を整えることに注意が向けられていた。日常の実践での問題意識を研究論文として昇華させていくということよりも、多忙な業務の中でいかに論文としての形を整えるかということに終始しているよ

うだった。これは看護師の研究能力の問題というよりは、むしろ現職を持つ人にとって研究論文はいかにあるべきかという問題を十分に検討してこなかったことに起因するのではないか。そうすると、研究者養成という文脈での指導とは異なる、現職を持つ社会人のための研究論文のあり方、現職に活きる研究とは何かという問題として今後検討されるべき重要な課題であるとも思われる。

看護研究の研修会は、何かを学んで持ち帰ろうという、看護師たちの気迫ある眼差しで、いつも熱気に溢れている。看護というフィールドに関わる機会を通して、看護師らと対峙することによって、書くことの指導は書き方を教えることには留まらないこと、実践での問題を分析する力が書く力につながる、仕事に活かせる力に転移するということをあらためて思い知らされた。

本書の第4章は、日本看護科学会誌に掲載された論文のデータを、本書を執筆するに当たり再分析し、大学教育研究に意味づけ考察したものである。今回、再分析してみて、あらためて「フィールドに身を置くこと」の重要性を認識した。研修会で「教える」という経験の積み重ねを通して、看護実践という文脈の中に看護師や看護学生の発話データを位置づけ、「メタ認知の段階的発達」を教育との関連において意味づけることができた。看護というフィールドは、筆者にとって理論の実践の可能性、あるいは現実に即した応用を検討する場、また、看護というフィールドを越えて大学教育にも通ずるものを発展的に検討する貴重な学びの場でもある。

2 現職を持つ社会人大学院生の授業を担当して

a. 京都大学大学院教育学研究科の授業

筆者は、「専修コース共通演習」という授業において「論文書き方講座（前・後期各2コマ分）」を担当している。オムニバス形式の授業では、この後に教育学研究科図書館スタッフによる「文献・資料検索・図書館マネジメント」、さらに教育学研究における重要なテーマ（教育政策など）についての講義が続く。

「専修コース」は教育学研究科の2つあるコースのうちの一つ（もう一つは「研究者養成コース」）で、主に修士号の取得を目指す社会人受け入れのために作られたコースである。「論文書き方講座」は、専修コース在籍院生の要望もあり、実践的な力量をつける試みの一つとして開講された。

これまでの受講生は、現役の教員や教育に関連する仕事に携わっている社会人に加え、学士課程から院に直接進学した者も含まれる。受講生に共通するテーマは当然のことながら「教育」であるが、専攻は異なる。そうすると、専攻によって論文作法に違いが出てくることは容易に予想できた。

そこで、授業を担当することが決まってからまずおこなったことは、教育学研究科の紀要を読むことだった。過去3年間の紀要を送ってもらい、一通り目を通した。京大の教育学研究科の紀要は1冊500ページに及ぶ。すべての論文を熟読したわけではないが、論文作法の違いに注目しながら紀要を読むことによって指導の方向性がおぼろげながら見えてきた。それは単純に一般化できるものではないということだった。

たとえば、引用の指導にしても次のような問題が想定された。分野や研究方法による引用の仕方の違いである。幼児の認知発達に関する実験的研究と、教育政策に関する国際比較研究とでは引用の仕方が異なる。前者の研究方法は心理学の量的研究に分類されるもので、先行研究の到達点や理論の概要を間接引用という形式でおこなう。これに対し、後者は比較教育学における研究であり、他者の論文を直接引用して、しかも長い引用という形式を取りながら、その他者の見解との対比において自分の考えを明らかにするという方法がとられる。研究の目的が異なれば、引用の仕方もそれに伴い異なってくる。形式を教えるだけではその知識は使えるようにはならない。

それでは、前・後期各2コマという短期間に論文作法の何をどう教えることができるのか。そこで、この授業で最も注意を払ったことは「俯瞰させる」ということだった。引用であれば、研究論文においてなぜ引用が重要なのか、なぜそのような引用の仕方をするのか、実例を踏まえながら考えさせる。全体的な視野に立ち、俯瞰的な視点を持たせることによって、引用の意味づけと位置づけをおこなう。そうすると引用の形式の違いを自分の研究において

活かすことができるようになる。引用に関する知識が自分にとって意味のある知識、活用できる知識となる。

さらに、「俯瞰する」ことは、現実の問題や実践上の問題を研究する重要な視点を提供する。理論や先行研究の到達点に立って研究をおこなう場合はすでに研究の方法論すなわち論文の書き方のタイプは定まっている（多くの場合は仮説検証型の論文となる）が、現実の問題を扱おうとする場合は何をどのような方法で研究するのか、理論と照らし合わせるというところから始めなければならない。そうすると、仮説探索型、仮説生成型の論文も視野に入れつつ、自分の問題意識を明確にし、どのような研究が可能か、どのような論文の書き方があるのかをまずは俯瞰的に捉えるということが必要となる。

俯瞰する力がつくと、発想が自由になる。現実の場面での問題意識を全体の中に位置づけることができるから、そこから研究の方向性を自分で自由に描くことができる。研究論文のタイプ、論文形式が見えてくる。教えられたままの論文の知識ではなく、問題意識に応じて知識を変容させていくことができるようになる。学習が転移する。

授業は講義だけでなく、練習問題に落とし込み、演習としておこなっている。要所で学生は自分の見解や経験を語り、的を射た質問をしてくる。学習への動機づけの高い学生たちに支えられ、しっかりと学生の問題意識を授業に反映させることができる。教えるべき内容は広く深く、授業者にとっての学びも大きい。

b. 桜美林大学大学院大学アドミニストレーション研究科の授業

大学アドミニストレーション研究科は、大学の行政・管理・運営に関わる幅広い専門的知識と能力を有する大学アドミニストレーター（大学経営の専門家）の養成を目的としている。通学課程と通信課程があり、受講生の多くが現役の大学職員である。

筆者はそこで「学生支援論」という授業を担当している。「学生支援論」は通信課程の科目であるが、スクーリングによる集中講義として対面授業の形態でおこなわれている。授業では、スクーリングに臨む事前課題としてレポー

トを課している。課題では「大学職員として学生を支援するとはどういうことか、学生を主体的に学ぶ対象としていかに支援すればよいか」について、自分のことばでこれまでの経験を表現し、かつそれに対する自分の考えを整理することを求めている。受講生の問題意識を明確にすることがこのレポートの目的である。

　この科目の理論的枠組みは、発達理論・学習理論など心理学の知見から大学生の実態を理解し分析することにあるが、授業のねらいは、受講生との議論を通して日常の問題を共有しつつ、これからの学生支援のあり方について俯瞰的に捉えるメタ認知能力、実践的展開力を養うことを目指している。大学アドミニストレーターの要件として、日常の経験を分析的に考える力、それを自分のことばで論理的に表現する力を重視しているとも言える。

　こうした授業における分析的論理的に表現する力の鍛錬は在学中の学習成果として論文という形に収斂されていくと考えられる。現職を持つ社会人大学院生にとっての研究論文や研究レポートのあり方は、これまでの研究者養成の論文のあり方との対比において、生涯学習の観点も加味しながら、今後、幅広く検討していくべき課題であると言えよう。

3　多様な学生のニーズから、授業を「創発」する

　幸運なことに、筆者はこれまで様々な授業を担当する機会に恵まれてきた。いままでの授業を振り返ってみると、筆者と学生たちとで授業を創ってきた、「創発」してきたという感覚を持っている。

　藤岡 (1998) によれば、「創発」の意味するところは、「意志」を持った者どうしの相互性の中から新たな「知」が生成することであるという。授業者の役割は、知の創出の場に立会い、知の創出のための「実行的状況」を顕現することにあるという。

　この知の創出の場ということは、言い換えれば、学習者にハッとするようなメタ認知的気づきがあって問題解決の構造が自ずと見えてきたというような状況ではないかと思われる。たとえば、看護師たちは研修を通して次のような感想を述べている。

「いままで研究論文は難しいものととらえていましたが、自分たちの問題意識から研究テーマを考えてもよいのだと知って、自分でもやれそう、書いてみようと踏み出せた感じがします」
　「看護研究は上から強制される"イヤなこと"から"少しおもしろい"という印象に変わりました」
　「論文とは何か？ということをこんなに詳しく学んだことはありません。いままでは文献を読み、それをみようみまねで書いていたように思います」

というように、自分たちの日常の看護行為を研究に位置づけるという俯瞰的な視点を学ぶことによって、すなわちメタ認知的気づきが喚起されたことによって、看護師たちは「論文を自らの意思で書く意味」「書くことのおもしろさ」を認識していったことが分かる。

　一方で、学士課程から院へと進学した京大の大学院生も次のような発見を綴っている。

　「論文とは新しいものを提示しなくてはならないものだと思っていたので、既知の理論であっても自分の理解で整理できたものであればそれもありなのだと知って驚きました」

こうした感想からも論文に対する認識が俯瞰的な視点を学ぶことによって変容していった、メタ認知的気づきによって「論文を書くことの意味」を自分自身に引きつけて再認識していったことが伺える。

　このように、学生たちはメタ認知的気づきを得ることによって、学習した内容を転移させるきっかけをつかんでいった。筆者はそうした「メタ認知的気づきを喚起する授業」としてデザインし、支援してきた。京大の院生の現役高校教師は筆者の授業のあり方に次のような感想を寄せている。

　「今回の授業は、新しい論文の書き方を学ぶ学生としてだけでなく、高校現場で授業を担当している者としても実に参考になりました。良い授業とは〔興味をひきつけ退屈させない手際の良い構成〕＋〔役立つ知識の伝授〕＋〔問題意識の提起〕の要素をうまくミックスしたものだと常々考えていましたので、（以下、省略）」

　筆者は、こうした熱意ある学生の多様なニーズによって支えられ、鍛えら

れてきたと感じている。筆者と学生たちとで授業を創ってきた、「創発」してきたという感覚は、学生たちの学習に対する高い動機づけから生まれたものである。研究を仕事に活かそう、あるいは仕事をしてきたことが研究に活きる、という仕事と研究の往復運動に、社会人学生たちの持つ「転移させていく力」を見出すことができる。「基礎的な知識」を「意味ある知識」へと、現実の問題を分析することによって「深い学び」へと、学習したことを力強く転移させていこうとする様相が確認できた。

次節では、学士課程に話を戻し、そうした「転移を促す授業」はどのような学習環境において効果を発揮することができるのかを考えてみたい。転移につながる文章表現教育をカリキュラムの問題としてどう捉えていったらよいか。また、それを組織的に取り組んでいくにはどのような方策が考えられるか。ささやかな私見を述べて結びとしたい。

2. 転移につながる文章表現カリキュラム──組織として取り組むには

1 Writing Across the Curriculum の本当の意味

本書では、初年次における文章表現科目がカリキュラムデザインとなっていないことが、今後発展していく上で最大の問題であると指摘してきた。すなわち、これまでの文章表現科目では基礎教育科目内で完結するコースデザインとして、汎用性が高く、即効性がある内容を提供してきた。その結果、何を目標に据えた基礎かという目標の不明瞭さ、接続の曖昧さが問題となってきた。このような状況を鑑みて、学士課程4年間を視野に入れ、初年次のスキル学習に留まらず、2年次や専門分野での学習へとつながる、転移を促すカリキュラムとして体系的に開発する必要があることを示唆してきた。

ここでは、それを具現化する一つの方策として "Writing Across the Curriculum (WAC)" について検討する。WACは、初年次から最終学年まで、また文章表現科目だけでなく、どの科目においてもライティングの指導を取り入れ、カリキュラム全体で学生の書く力の上達を支援しようとする動きで、

1980年代アメリカで始まった。大学生の読み書き能力の低下が問題視されると、Writing Across the Curriculum だけでなく、Critical Thinking Across the Curriculum など、知識習得のための学習をどの科目にも盛り込み、書く力や批判的思考力の形成を目指すようになった。

　このように WAC は、書くことによって学生が学習内容をよりよく理解することを目指して設計されたものである。たとえば、パデュ大学の HP には2つのコースが紹介されている。一つは、学習ツールとしてのライティング（Writing to Learn: WTL）であり、もう一つは専門分野のライティング（Writing in the Disciplines: WID）である。WID では APA（American Psychological Association）style や MLA（Modern Language Association）style を閲覧することによって論文の書き方の基本が分かるように設計されている（http://owl.english.purdue.edu/handouts/WAC/index.html）。

　しかし、まだ曖昧な点もあるように思われる。たとえば、WID では論文の形式が示されているだけで、学生がその形式に倣って、何をテーマとして書くか、どう書くかというところまで示されてはいない。WAC と WID のつながり、ライティングの指導と専門科目とのつながり、初心者にとってアカデミックライティングの指導がどうあるべきかなど、明確ではない。WAC のねらいは、単に文章の問題点の修正やレポートの書き方を教える読み書きクリニックに留まるものではないはずだし、また、どの科目でもライティングを取り入れるというレベルに留まるものでもないはずである。「科目間の有機的連関」や「学生にとっての書くことの意味」という点がそれぞれの科目間で配慮されてこそ、統合的に書く力や考える力を育むカリキュラムとなり得るのではないだろうか。

　本書では、その試みとして、初年次での「学び経験レポート」や、ディシプリンでの学びを深める「学び確認レポート」「学び深化レポート」を提案してきた。たとえば、筆者の担当する生涯発達心理学の授業において、学生らは、授業内容から発した問題意識に基づいて知識や経験を統合し、理論と照らし合わせ問題を検討することで、自分にとって意味のあるレポートを書くことができていた。このようにレポート作成指導を通してディシプリンでの

第10章 「転移」につながる文章表現教育　229

学びを深めていくこともできる。

　また、本書の第5章では、こうしたレポート指導を取り入れた専門基礎科目や専門教養科目がいくつかの教育区分にまたがる形で「連続」し、複雑に「重なり」あって、ディシプリンでの学習が体系化されていくカリキュラム、すなわち "Across the Curriculum" によって書く力考える力は次第に身についていくのではないかということを示唆してきた（図5-3）。そのカリキュラムデザインにおいて、一貫して「書くことの教育」に注目する "Writing Across the Curriculum" のねらいは、学士課程4年間の「まとまり」を形成する上で大きな役割を果たすことができるものと考えられる。学習者自身が自分の学びをことばとして表現することによってその学習経験が「学びの経験の履歴」（佐藤，1996）となるように、「学習者に与えられる学習経験の総体」（文部省，1975）としてカリキュラムをデザインする必要がある。

　では、そうしたカリキュラムの編成や、科目間の連携を、学士課程教育として具体的にどう実現していくのか。また、本当の意味でWACを推進していくためには教員間の理解と協力が必要となる。すなわちFDの一環としても大きな課題となる。次節では、組織的取組としてライティングセンターをどう位置づけていくのか、FDも視野に入れて考えていく。

2　ライティングセンターの位置づけ

　アメリカの主要大学はライティングセンターを併設しており、組織的に読み書きクリニックがおこなわれている。それを受けて、日本においてもライティングセンターの設置が検討され始めた。

　たとえば、東京大学教養学部では「ライティングセンター・プログラム」を開発した。2005年4月にスタートした教養教育開発機構が、最も重点を置く活動は教育プログラムの開発で、その一環としておこなわれている。「書く技能の養成を通して、物事を分析的に理解し、論理的に思考して表現する能力を身につけさせるプログラム」だという。このプログラムの特徴は、英語をツールとして、書く技能を養うことをねらいとしていることである。英語をツールとする理由を、山本・兵頭（2005）は、「ライティングによって論

理的思考力が養われるだけでなく、英語も同時に学べて一石二鳥の効果が期待できる」ことや、「大学において国語の授業として読み書きを教えるのは違和感がある」からだとしている。

　また、早稲田大学国際教養学部でも2004年にライティングセンターを立ち上げた。2004年度は英語部門のみ、2005年度より日本語部門も併設された。大学院生チューターとの会話を通して学生が自分から問題点に気づいていけるよう、個別による指導が予約制によって運営されている。今後は「書くことに関連した正課科目とセンターの指導を連携していくこと」や、「優秀なチューターを確保していくこと」が重要な課題となるという(佐渡島, 2005)。

　龍谷大学では、2007年度からライティングセンターをスタートさせている。学生の論理的思考力、コミュニケーション力を高めることを目的とし、学習・教育支援の役割を担っているという。大学院生がチューターとして個人指導に当たっており、卒業論文やゼミ報告、レポートの書き方などのアドバイスがおこなわれている。今後の課題として、集団での指導、チューターの育成、スーパーバイザーの設置、基礎ゼミとの連動・連携などが検討されている(長上, 2007)。

　これらのライティングセンター設立の動きに共通することは、教育のねらいを、学習技術の習得と、論理的思考の育成としていることである。本書の第2章でも、これまでの文章表現に関する様々な取組例を分析することによって、共通のねらいが「考える力の育成」にあることを指摘してきた。一方で、取組みのねらいには相違点があることも分かった。本書では、文章表現教育の基本3要素として「学習技術・ディシプリン・教養」を導き出し、基本3要素の組合せの違いによって4つの指導パターン「学習技術型、専門基礎型、専門教養型、表現教養型」があることを示した（図2-2を参照）。そうした観点から、前述のライティングセンターにおける取組みを分析すると、一般的なレポートの書き方指導は学習技術型に、ゼミでの論文指導は専門基礎型に分類されることとなる。

　もし、ライティングセンターが学習技術と専門基礎に関する指導を中心として運営されるならば、センターの学内での位置づけは読み書きの技術的訓

練をおこなうクリニックということになる。そうすると、訓練の範囲は、文法や表現上の問題のチェック、レポートの形式的知識の伝授、特定分野の論文形式の講習など対処療法的指導になるのではないか。しかし、徹底して効率的効果的に技術的訓練をおこなうというのであるならば、それに徹するという位置づけもあり得る。特に、英語でも日本語でも外国語教育としてのアカデミックライティングの指導がおこなわれる場合は、形式的知識の伝授や技術的訓練が重要となる。

　こうしたアカデミックライティングの指導のあり方については、留学生のための日本語教育の領域でも、大学・大学院における初学者のための学習技術の一つとして、テキストの開発や協同学習の効果、専門分野の教員とのチームティーチングなど、教授法を中心として専門日本語教育の支援のあり方が検討されている（二通, 2004；門倉, 2005；大島, 2006, 2008 など）。

　一方、アカデミックライティングに対し、「教養」の要素を重視した組織的取組みもある。たとえば、京都精華大学教育推進センター日本語リテラシー教育部門における取組み「考えるための日本語リテラシー教育――初年次に構築する「自立した学習者」への足がかり」が挙げられる（西, 2007）。2006年度に GP を獲得している。人文学部の初年次プログラムと位置づけ、リメディアルでもなければ、技法科目でもないことが強調されている。課題文を読ませて自分の考えを書かせ、それを添削するという個別指導を特徴としており、教員やチューターとの対話的関係を大切にしている。さらに、他者と社会への関心を自己の成長へとつなげていく、自己の捉え返しを重視しており、「教養」の要素に力点が置かれていることが分かる。深い内容が説得力を持って綴られており、この深い内容を展開していくには、教材の充実とチューターの力量形成が必須であると思われた。

　こうして、いくつかの組織的取組みの例を見ていくと、ライティングセンターがどのような役割を担っていくかは、大学のミッションや組織における位置づけによって異なってくることが分かる。まずは、それぞれの大学の実状に合わせ、センター設置の理念を確認し、運営体制を整備していく必要が

ある。

そこで、「大学での書くことの教育」を組織的取組として実施する場合を想定し、5W1Hで整理する。「どこで、だれが、だれに、いつ、何をどこまで、どのように教えるか」の6つの視点である。

1. Where どこが担当するのか。
    ① ライティングセンター独立型・学習支援センター付属部門型・大学教育センター付属部門型
    ② 全学的取組，研究科・学部・学科単位での取組
2. Who 誰が教えるのか。
    ① ことばの教育を専門とする教員で構成する。
    ② ことばの教育を専門とする教員だけでなく、多様な専門性を持つ教員団で構成する。
    ③ 優秀なチューターを確保する。チューターは質の高い個別指導を提供する必須条件となる。
3. Whom 誰に教えるのか。
    対象とする大学のタイプや学生の属性を明確にしておくことが必要となる。
    ① 大学のタイプ：研究中心大学・教養中心大学・専門職養成大学 ／ 4年制大学・短期大学
    ② 専攻：文系・理系・複合系 ／ リベラルアーツ型・プロフェッショナルアーツ型
    ③ 学力
4. When どの時期に照準を合わせて教えるのか。
    ① 課程：学士課程中心・修士課程中心・併合型
    ② 学年：初年次中心・卒論修論作成時中心・課程全般
5. What 何をどこまで教えるのか。
    ① 表10-1は文章表現に関連した学習技術習得のための指導内容を分類して示したものである。

a.〔学習技術〕の習得を重視する指導、
b.〔ディシプリン〕に則った学習技術の習得を重視する指導、
c.〔教養〕を組み入れた学習技術の習得を重視する指導、
という3つの基本要素に基づく指導内容（**表10-1**）を参照しつつ、学習者の属性や教育目的に合わせて組み合わせ、再構成する。
② どの学習時期に照準を当てるかで、指導内容の組み合わせだけでなく、その割合や難易度など、微妙な調整も必要となる。

6. How どのように教えるのか。
① 個人指導・集団指導（授業型）・併用型
② 正課科目・正課外活動・併用型
③ 読み書きクリニック・専門教育との連携連動

表10-1 文章表現に関連した学習技術習得のための指導内容

a.〔学習技術〕の習得を重視する指導 　　　文章の書き方、レポートの書き方、論文の書き方、文書の書き方 　　　学習方法、研究方法、情報の整理や伝達、文献資料の検索、 　　　論理的思考や批判的思考の方法や訓練
b.〔ディシプリン〕に則った学習技術の習得を重視する指導 　　　学問分野のマナーにしたがった書き方・研究方法・思考方法
c.〔教養〕を組み入れた学習技術の習得を重視する指導 　　　心に伝わる文章の書き方、自分を見つめる文章の書き方

以上、「大学における書くことの教育」を組織的取組として運営する上での視点を整理してきた。これらの視点をもとに、ライティングセンターを学内にどう位置づけていくか、今後の課題を、ディシプリン・教養・学士課程カリキュラムの3点に焦点を当ててまとめた。

1. ディシプリンとライティングセンター

まずは、学士課程教育において、初年次で専攻も定かでない、あるいは専攻の学習も十分でない学生が、学習技術としてレポートや論文の形式を学ぶことがどの程度の意味を持つのかを分析的に検討していく必要があるだろう。学士課程のどの段階でどのような学習技術をどこまで教えていくのか。汎用性と専門性をどう捉えるか。そこにライティングセンターはどう関わっ

ていくのか。ライティングセンターの専任教員がどのようなディシプリンを背景に持つかで、内容も変化する。アカデミックライティングがディシプリンに則った学術的な論文形式を指しているのだとすれば、ディシプリンの固有性を踏まえた上で、ディシプリン間で共有される基本的要素とは何か、また、その固有性を大学のミッションや学習者のレベルに応じてどう捉え、どう教えていくかが課題となってくるだろう。したがって、アカデミックライティングの指導のあり方は、研究中心大学と教養中心大学の違いや、研究者のディシプリンや教育経験によって異なってくるのは必然的であり、ライティングセンターの設置に何を期待するのか、十分なコンセンサスが必要であろうし、開設後も学内での啓蒙的な活動が必要とされるだろう。

2. 教養とライティングセンター

　ライティングセンターへの学内からの最大の期待は学習技術の習得にあると思われるが、学習技術の訓練のほかに、学士課程における幅広い学びを保証していくことも考慮に入れれば、学生が自分と向き合う「教養」の要素をライティングセンターの活動に取り込んでいくことも必要だと思われる。ただし、作文や感想文レベルではなく、何をどう書かせるか、ディシプリンでの学習経験を通じて「深い学び」へと転移させていくような工夫が必要とされる。そうであれば、当然、専門教育との連携も視野に入ってくる。

3. 学士課程カリキュラムとライティングセンター

　ライティングの指導は手間も暇もかかる仕事である。だから、外に出してしまうというアウトソーシング的な発想でライティングセンターを位置づけてしまうのであれば、そこで指導の対象とされる能力はかなり単純化・画一化されたものとなるであろうし、基礎教育と専門教育の分断から抜け出ることはできない。これまでの初年次教育における多くの文章表現科目がそうであるように、基礎教育科目内で完結するプログラムとして位置づけたままであれば、2年次以降へのスムーズな移行や、専門教育との有機的な連関を持つことが難しくなる。そうすると、学士課程カリキュラムとしての体系的で幅の広い指導は期待できなくなる。

3 ライティングセンターとFD

では、どうすればよいのか。ことばの教育を専門とする教員だけでなく、様々な専門分野の教員が協同で組織することによって専門教育との連携、幅広い学びが期待できるのではないか。中核となる体系的なプログラムをデザインできる専任教員がいて、そこへ学内の様々なディシプリンを背景とする教員が参加することによって、基礎的な学習技術と専門教育を連動させていくことができるのではないか。ことばの学習はすべての学習の根幹となるものであるから、一貫してことばの学習に注目する文章表現カリキュラムとして、ライティングセンターの指導内容と専門教育とが連携していく仕組みが整えば、学士課程4年間の「まとまり」を形作る上で大きな役割を果たすことができるものと考えられる。

具体的には教員間の連携すなわちFD（Faculty Development：教授団の資質開発）が要となる。どの授業においても何らかの形で必ず「書くこと」を課しているわけであるから、そのことに教員がどのように取り組んでいるか、教員間で相互に学びあうことは大学の教育力の向上にもつながる。基礎教育を担当する教員も専門教育への理解を深め、専門教育を担当する教員も基礎的な学習技術の要素を授業に盛り込んでいけるよう、相互に学びあうことによって、「有機的連携」は画餅ではなく、現実のものとなっていくのではないかと思われる。

このようにFDという観点から考えていくと、ライティングセンターは独立型で運営するよりも、むしろ学習支援センターや大学教育センターなどの付属部門として運営したほうがより機能的で、学生に広く深い学びを提供することができるのではないかと思う。独立センター型にすると、活動の範囲は読み書きクリニックに留まる可能性が高く、従来の基礎と専門の分断という枠から抜け出せずに孤立してしまうのではないか。一方、付属部門型であれば、教員間の相互研修という場を提供することができ、そのことによってライティング部門専属教員の力量形成だけでなく、学内の教員の教育力向上にも寄与し、さらには教員間のヨコのつながりやネットワークの形成へと発展していく可能性も想定され、学士課程教育としてのまとまりにも貢献でき

るという点で、その機能をより効果的に発揮できるのではないかと思われる。

4　研究と実践の往復——深い学びを目指して

　大学での文章表現教育という視座を構築し、そこから眺めると、現在の大学が抱えている問題、多様な学生の姿が透けて見えてくる。「よりよく教えるとは」「大学における書く力考える力をいかに育むか」という素朴な問いを持ち、現実の問題に直面すると、文章表現教育という枠だけでは考えきれないこと、従来の心理学研究の枠では扱いきれない課題があることに気づかされる。

　これまでも実践は理論によって意味づけされ、理論は優れた実践によって精緻化されてきた。一方で、理論によって意味づけされるのではなく、理論によって実践が呪縛されてきたという考え方もあろう。また、何を優れた実践とするかは、人間観、教育観、研究観によっても異なってくるとも考えられる。こうした研究者としての研究観の問い直しは、メタ認知的な視点からも必要とされている (丸野, 1998)。とすれば、実践においても、研究においても、自分の立ち位置、自分の信ずるところはかなり限定的なものであると自覚することも必要になってくるだろう。

　そう考えていくと、よりよく教えること、よりよく学ぶということは実に深く難しい。難しいことではあるけれども、研究と実践を往復することで、少しずつ進めていけると希望は持っていたい。より広い視野から大学が抱える問題を捉え、より深く人間の生きる姿を理解する。そうした深い学びを目指し、教え手の地道な試行錯誤の中で、学生の「書く力考える力」は磨かれていく。

引用文献（ＡＢＣ順）

秋田喜代美（1991）「メタ認知」『児童心理学の進歩』30，金子書房，75-100．

天野郁夫（2007）「いま，求められる高等教育研究とは」日本高等教育学会第10回大会公開シンポジウム，配布資料．

渥美加寿子（1996）「なぜ"書く"能力が求められるのか」『看護技術』42.8，778-781．

渥美加寿子（1997）「看護の質向上の視点からの看護記録の取り組み」『臨床看護』23(9)，1340-1349．

安西祐一郎・内田伸子（1981）「子どもはいかに作文を書くのか？」『教育心理学研究』29，323-332．

安西祐一郎（1985）『問題解決の心理学―人間の時代への発想―』中公新書．

安西祐一郎（2002）慶應義塾大学教養研究センター開所記念シンポジウム「教養教育をめぐって」慶應義塾大学教養研究センター，7-19．

荒井克弘（1996）「大学のリメディアル教育」『高等教育研究叢書』42，広島大学大学教育研究センター．

Baugh, N.G. & Mellot, K.G. (1998): Clinical concept mapping as preparation for student nurses' clinical experiences, Journal of nursing education, 37 (6), 253-256.

Benner, P (1984) From Novice to Expert: Excellence and Power in Clinical Nursing Practice/ 井部俊子他訳（1992）：『ベナー看護論―達人ナースの卓越性とパワー』医学書院．

Bereiter, C. & Scardamalia, M. (1987) The psychology of written composition. Hillsdale, N.J.: Lawrence Erlbaum Associates.

Brown, A.L (1978) Knowing when, where, and how to remember: A problem of metacognition/ 湯川良三，石田裕久訳（1984）：『メタ認知』サイエンス社．

Bransford, J.D. (2000) How People Learn—Brain, Mind, Experience, and School—, National Research Council./ 森敏昭・秋田喜代美監訳（2002）『授業を変える―認知心理学のさらなる挑戦―』北大路書房．

Bruer, J.T. (1997) Schools for thought: a science of learning in the classroom, Massachusetts Institute of Technology./ 松田文子・森敏昭監訳（1997）『授業が変わる―認知心理学と教育実践が手を結ぶとき―』北大路書房．

Bruner, J.S. (1961) The process of education, Harvard University Press.

Dreyfus, S.E.& Dreyfus, H.L. (1980) A five-stage model of the mental activities involved in directed skill acquisition. Unpublished report, University of California.

Flavel, J.H (1979) Metacognition and cognitive monitoring; A new area of cognitive developmental inquiry, American Psychologist, 34, 906-911.

Flower, L., Hays, J.R., Cray, L., Schriver, K., & Stratman, J. (1986) Detection, diagnosis, and the strategies of revision. College Composition and Communication, 37, 16-55.
藤村龍子(1997)「看護の質保証からみた看護記録―書く側の力量をめぐって」『臨床看護』23(9), 1299-1305.
藤村龍子・金井 Pak 雅子・小山眞理子他 (1997)「教育方法の新たな試み」『日本看護学教育学会誌』7(3), 72-91.
藤岡完治(1998)「授業をデザインする」浅田匡・生田考至・藤岡完治編 (1998)『成長する教師―教師学への誘い』金子書房.
藤田哲也編著 (2006)『大学基礎講座 改増版』北大路書房.
学習技術研究会 (2002)『知のステップ』くろしお出版.
後藤昌彦(2007)「全学生参加型の一年次教育の実践―「一年次セミナー」の組織的展開」『特色ある大学教育支援プログラム事例集』55-62.
濱名篤(2004)「初年次教育とリメディアル教育」大学教育学会25年史編纂委員会 『あたらしい教養教育をめざして』東信堂.
濱名篤・川嶋太津夫編著 (2006)『初年次教育 歴史・理論・実践と世界の動向』丸善.
長谷川健治・伊藤紘二 (2007)「手書きを配信するネットワークを用いてレポートの共同作成と公開それに基づく公開討論を行う多人数授業の試み」『第13回大学教育研究フォーラム』126-127.
Hartley, D. & Aukamp, V. (1994): Critical thinking ability of nurse educators and nursing students, Journal of nursing education, 33 (1), 34-35.
畑山浩昭 (2008)「基盤教育の理念と政策」『OBIRINER』18, 14-19.
Hayes, J.R., & Flower,L. (1980) Identifying the organization of writing process. In L.W. Gregg & E.R. Steinberg (Eds.) Cognitive process in writing. Hilldale, N.J.: Lawrence Erlbaum Associates.
林創・水間玲子他 (2007)「心理学者、大学教育への挑戦7―グループ活動を含む初年次教育の実践―」『第13回大学教育研究フォーラム』136-137.
林茂 (1986)「チーム医療における情報交換のための記録とその表現方法」『看護技術』32(6), 64-67.
日野原重明 (1973)『POS―医療と医学教育の革新のための新しいシステム』医学書院.
平野信喜 (2006)「セルフスタディ授業での授業形式Ⅱ―専門基礎講義式授業における学生による筆記試験問題作成の授業紹介―」『第12回大学教育研究フォーラム』46-47.
平山満義編 (1997)『質的研究法による授業研究―教育学／教育工学／心理学からのアプローチ』北大路書房.
堀地武 (1982)「大学教育における論述作文, 読書及び対話・討議に関する意味づけと方策」『一般教育学会誌』4(1), 2-7.

市川伸一編 (1993)『学習を支える認知カウンセリング―心理学と教育の新たな接点』ブレーン出版.
市川伸一編 (1995)『現代心理学入門3 学習と教育の心理学』岩波書店.
市川伸一編 (1996)『認知心理学4 思考』東京大学出版会.
市川伸一編 (1998)『認知カウンセリングから見た学習方法の相談と指導』ブレーン出版.
井下千以子 (2000)「看護記録の認知に関する発話分析―「看護記録の教育」に向けた内容の検討」『日本看護科学会誌』20(3), 80-91.
井下千以子 (2001)「高等教育における文章表現教育プログラムの開発―メタ認知を促す授業実践―」『大学教学会誌』23(2), 46-53.
井下千以子 (2002a)『高等教育における文章表現教育に関する研究―大学教養教育と看護基礎教育に向けて―』風間書房.
井下千以子 (2002b)「考えるプロセスを支援する文章表現指導法の提案」『大学教育学会誌』24(2), 76-84.
井下千以子 (2003a)「心理学の授業における表現指導に関する検討―授業評価をもとに―」『日本心理学会第67回大会発表論文集』1225.
井下千以子 (2003b)「文章表現活動を取り入れた大学の授業に関する研究(2)―授業での学びを深めるポートフォリオのデザイン―」『大学教育学会第25回大会発表論文集』98-99.
井下千以子 (2003c)「大学での学びを支援する表現指導を目指して―議論すること・書くことの指導を通して」『京都大学高等教育叢書』17, 38-74.
井下千以子 (2003d)「学習方法としての議論に関する一考察―大学での学びを考える授業実践から―」『日本認知科学学会第20回大会論文集』370-371.
井下千以子・井下理・柴原宣幸・中村真澄・山下香枝子 (2004)『思考を育てる看護記録教育―グループ・インタビューの分析をもとに―』日本看護協会出版会.
井下千以子 (2005)「学士課程教育における日本語表現教育の意味と位置―知識の構造化を支援するカリキュラム開発に向けて」『大学教育学会誌』27(2), 97-106.
井下千以子 (2006)「"Writing Across the Curriculum"の提案―自己の相対化を目指した教養科目心理学の授業デザイン―」『大学教育学会第28回大会発表論文集』140-141.
井下千以子・松久保暁子 (2008)「桜美林大学基盤教育院における"学びのコミュニティ作り"―「大学での学びと経験」と「ブリッジスクール」―」大学教育学会第30回大会論文集 90-91.
井下理 (2000)「調査的面接法の実習：グループインタビュー1」保坂亨・中澤潤・大野木裕明編著『心理学マニュアル 面接法』北大路書房.
岩井邦子 (1996)「看護記録の現状と課題」『看護学雑誌』60(5), 402-407.

岩井洋 (2007)「初年次教育の総合化と学士課程教育への展開」『特色ある大学教育支援プログラム事例集』71-78.
岩崎紀子 (2006)「学生の学習観の変容を生み出した講義改革を検証する―授業における問いを問い直す」『第12回大学教育研究フォーラム』102-103.
岩下均 (2004)「日本語教育―大学教育の根幹として―」大学教育学会25年史編纂委員会『あたらしい教養教育をめざして』東信堂.
門倉正美・筒井洋一・三宅和子編 (2006)『アカデミック・ジャパニーズの挑戦』, ひつじ書房.
鹿毛雅治編 (2005)『教育心理学の新しいかたち』誠信書房.
金子元久 (2007)『大学の教育力―何を教え、学ぶか―』ちくま書房.
河口真奈美・中西睦子他 (1997)「看護実践を記述する用語と実態の分析」『神戸市看護大学紀要』1, 1-8.
川上章恵・増子ひさ江 (1997)「看護記録でめざすべきもの―看護記録の歴史的背景から」『看護の科学』2, 18-20.
海保博之・原田悦子 (1993)『プロトコル分析入門』新曜社.
木下是雄 (1981)『理科系の作文技術』中公新書.
木下是雄 (1990)『レポートの組み立て方』ちくまライブラリー.
木村紀美他(1999)『論理的思考力育成をめざした看護教育(1), 日本看護学教育学会誌』9(1), 1-12.
絹川正吉 (1995)「カリキュラム開発の視点」『大学時報』44号 (3月号).
絹川正吉 (2001)「教養教育の評価：第三者評価機関と私立大学の立場」『大学教育学会誌』23(2), 93-97.
絹川正吉編 (2002)『ICU〈リベラル・アーツ〉のすべて』東信堂.
絹川正吉 (2006)『大学教育の思想―学士課程教育のデザイン―』東信堂.
北神慎司・林創 (2005)「高水準リテラシー教育を実践する上でのメタ認知の重要性」溝上・藤田編『心理学者、大学教育への挑戦』ナカニシヤ出版.
小林信一 (2006)「学部教育とディシプリン」IDE 12月号, 17-21.
向後千春 (1999)「表現科目授業実践の共有化と流通を教育工学から考える」『大学教育学会誌』21(1), 87-90.
向後千春 (2002)「言語表現科目の9年間の実践とその設計」『大学教育学会誌』24(2), 98-103.
高等学校学習指導要領 (1999) 平成11年3月, 大蔵省印刷局.
楠見孝 (1996)「帰納的推論と批判的思考」市川伸一編『認知心理学4 思考』東京大学出版会.
楠見孝 (2007)「批判的思考と高次リテラシー」『第13回大学教育研究フォーラム』29.
桑野タイ子 (1996)「読み手の視点で看護記録をみる」『看護実践の科学』21(6),

18-26.

丸野俊一 (1998)「研究観を問い直す　科学の知と実践知の統合へ」佐伯胖『心理学と教育実践の間で』東京大学出版会.

松下佳代 (2003)「大学カリキュラム論」京都大学高等教育開発推進センター編『大学教育学』培風館.

Maynard, C.A. (1996) Relationship of critical thinking ability to professional nursing competence, Journal of nursing education, 35 (1), 12-17.

Milner, E.M. & Collins, M.B. (1992) A tool to improve systematic client assessment in undergraduate nursing education, Journal of nursing education, 31(4), 186-187.

道田泰司 (2001)「日常的題材に対する大学生の批判的思考—態度と能力の学年差と専攻差—」『教育心理学研究』49(1), 41-49.

溝上慎一 (2003)「学び支援プロジェクト（学び探求編）の実施—理論的背景・授業デザイン・授業ツール・成果—」『京都大学高等教育叢書』17, 1-18.

溝上慎一編 (2004)『学生の学びを支援する大学教育』東信堂.

溝上慎一 (2005)「ポジショニング技法による教授法—学生の知識構成を促す—」溝上慎一・藤田哲也編『心理学者、大学教育への挑戦』ナカニシヤ出版.

溝上慎一・藤田哲也編 (2005)『心理学者、大学教育への挑戦』ナカニシヤ出版.

村瀬晃 (2005)「授業科目心理学の課題をとおしてのサイコジュケーション」『慶應義塾大学学生相談室紀要』34, 12-16.

文部科学省　中央教育審議会大学分科会　制度・教育部会　学士課程教育の在り方に関する小委員会 (2007)『学士課程教育の再構築に向けて（審議経過報告）』http://www.mext.go.jp/b_menu/shingi/chukyo/chukyo4/071017/001.pdf （2007/11検索）

文部省大臣官房調査統計課編 (1975)『カリキュラム開発の課題—カリキュラム開発に関する国際セミナー報告書』大蔵省印刷局.

名古屋大学高等教育研究センター (2006)『名古屋大学新入生のためのスタディティップス②—自発的に学ぼう—』

中村博幸・成田英夫 (2006)「大学における日本語表現講座の深化にむけて—知の外化と理解の深化を促すスキルとしての文章表現—」『大学教育学会大会論集』48-49.

中村和夫 (1998)『ヴィゴツキーの発達論』東京大学出版会.

西垣順子 (2005)「高水準リテラシー教育を育む大学教育を研究する」溝上慎一・藤田哲也編『心理学者、大学教育への挑戦』ナカニシヤ出版.

西研 (2007)「考えるための日本語リテラシー教育—初年次に構築する自立した学習者への足がかり」『特色ある大学教育支援プログラム事例集』199-206.

二通信子他 (2004)「アカデミックライティングの課題」『日本語教育春季大会予稿集』291-293.

野口勝三 (2006)「私から社会へ―考えることへの導入教育 日本語リテラシーの実践報告」『第12回大学教育研究フォーラム』94-95.

野村廣之 (2007)「返却型ワーキングペーパーを用いた講義型授業方法」『第13回大学教育研究フォーラム』72-73.

桜美林大学「文章表現法」スタッフ (2007)『ことばで語れ、君を 手作りの授業 学生との日々』桜美林大学.

岡部恒治・西村和夫 (1999)『分数ができない大学生―21世紀の日本が危ない』東洋経済新報社.

小田勝己 (1999)『ポートフォリオ学習と評価』学事出版.

織田揮準 (2002)「授業改善ツールとしての大福帳の意義―大福帳の効果―」京都大学高等教育教授システム開発センター主催第1回大学教育研究集会基調講演資料.

長上深雪 (2007)「学生の力を引き出し、伸ばす学習・教育支援―龍谷大学ライティングセンターの取組」『大学と情報』Vol.15, NO.4（通巻117号）.

大島純・野嶋久雄・波多野誼余夫 (2006)『教授・学習過程論 学習科学の展開』放送大学教育振興会.

大島弥生 (2005)「大学初年次の言語表現科目における協働の可能性―チーム・ティーチングとピア・レスポンスを取り入れたコースの試み―」『大学教育学会誌』27 (1), 158-165.

大島弥生 (2006)「大学での学習を支える日本語表現能力育成カリキュラムの開発：統合・協働的アプローチ」平成15～17年度科学研究費補助金研究成果報告書.

大島弥生・二通信子・因京子・山本富美子・佐藤勢紀子 (2008)「大学・大学院の学術コミュニティの新規参入者に対する日本語表現能力育成の可能性―専門日本語教育分野の蓄積からの支援を考える」『第30回大学教育学会大会発表要旨集録』46-47.

三宮真智子 (1996)「思考におけるメタ認知と注意」市川伸一編『認知心理学4 思考』東京大学出版会, 157-180.

佐渡島沙織 (2005)「大学での「書くこと」の支援―早稲田大学国際教養学部におけるライティング・センターの発足―」『全国大学国語科教育研究 第109回岐阜大会研究発表要旨集』193-196.

佐伯胖・宮崎清孝・佐藤学・石黒広昭 (1998)『心理学と教育実践の間で』東京大学出版会.

佐藤公治 (1996)『認知心理学からみた読みの世界―対話と協同的学習をめざして』北大路書房.

佐藤学 (1996)『教育方法学』岩波書店.

佐藤郁哉 (2002)『フィールドワークの技法』新曜社.

佐藤勢紀子 (2004)「大学院留学生への専門分野に特化しない形での指導」二通信子他

「アカデミックライティングの課題」『日本語教育春季大会予稿集』291-293.
佐藤東洋士 (2008)「桜美林大学における学群制への移行―リベラルアーツ教育の再構築を中心として」『大学教育学会誌』30 (1), 9-13.
Scardamalia, M., Bereiter, C. & Steinbach, R. (1984) Teachability of reflective processes in written composition. Cognitive Science, 8, 173-190.
Scardamalia, M., Bereiter, C. & Steinbach, R. (1987) Knowledge telling and knowledge transforming in writing composition. In S.Rosenberg (Ed.) Advance in applied psycholinguistics (vol.2): Reading, writing, and language learning. Cambridge: Cambridge University press.
関田一彦・安永悟 (2003)「混用回避を意図した協同学習の定義に関する提案」『日本教育工学会研究報告集』3, 15-20.
柴田翔 (2005)「現代教養教育の原点と貢献―社会が求めるものと大学が提供すべきもの―」『大学教育学会誌』27, 2-16.
下山晴彦・子安増生編 (2002)『心理学の新しいかたち―方法への認識』誠信書房.
杉原真晃 (2004)「学生参加型授業における教授・学習過程に分析―学生のつまずき・葛藤に視点をあてて―」溝上慎一編『学生の学びを支援する大学教育』東信堂.
杉本卓 (1989)「文章を書く過程」鈴木宏昭・鈴木高士・村山功・杉本卓『教科理解の認知心理学』新曜社, 1-48.
鈴木宏昭他 (2007)「Blog を用いた協調学習におけるレポートライティングスキルの習得」『第13回大学教育研究フォーラム』100-101.
杉谷祐美子 (2005)「日本における学士学位プログラムの現況」日本高等教育学会編『高等教育研究 第8集 学士学位プログラム』29-52.
杉谷祐美子 (2006)「日本における初年次教育の動向―学部長調査から―」濱名篤・川嶋太津夫編著『初年次教育 歴史・理論・実践と世界の動向』丸善.
舘昭・山田礼子 (2004)「初年次支援プログラムの構築とフレッシュマン・セミナー」絹川正吉・舘昭『学士課程教育の改革』東信堂.
舘昭 (2006)『原点に立ち返っての大学改革』東信堂.
立花隆 (1990)「立花臨時講師が見た東大生」『文藝春秋』12月号.
田口真奈 (2002)「「考える」力の育成をめざした授業の構造」京都大学高等教育教授システム開発センター編『大学授業研究の構想 過去から未来へ』東信堂.
田島信元 (1993)「問題解決過程での他者の目の役割」『現代のエスプリ』特集：自己モニタリング, 79-91, 至文堂.
髙橋百合子・内田卿子他 (1984)「看護過程へのアプローチ アセスメント2」『情報と記録』学習研究社.
田中毎実 (1997)「公開授業はどのようにおこなわれたのか」京都大学高等教育開発推進センター編『開かれた大学授業をめざして 京都大学公開実験授業の一年間』

玉川大学出版部.

田中毎実 (2003)「大学授業論」京都大学高等教育開発推進センター編『大学教育学』培風館.

髙崎絹子 (1995)『看護援助の現象学』13-16, 医学書院.

竹内英人他 (2007)「インターネットを活用した小論文Eメール講座の試み」『第13回大学教育研究フォーラム』128-129.

寺﨑昌男 (2000)「学生諸君にレポートの書き方を教えて」『立教大学教職研究』11, 21-30.

寺﨑昌男 (2002)『大学教育の可能性 教養教育・評価・実践』東信堂.

寺﨑昌男 (2007)「積極的な国の取り組みが学士課程教育の道しるべに」Between 特別号, 4.

土持法一 (2007)『ティーチング・ポートフォリオ―授業改善の秘訣―』東信堂.

塚本真也 (2005)「日本語力徹底訓練による発想型技術者育成」『特色ある大学教育支援プログラム事例集』238-244.

筒井洋一・山岡萬謙 (1999)「研究交流部会討論報告」『大学教育学会誌』21(1), 91-93.

筒井洋一 (2005)『言語表現ことはじめ』ひつじ書房.

筒井洋一 (2005)「アカデミック・スキルズ教育とその将来―学びの意味を考える教育に向けて―」『大学教育学会誌』27(2), 60-62.

内田伸子 (1990)『子どもの文章―書くこと考えること―』東京大学出版会.

宇田光 (2005)『大学講義の改革 BRD（当日ブリーフレポート方式）の提案』北大路書房.

上野ひろ美 (2004)「現代課題に対応する導入科目群の展開―「考える力」「現す力」の育成をめざした教育者養成―」『特色ある大学教育支援プログラム事例集』128-132.

宇佐美寛 (1999)『大学の授業』東信堂.

Vanghn, S., Schumm. J.S. & Sinagub. J.M. (1996) Focus Group Interviews In education and pshycology /井下理・田部井潤・柴原宜幸他 (1999)『グループインタビューの技法』慶応義塾大学出版会.

Videbeck, S.L (1997). Critical thinking: A model, Journal of nursing education, 36 (1), 23-29.

Vygotsky, L.S. (1934) Thought and Language, 柴田義松訳 (1962)『思考と言語』明治図書.

山田礼子 (2006)『一年次（導入）教育の日米比較』東信堂.

山本泰・兵頭俊夫 (2005)「教養教育モデルの発信拠点を目指す―東京大学教養学部附属教養教育開発機構の挑戦―」BERD NO.2, 34-39.

山下香枝子 (2004)「看護記録教育の実際」井下千以子他『思考を育てる看護記録教育―グループ・インタビューの分析をもとに』日本看護協会出版会.

安永悟 (2005)「LTD話し合い学習法と不確定志向性」溝上・藤田 (2005)『心理学者、大学教育への挑戦』ナカニシヤ出版.

安永悟 (2006)「導入教育としての共通演習の成果について」『第12回大学教育研究フォーラム』96-97.
安岡高志他 (1991)「Minute Paper」『一般教育学会誌』13(1), 87.
吉田文 (2004)「アメリカのカリキュラム改革―日本への示唆」絹川正吉・舘昭『学士課程教育の改革』東信堂.
吉倉紳一 (1997)「大学生に日本語を教える」『言語』26, 3, 18-26.
吉崎静夫 (1991)『教師の意思決定と授業研究』ぎょうせい.
吉崎静夫 (1993)「教授・学習過程でのモニタリングシステム」『現代のエスプリ』特集：自己モニタリング, 92-104, 至文堂.
吉崎静夫 (1997)『デザイナーとしての教師 アクターとしての教師』金子書房.

【初出一覧】

本書の各章は、これまで発表してきた以下の論文に基づいている。また、本書に収録するに当たり、内容の加筆・修正を行った。

第1章　書く力考える力を育む学士課程教育のデザインに向けて
　井下千以子 (2008)「書く力考える力を育む学士課程教育のデザインに向けて　1. 大学での書く力考える力とは何か」『桜美林大学　大学教育研究所紀要』31-36.

◇　理　論　編　◇
第2章　文章表現に関連する教育と研究方法の問題
　井下千以子 (2008)「書く力考える力を育む学士課程教育のデザインに向けて　2. 大学の文章表現教育はどのように発展してきたか（発達の5段階）、3. 研究方法の問題」『桜美林大学　大学教育研究所紀要』36-54.

第3章　学士課程教育における文章表現教育の意味と位置──知識の構造化を支援するカリキュラム開発に向けて
　井下千以子 (2005)「学士課程教育における日本語表現教育の意味と位置──知識の構造化を支援するカリキュラム開発に向けて」『大学教育学会誌』27(2), 97-106.

第4章　基礎研究から教育のねらいを定める：メタ認知の発達と教育──看護記録に関するグループインタビューの分析から
　井下千以子 (2000)「看護記録の認知に関する発話分析──「看護記録の教育」に向けた内容の検討」『日本看護科学会誌』20(3), 80-91.

井下千以子・井下理・柴原宜幸・中村真澄・山下香枝子 (2004)『思考を育てる看護記録教育―グループインタビューの分析をもとに―』日本看護協会出版会.

第5章　学習環境をデザインする──高次の転移を促すメタ認知的気づきのある学習環境のデザイン
　井下千以子 (2001)「高等教育における文章表現教育プログラムの開発―メタ認知を促す授業実践―」『大学教育学会誌』23(2), 46-53.
　井下千以子 (2002a)『高等教育における文章表現教育に関する研究―大学教養教育と看護基礎教育に向けて―』風間書房.

◇　実　践　編　◇
第6章　考えるプロセスを支援する
　井下千以子 (2002b)「考えるプロセスを支援する文章表現指導法の提案」『大学教育学会誌』24(2), 76-84.

第7章　議論することを支援する
　井下千以子 (2003a)「大学での学びを支援する表現指導を目指して―議論すること・書くことの指導を通して」『京都大学高等教育叢書』17, 38-74.
　井下千以子 (2003b)「学習方法としての議論に関する一考察―大学での学びを考える授業実践から―」『日本認知科学学会第20回大会論文集』370-371.

第8章　初年次の学生の学びを支援する
　井下千以子・松久保暁子 (2008)「桜美林大学基盤教育院における"学びのコミュニティ作り"―「大学での学びと経験」と「ブリッジスクール」―」『大学教育学会第30回大会論文集』90-91.

第9章　専門教養科目での学びを支援する
　井下千以子 (2003c)「心理学の授業における表現指導に関する検討―授業評価をもとに―」『日本心理学会第67回大会発表論文集』1225.
　井下千以子 (2003d)「文章表現活動を取り入れた大学の授業に関する研究(2)―授業での学びを深めるポートフォリオのデザイン―」『大学教育学会第25回大会発表論文集』98-99.
　井下千以子 (2006)「"Writing Across the Curriculum" の提案―自己の相対化を目指した教養科目心理学の授業デザイン―」『大学教育学会第28回大会発表論文集』140-141.

第10章　「転移」につながる文章表現教育
　書き下ろし

　以上の論文を掲載するに当たり、大学教育学会誌編集委員会、日本看護科学会誌編集委員会、日本看護協会出版会、慶應義塾大学看護医療学部長山下香枝子先生、京都大学高等教育研究開発機構センター溝上慎一先生に、掲載の許諾を得ている。

あ と が き

　筆者は、これまで大学の授業において「書く力考える力とは何か」を素朴に問い続けてきた。本書の後編は筆者の授業実践の記録である。
　私の授業は学生の心に届いているのだろうか。そう、自分に問いかけるとき、岡先生のことを思い出す。岡宏子先生は乳幼児発達心理学がご専門で、日本における女性心理学者の草分け的存在でいらした。また、定年退職後は、財団法人大学セミナーハウスの館長も務められた。
　私は岡先生ご退職少し手前の学生で、先生のもとで書いた卒業論文は「思考の発達過程に関する実験的研究— Piaget, Bruner, Kendler の理論に基づく実験の比較—」だった。ところが、岡先生は授業でピアジェの理論について体系的に語られるようなことはなく、授業はもっぱら「岡宏子がどのように育ったか」というようなお話で、毎回が講演会のような授業だった。それは「岡宏子の発達」心理学だった。
　では、先生は、ピアジェを語らずして授業で何をどう教えていらしたのか。私自身、発達心理学の授業を担当するようになってみて、あらためてそのユニークさに驚く。私は岡先生から心理学の基礎をどう学んだのか。
　岡先生は、授業にメモ帳のような小さな紙切れ１枚だけを持って現れる。紙切れには、その日の授業のキーワードのようなものが2, 3個並んでいるだけのようだった。私は授業にあれこれ準備（武装）して臨むのだが……。たとえば、いまは DVD で胎児の様子を見せることもできる。だが、当時はそんなものはなかったので、先生は学生たちの目の前で、ご自分の身体をくねくねと曲げて、胎児の様子をまねされることもあった。それが真に迫っていて本当の胎児のように見えてきて、私たち学生は「なんだか気持ち悪いよね」とこっそり失礼なことを言っていた。岡先生は、赤ん坊の泣き声も泣き分け

ることがおできになった。「生まれたばかりの新生児の泣き声」と「半年たった赤ん坊の泣き声」、「空腹でせっぱつまった泣き声」と「甘えて抱っこをせがむ泣き声」とを泣き分けてみせた。

　夏休み明けの授業では、cross-cultural-study として行かれたフィリピンの田舎の子育てや、東北の農村の子育てについて臨場感を持って語られた。もっこ（縄で編んだ網に綱をつけ、棒を通して運ぶ道具）に入れられた赤ん坊は、母親の農作業が一段落するまで、その傍らでたくあんのしっぽをペロリ、ペロリなめて待っている。母親は昼時になってやっと赤ん坊に乳を含ませることができる。子に乳を含ませる母親の安堵感に満ちた表情は、日本でもフィリピンでも変わらないものであったという。また、同じ日本ではあっても、都会と田舎では異なっており、都会の歪んだ母子関係についても厳しく指摘していらした。

　こうした話を何度も繰り返し聞かされた。「もう何べんも聞いたよね」と私たち学生は影で話していたのだが、岡先生はいつもまるで初めて話すかのように活き活きと「おもしろいでしょう」という感じで話をなさった。しかし、何十年経てもなお、東北の田舎の母子の光景がまるで私も見たことがあるように鮮やかに思い出せるのは、岡先生が人間の在り様を的確に伝えていたからに違いない。子が育つとはどういうことか。子を育てるとはどういうことか。人間が育っていくとはどういうことかを、ご自分が心理学者の目でご覧になった現実の姿として、比較研究の視点をしっかりと踏まえ、語られていた。

　岡宏子遺稿集に寄せられた東洋先生の追悼文には、次のようなエピソードが載せられている。「20年も前も学会のことです。私は当時やっていた大がかりなプロジェクトの成果について発表しました。その席に岡先生がおられ、「あなた自身の手でどれほどのデータを集めたのか」という意表をつく質問をされました。実際に本調査の面接や実験を実施したのは主に大学院生でしたので、そう答えたところ、岡先生は「データ集めはなるべく自分でやる、少なくとも立ち会うようにしなければ、安心して発表できるデータは得られない」と言われます。「そんなことをしていたら一般化が可能なケース数は集まらない」と不服でもあったのですが、正論ですからかぶとをぬぎました。その後、岡先生の発表で、赤ちゃんがどういう時にどういう声を出すかを真

に迫る実演で示されるのをうかがい、単に正論というだけでなく、一次資料に深く関わるのが先生の研究姿勢の基本なのだなと納得した次第です。この頃、単に統計的に処理するのではなく、ひとつひとつの資料にしゃぶりつくすような取り組みをしないと心理学は活性化されないのではないかと思うようになり、ひょっとするとあの時の一喝が一粒の麦のように私の脳裡に根を下ろしたのかなと思っています。」

　私は、岡先生のこうした研究姿勢やユニークな授業から、心理学というディシプリンを通して生身の人間の姿を捉えていくことのおもしろさ、奥深さ、そして難しさを学んだ。この経験は、私の研究観、教育観、人間観に少なからず影響を与えているように思う。

　本書では、大学における書く力考える力を「ディシプリンでの学習経験を自分にとって意味ある知識として再構造化する力」と定義している。この定義は心理学や高等教育研究の知見、授業者としての実践知から導き出されたものであるが、こうして学生時代を振り返ってみると、定義の背景には学習者としての私自身の経験もあったことに気づかされる。授業を通して教師と学生が向き合い、ディシプリンに学ぶことは、まさに大学における学びの真髄といえるのではないか。そうした学びを目指して、本書では「書く力考える力を育むこと」の重要性を主張し、それを筆者の授業実践として記述してきた。「書く力」とは、自分の認知を認知する「メタ認知」という「考える力」そのものであるから、書くという行為によって、ディシプリンでの学びは客体化され、自分と向き合うことができる。考える力を磨くことができる。学びをさらに深めることができる。そうした学びを学士課程カリキュラムに位置づけ、本書では専門教養科目の生涯発達心理学の授業実践などを例として示してきた。

　実践編の記載にあたっては、分かりやすく伝えるためにその様式にもこだわった。理由はFD（Faculty Development: 教授団の資質開発）にある。「書く力考える力を育むこと」には文章表現科目や基礎ゼミを担当する教員だけでなく、

専門教育も含めたすべての教員が、何らかの「書く課題」を出して関わっているはずであるから、そのことにひとりひとりの教員がどのように取り組んでいるか、どのように授業をデザインしているか、どのように指導しているか、相互に学びあうことによって、学士課程カリキュラムとして書く力考える力をどう育んでいけばよいかが見えてくるのではないか。そこには基礎教育と専門教育の分断はなく、教員間の理解と協力が必要となってくる。本当の Writing Across the Curriculum とはそういうことではないか。ただ単にどの授業でもレポートの書き方を取り入れればよいというわけではない。すなわち、そこでは FD が課題となる。教員間や大学間のネットワーク、学びあいが必要となる。本書が、そうした教員間の相互研修の資料として、また今後ライティングセンターの機能を考えていく資料として、ひとつのたたき台となれば幸いである。

　さて、本書をまとめるにあたってはさまざまな方々にお世話になった。
　第4章の看護記録教育研究会のメンバーは、山下香枝子先生（現慶應義塾大学看護医療学部長）、中村真澄先生（当時慶應義塾看護短期大学）、柴原宜幸先生（日本橋学館大学）、井下理先生（慶應義塾大学）、筆者であった。グループインタビューした結果は共著『思考を育てる看護記録教育－グループインタビューの分析をもとに』として出版された。山下先生には、看護教育では何が大切か、看護という営みがいかに奥深いものであるかということをお教えいただいた。特に、筆者は個人インタビュー調査、臨床実習の見学でも大変お世話になった。深く感謝申し上げたい。また、当時の慶應義塾大学病院の看護師のみなさま、慶應義塾看護短期大学の学生のみなさまにはインタビューにご協力いただいた。あらためて感謝申し上げたい。さらに、この研究には看護基礎教育に心血を注がれた中村真澄先生のご遺志が息づいている。
　第7章の「大学における学びの探求」では、学生と授業を創ることの醍醐味を経験することができた。共同授業者である溝上慎一先生（京都大学高等教育研究開発推進センター）には、授業を通して多くのことを学ばせていただいただけでなく、共同授業をおこなうにあたり、様々なご配慮をいただいたこと

に、あらためて深く感謝申し上げたい。京都と東京という距離は毎週授業をおこなうには遠く、中間玲子先生（現福島大学）、杉原真晃先生（現山形大学）はいつも力強く支えてくださった。そして、藤岡完治先生（当時京都大学）に感謝申し上げたい。先生はこれから一緒にやっていこうというときに病に倒れられた。心よりご冥福をお祈りしたい。

　他にも、本書は多くの先生方の学恩に浴している。お一人お一人、お名前を挙げてお礼を申し上げたい気持ちでいっぱいであるが、この場をお借りして厚くお礼申し上げることでお許しいただきたい。

　なお、本書は幸いにも桜美林大学学術出版助成を受けることができた。桜美林大学に心から感謝申し上げる。さらに、桜美林大学大学教育研究所所長の馬越徹先生には、出版助成の申請にあたりご推薦いただいた。心より感謝申し上げたい。

　また、昨今の厳しい出版事情の中、東信堂の下田勝司社長には、私の研究をご理解いただき、出版を快くお引き受けいただいた。拙稿は、図表も多く、その上に分かりやすい記載にもこだわって頁移動や差し換えなど直しも多く、編集には大変ご苦労をおかけした。読者に分かりやすいと思っていただけたとすれば、それは下田社長の寛容なお取り計らいのお陰である。あらためて心よりお礼を申し上げたい。

　最後に私事で恐縮であるが、最も近いところで私を理解し支えて続けてくれている家族に、心から感謝したい。

　　　2008年　盛夏

　　　　　　　　　　　　　　　　　　　　　　　　井下　千以子

事項索引

欧字

APA (American Psychological Association) style　　221, 228
CAT (Computer Assisted Thinking)　　58
Critical Thinking Across the Curriculum　　228
FD (Faculty Development)　　109, 190, 235
FYE (Firstman Year Experience)　　107, 185
LTD 話し合い技法　　110
MLA (Modern Language Association)style　　228
PBL (Problem Base Learning)　　58
PDCA サイクル　　89
PP (Paper Patient)　　71, 87
SP (Simulated Patient)　　71, 87
WAC (Writing Across the Curriculum)　　228
WID (Writing in Disciplines)　　228
WTL (Writing to Learn)　　228

ア行

アイディア・ユニット　　64
アイデンティティの確立　　205, 206
アイデンティティの再体制化　　210, 212, 213
アイデンティティの模索　　50, 201, 218
アイデンティティ論　　205
アカデミックキャリアガイダンス　　185
アカデミック・ジャパニーズ　　33
アカデミックスキル　　16
アカデミックな場　　201, 218
アカデミックライティング　　231, 234
足場作り　　80, 106, 127, 129
一般教養教育　　39
インタビュー・チャート　　61, 62, 63, 86

引用　　84, 223
桜美林大学　　18, 20, 107, 183, 185, 193, 201, 224

カ行

回顧的なインタビュー　　60
学士課程カリキュラム　　34, 50, 97, 98, 234
学士課程教育　　5, 33
学士課程の教育区分　　38
学習観　　8
学習環境のデザイン　　9, 29, 88, 104
学習技術　　21
学習技術型　　18, 19, 21
学習支援センター付属部門型　　232, 235
学習ツール　　80
学習の階梯　　84, 85
学習レポート　　106,
学生支援論　　224
学生による授業評価　　94, 96, 197, 215
書く力　　3 ほか
拡張専門科目 (Enriched Major)　　23, 24, 201
学部制から学群制へ　　185
学力低下問題　　13
過剰適応的行動　　211, 212
仮説　　30
仮説検証　　30, 224
仮説生成　　30, 224
カリキュラム　　9, 37, 49, 97
カリキュラムデザイン　　16, 17, 97
カリキュラムを越えて (across the curriculum)　　209, 218, 229
仮の概要　　116, 131, 161
考える力　　9, 20, 114, 185, 230

考えるプロセスを支援する	40, 112	研究のアイディア	190
看護学生の自律を促すメタ認知の発達段階モデル	78	研究レポート	106
		言語表現教育	33
看護技能取得の5段階モデル	84	現実自己	207, 208
看護記録	53, 54	現職を持つ社会人	220
看護記録教育研究	85	高次の転移	36, 90, 105
看護研究研修	220	高次の転移を促すメタ認知気づきのある学習環境モデル	91, 104
看護論	81, 82		
関西国際大学	18, 19	高次のモニタリング	78, 82
カンファレンス	80	高水準リテラシー教育	33
関連図	61, 86, 211	構想マップ	211, 212
キーワードや目次	116, 131, 161, 162	高等教育研究の鳥瞰図	27
基盤教育院	185	高度教養教育	39
客観的情報としての知識	6	国際基督教大学	50
キャリア教育	201, 218	個人インタビュー	60, 85
キャリア選択	206	ことばの教育	235
キャリア発達	83–85	ことばの力	49, 100
教員(授業者)の力量形成	31, 235	コピペ(コピー&ペースト)	44, 92, 187
協同学習	20, 29, 106, 111, 112, 117, 128, 140		
協同的な学習環境	80	**サ行**	
京都精華大学	18, 20, 231	挫折感	206
京都大学高等教育研究開発推進センター	107, 109, 133	自我同一性の確立	208
		思考の外在化	106, 112
京都大学大学院教育学研究科	107, 222	思考の可視化	106, 112, 128
教養	21, 47, 235	思考の道具	110
教養教育	23, 47, 114,	思考の変遷	140, 141
教養中心大学	232	自己概念の変容	206
記録様式の問題	70	自己コントロール	210, 211
議論すること	131, 140, 158, 166, 168, 195	自己との対話	110
グループインタビュー法	53, 60, 85	実践的展開力	224
グループ学習	110, 194	実践報告の自閉性	51, 52
慶應義塾大学	107, 112	就職活動	207, 208
形式技術重視訓練	3	主観的経験を通した知識	6
研究観の問い直し	236	授業アメーバ	48, 52, 98, 99
研究計画書	40	授業実践	51, 89, 104, 106, 109
研究者養成	224	授業者の実践知	30, 94
研究中心大学	232	授業ツール	108
研究と実践の往復	236	授業デザイン	16, 92, 104

授業哲学	53, 92, 94	大学授業ネットワーク	107
授業の核	99	大学職員	224
授業の方向性	99	大学での学び	4, 107, 183
授業の類型化（4類型）	40	大学での学びと経験	107, 185
授業の連続性	99	大学における学びの探求	107, 131
授業ベクトル	99	大学の教育力向上	235
授業を「創発」する	220, 225	大学の授業改善	94, 95
熟達者	54	大学の授業開発	93, 94
熟練看護師	82	大福帳	40, 46
主体的な学び	129, 168	他者との相対化	141
生涯学習	224	他者との対話	110
生涯発達心理学の授業	98, 201	他者の視線	173
初心者	54, 84	達人ナース	82, 84
初年次教育	7, 15, 39	脱文脈化した課題状況	80, 83, 90, 92
初年次支援プログラム	185	多人数の授業	194
調べ学習	178	玉川大学	18, 19
自律を促す	78, 91	チーム・ティーチング	19, 48, 231
心理学概論の授業	98, 193	チーム医療	58
心理学基礎実験の授業	43, 98	知識	3, 5, 6
心理学実験演習レポート	40, 43, 91	知識獲得	35
スーパーバイザー	230	知識基盤社会	4, 37
スタディチップス	190	知識構成	29, 32, 139
正課外活動	233	知識構成型ライティング	42, 45, 90, 105
生活綴り方教育	4	知識構成主義	29, 139
専門基礎型	18, 19, 21	知識叙述型ライティング	41, 90
専門基礎教育	7, 39	知識の教え込み	88
専門教育	39	知識の構造化	33, 41, 46, 48, 50
専門教養型	18, 19, 21	知識の再構造化	4, 104
専門教養科目	23, 24, 193, 201, 216	知識の質	39, 98
専門職養成大学	232	知識の積み上げ	8, 41
専門日本語教育	230	知識の広がり	39, 98
草創期	12, 13	知識の量	47
卒業論文	40	知へのステップ	18

タ行

		中年期の危機	210
大学アドミニストレーション研究科	224	チューター	20, 230, 231
大学教育センター付属部門型	232, 235	著作権	190
大学授業データベース	107	出会い	188-190
		ティーチング・ポートフォリオ	94, 95, 97

低次の転移	90, 93
低次のモニタリング	78
ディシプリン	7, 21, 22, 25, 196, 233
ディシプリンでの学習経験	4, 201
ディシプリンでの学び	195, 209
定性的研究	30
テーマの絞込み	112, 117
転移	8, 29, 36, 79, 219, 227
転移観	8, 35, 37
転換期	5, 12, 17
東京大学教養教育開発機構	230
当日ブリーフレポート	40, 46
導入教育	9, 38
投票システム	194
図書館マネジメント	222
富山大学	14, 50

ナ行

内観法	60
内定獲得	207
内容の構造化	135, 141, 180
内容の構造化法	167
仲間	188, 190
仲間を理解する力	185
名古屋大学	190
何でも帳	40, 46
認知カウンセリング	110
認知心理学	8
認知心理学の知見	104
ネットワークの形成	235

ハ行

発達段階	12
発達の5段階	13
発展期	12, 21
発話思考法	61
パデュ大学	228
ピアレビュー	19, 20, 131
比較モデル	194
批判すること	159
批判的	19, 83, 174, 185
批判的思考	58, 110
批判的に考える態度	188
批判的役割	79, 106
表現教養型	18, 20, 21
表現する力	185
表現のズレ	47, 53, 110
剽窃	187, 190
フィードバック	215
深い学び	7, 219, 220, 234, 236
俯瞰する力	224
俯瞰的な視点	223
普及期	12, 15
不正引用	186
プリセプターシップ	59
プレゼンテーション	155
プロセス重視	135, 141, 161
プロダクツ重視	135
プロトコル分析	60
プロフェッショナルアーツ型	232
文章産出研究	29
文章表現科目	15
文章表現教育	3
文章表現教育の3要素	21
文章表現教育の4類型	18, 21
分析カテゴリー	64
分節化と接続	49
方略モデル	42
ポートフォリオ	112, 132, 183, 193, 202
ポートフォリオ学習	141, 156
ポートランド州立大学	34

マ行

まとまり	49
学び確認レポート	107, 186, 202
学び経験レポート	107, 184, 186, 188, 189, 191

学び深化レポート	107, 186, 202, 209, 210	ラーニング・ポートフォリオ	94, 95, 97
学び探求レポート	107, 164, 178	ライティングセンター	229
学び手の主体性	88	ライティングセンター独立型	232, 235
学び手の理解	88	ライティングセンタープログラム	229
学びの経験の履歴	49	羅生門	101
学びの構造化のプロセス	132	羅生門的アプローチ	89, 101
学びのコミュニティ作り	185	リアリティの重視	141, 159, 172
学びの導入教育	133	理解の深化を促す課題	20, 40, 46, 202, 215
学び表現レポート	107	理想自己	207, 208
学びレポート	107	立教大学	50
マニュアル	82, 92	リフレクションシート	118, 131
ミニッツペーパー	40, 46	リベラル・アーツ・カレッジ	97
メタ認知	8, 29, 41, 42, 47, 70, 86, 94, 104, 110, 115	リベラルアーツ学群	185
		リベラルアーツ型	232
メタ認知的活動	110	リメディアル教育	9, 39
メタ認知的気づき	78, 79, 81, 90, 91, 95, 104, 218, 226	龍谷大学	230
		臨床実習記録	40, 43, 59, 77
メタ認知的知識	110	倫理観	190
メタ認知の段階的発達	77, 78	黎明期	12, 13
メッセージメモ	131	レジュメの書き方	40, 120, 154
目標規定文	112, 117, 121	レディネス	9
目標規定文の変容プロセス	122, 123	レポート執筆手引	203
モニタリング	8, 81, 82, 110	レポートの構想	112
モラトリアム	209	レポートの構造化	179, 180, 211
		レポートの成績評価	197

ヤ行

論理的思考　　　　　　　　　　58

有機的統合（連関）	49, 167, 209, 235	
ユニバーサル化	16	
幼児期	210, 211	
読み書き教育	13	
読み書きクリニック	229, 233, 235	

ワ行

ワークシート	112, 131, 183, 193, 198, 199, 202
早稲田大学国際教養学部	230

ラ行

人名索引

ア行

秋田喜代美	110, 115
渥美加寿子	55, 56
天野郁夫	26, 27, 31
荒井克弘	25
安西祐一郎	5, 47, 52
市川伸一	35, 111
井下理	60, 72
井下千以子	19, 33, 46-48, 100, 111, 113, 138
井部俊子	82
岩井邦子	54, 83
岩井洋	19
岩崎紀子	20
岩下均	49
ヴィゴツキー Vygotsky, L.S.	1, 116, 139
上野ひろ美	19
ヴォーン Vanghn, S.	60
内田伸子	47, 52, 110
宇佐美寛	32
宇田光	46
大島純	88, 93
大島弥生	19, 28, 48, 231
大谷尚	29
岡部恒治	13
長上深雪	230
織田揮準	46
小野原雅夫	19

カ行

海保博之	60
鹿毛雅治	28, 29
門倉正美	33, 231
金子元久	5, 23, 25
川上章恵	54
河口真奈美	58
川嶋太津夫	33
絹川正吉	23, 50, 97, 114
木下是雄	117, 170
木村紀美	58
楠見孝	19, 188
桑野タイ子	58
向後千春	14, 33, 50
後藤昌彦	19
小林信一	22, 25
子安増生	28, 31

サ行

佐伯胖	28, 36
佐藤郁哉	101
佐藤公治	139
佐藤勢紀子	52
佐藤東洋士	185
佐藤学	28, 49, 101
佐渡島沙織	229
三宮真智子	111
柴田翔	47
下山晴彦	28, 29
スカータマリア Scardamalia, M.	41
杉谷祐美子	15, 49, 97
杉原真晃	170
鈴木宏昭	19
関田一彦	111

タ行

高崎絹子	58

田口真奈 9
竹内英人 20
田島信元 106
舘昭 22, 32, 33
立花隆 13
田中毎実 39, 46, 52
塚本真也 19
土持法一 92, 95, 97, 190
筒井洋一 14, 19, 51
寺﨑昌男 5, 24, 97
ドレイファス Dreyfus, S.E. 84

ナ行

中村和夫 139
中村博幸 19
成田英夫 18
西研 20, 231
西垣順子 33, 51, 111
二通信子 231
野口勝三 18
野村廣之 20
野嶋久雄 28

ハ行

長谷川健治 19
波多野誼余夫 28
畑山浩昭 185
濱名篤 33
林茂 58
林創 111
日野原重明 55
兵頭俊夫 229
平野信喜 19

平山満義 28, 29
藤岡完治 89, 133, 170, 225
藤田哲也 18, 28, 29
藤村龍子 58
ブラウン Brown, A.L 110
フラベル Flavel, J.H 110
ブランスフォード Bransford, J.D.
79, 80, 82, 88
ブルーアー Bruer. J.T. 79
ブルーナー Bruner, J.S. 36
ヘイズ Hays, J.R. 110
ベナー Benner, P 81, 84, 85
ベライター Bereiter, C. 41
堀地武 13

マ行

松下佳代 49, 100
丸野俊一 19, 98
溝上慎一 28, 29, 52, 131, 133, 170
道田泰司 36, 51
三宅和子 18
村瀬晃 46

ヤ行

安岡高志 46
安永悟 111
山下香枝子 86
山田礼子 33
山本泰 229
吉倉紳一 14
吉崎静夫 93, 96
吉田文 34

著者紹介

井下　千以子（いのした　ちいこ）
聖心女子大学文学部教育学科心理学専攻卒業。日本女子大学大学院人間生活学研究科人間発達学専攻修了。博士（学術）。
現在、桜美林大学　心理・教育学系教授。同大大学院大学アドミニストレーション研究科兼任講師。同大基盤教育院アカデミックキャリアガイダンスディレクター。同大大学教育開発センター研究員。京都大学大学院教育学研究科非常勤講師。慶應義塾大学国際センター非常勤講師。
大学教育学会第1回奨励賞受賞。

主要著作

『高等教育における文章表現教育に関する研究―大学教養教育と看護基礎教育に向けて―』（風間書房, 2002）、『思考を育てる看護記録教育―グループインタビューの分析をもとに―』（共著，日本看護協会出版会，2004）、「学士課程教育における日本語表現教育の意味と位置―知識の構造化を支援するカリキュラム開発に向けて」（『大学教育学会誌』27(2)，97-106，2005）、「看護記録の認知に関する発話分析―「看護記録の教育」に向けた内容の検討」（『日本看護科学会誌』20(3), 80-91, 2000）ほか。

大学における書く力考える力──認知心理学の知見をもとに

2008年9月15日　　初　版第1刷発行　　　　　　　　　　〔検印省略〕

定価はカバーに表示してあります。

著者ⓒ井下千以子／発行者　下田勝司　　　　　印刷・製本／中央精版印刷

東京都文京区向丘1-20-6　　郵便振替00110-6-37828
〒113-0023　　TEL (03) 3818-5521　　FAX (03) 3818-5514
Published by TOSHINDO PUBLISHING CO., LTD.
1-20-6, Mukougaoka, Bunkyo-ku, Tokyo, 113-0023 Japan
E-mail : tk203444@fsinet.or.jp　　http://www.toshindo-pub.com

発行所　株式会社　東信堂

ISBN978-4-88713-863-6　C3037　ⓒ INOSHITA, Chiiko

東信堂

大学の自己変革とオートノミー——点検から創造へ	寺﨑昌男	二五〇〇円
大学教育の創造——歴史・システム・カリキュラム	寺﨑昌男	二五〇〇円
大学教育の可能性——教養教育・評価・実践	寺﨑昌男	二五〇〇円
大学は歴史の思想で変わる——FD・評価・私学	寺﨑昌男	二八〇〇円
大学改革 その先を読む	寺﨑昌男	一三〇〇円
大学教育の思想——学士課程教育のデザイン	絹川正吉	二八〇〇円
あたらしい教養教育をめざして——大学教育学会25年の歩み:未来への提言	大学教育学会25年史編集委員会編	二九〇〇円
現代大学教育論——学生・授業・実施組織	寺﨑昌男	二八〇〇円
大学における書く力考える力——認知心理学の知見をもとに	井下千以子	三二〇〇円
ティーチング・ポートフォリオ——授業改善の秘訣	土持ゲーリー法一	二〇〇〇円
IT時代の教育プロ養成戦略——日本初のeラーニング専門家養成ネット大学院の挑戦	大森不二雄編	二六〇〇円
模索されるeラーニング——事例と調査データにみる大学の未来	吉田文 田口真奈編著	三六〇〇円
一年次(導入)教育の日米比較	山田礼子	二八〇〇円
大学の授業	宇佐美寛	二五〇〇円
大学授業の病理——FD批判	宇佐美寛	二五〇〇円
授業研究の病理	宇佐美寛	二五〇〇円
大学授業入門	宇佐美寛	一六〇〇円
作文の論理——〈わかる文章〉の仕組み	宇佐美寛編著	一九〇〇円
学生の学びを支援する大学教育	溝上慎一編	二四〇〇円
大学教授職とFD——アメリカと日本	有本章	三二〇〇円
(シリーズ大学改革ドキュメント・監修寺﨑昌男・絹川正吉)		
立教大学〈全カリ〉のすべて	全カリの記録 編集委員会編	二一〇〇円
ICU〈リベラル・アーツ〉のすべて——リベラル・アーツの再構築	絹川正吉編著	三三八一円

〒113-0023 東京都文京区向丘1-20-6　TEL 03-3818-5521　FAX 03-3818-5514　振替 00110-6-37828
Email tk203444@fsinet.or.jp　URL:http://www.toshindo-pub.com/

※定価:表示価格(本体)+税

東信堂

大学再生への具体像	潮木守一	二五〇〇円
フンボルト理念の終焉？――現代大学の新次元	潮木守一	二五〇〇円
いくさの響きを聞きながら――横須賀そしてベルリン	潮木守一	二五〇〇円
国立大学・法人化の行方――自立と格差のはざまで	天野郁夫	三六〇〇円
大学のイノベーション――経営学と企業改革から学んだこと	坂本和一	二六〇〇円
30年後を展望する中規模大学	市川太一	二五〇〇円
大学行政論Ⅱ――マネジメント・学習支援・連携	近森節子 編著	二三〇〇円
大学行政論Ⅰ――もうひとつの教養教育	川森八郎 編	二三〇〇円
政策立案の「技法」――職員による大学行政政策論集	伊藤昇 編	二五〇〇円
大学の管理運営改革――日本の行方と諸外国の動向	江原武一 編著	三六〇〇円
教員養成学の誕生――弘前大学教育学部の挑戦	遠藤孝夫・福島裕敏 編著	三二〇〇円
改めて「大学制度とは何か」を問う	舘昭	一〇〇〇円
戦後日本産業界の大学教育要求――経済団体の教育言説と現代の教養論	舘昭	五四〇〇円
現代アメリカのコミュニティ・カレッジ――その実像と変革の軌跡	飯吉弘子 著	一〇〇〇円
アメリカ連邦政府による大学生経済支援政策	宇佐見忠雄	二三八一円
戦後オーストラリアの高等教育改革研究	犬塚典子	三八〇〇円
大学教育とジェンダー――ジェンダーはアメリカの大学をどう変革したか	ホーン川嶋瑶子	三六〇〇円
アメリカの女性大学：危機の構造	坂本辰朗	二四〇〇円
杉本和弘	五八〇〇円
〔講座「21世紀の大学・高等教育を考える」〕		
大学改革の現在〔第1巻〕	有本章 編著	三二〇〇円
大学評価の展開〔第2巻〕	山野井敦徳・清水正彦 編著	三二〇〇円
学士課程教育の改革〔第3巻〕	江原武一 編著	三二〇〇円
大学院の改革〔第4巻〕	馬越徹・舘昭 編著	三二〇〇円

〒113-0023 東京都文京区向丘1-20-6 TEL 03-3818-5521 FAX 03-3818-5514 振替 00110-6-37828
Email tk203444@fsinet.or.jp URL:http://www.toshindo-pub.com/

※定価：表示価格（本体）＋税

東信堂

書名	副題	著者	価格
グローバルな学びへ	協同と刷新の教育	田中智志編著	二〇〇〇円
教育の共生体へ	ボディ・エデュケーショナルの思想圏	田中智志編	三五〇〇円
人格形成概念の誕生	近代アメリカの教育概念史	田中智志	三六〇〇円
ミッション・スクールと戦争	立教学院のディレンマ	前田一男編	五八〇〇円
教育の平等と正義		大桃敏行・中村雅子・後藤武俊・D・ラヴィッチ著/末藤・宮本・佐藤訳	三二〇〇円
学校改革抗争の100年	20世紀アメリカ教育史	D・ラヴィッチ著/末藤・宮本・佐藤訳	六四〇〇円
大学の責務		立川明・坂本辰朗・D・井ノ上ヒロ子訳著	三八〇〇円
フェルディナン・ビュイッソンの教育思想	第三共和政初期教育改革史研究の一環として	尾上雅信	三八〇〇円
洞察＝想像力	知の解放とポストモダンの教育	市村尚久	三八〇〇円
教育的思考のトレーニング		D・スローン著/早川操監訳	三八〇〇円
文化変容のなかの子ども	経験・他者・関係性	高橋勝	二三〇〇円
進路形成に対する「在り方生き方指導」の功罪	高校進路指導の社会学	相馬伸一	二六〇〇円
「学校協議会」の教育効果	「開かれた学校づくり」のエスノグラフィー	望月由起	三六〇〇円
学校発カリキュラム	日本版「エッセンシャル・クエスチョン」の構築	平田淳	五六〇〇円
再生産論を読む	ブルデュー、ボールズ=ギンティス、ウィリスの再生産論	小田勝己編	二五〇〇円
教育と不平等の社会理論	再生産論をこえて	橋本健二	三三〇〇円
階級・ジェンダー・再生産	現代資本主義社会の存続メカニズム	小内透	三二〇〇円
オフィシャル・ノレッジ批判		小内透	三二〇〇円
新版 昭和教育史	天皇制と教育の史的展開	野崎・井口・小暮・池田監著 M・W・アップル著	三八〇〇円
地上の迷宮と心の楽園	保守復権の時代における民主主義教育	久保義三	一八〇〇円
〔コメニウス〕〔セレクション〕		J・コメニウス／藤田輝夫訳	三六〇〇円

〒113-0023 東京都文京区向丘1-20-6
TEL 03-3818-5521　FAX03-3818-5514　振替 00110-6-37828
Email tk203444@fsinet.or.jp　URL:http://www.toshindo-pub.com/

※定価：表示価格（本体）＋税

東信堂

比較教育学——越境のレッスン	馬越徹	三六〇〇円
比較・国際教育学	石附実 編	三五〇〇円
比較教育学——伝統・挑戦・新しいパラダイムを求めて	M・ブレイ編著 馬越徹・大塚豊監訳	三八〇〇円
世界の外国人学校	末藤・宮田・新藤美津子編著	三八〇〇円
教育から職業へのトランジション——若者の就労と進路職業選択の教育社会学	山内乾史編著	二六〇〇円
ヨーロッパの学校における市民的社会性教育の発展——フランス・ドイツ・イギリス	武藤孝典・新井浅浩編著	三八〇〇円
世界のシティズンシップ教育——グローバル時代の国民/市民形成	嶺井明子編著	二八〇〇円
市民性教育の研究——日本とタイの比較	平田利文編著	四二〇〇円
アメリカの教育支援ネットワーク——ベトナム系ニューカマーと学校・NPO・ボランティア	野津隆志	二四〇〇円
アメリカのバイリンガル教育——新しい社会の構築をめざして	末藤美津子	三三〇〇円
多様社会カナダの「国語」教育（カナダの教育3）	関口礼子・浪田克之介編著	三八〇〇円
ドイツの教育のすべて	マックス・プランク教育研究所・木戸・長島監訳	一〇〇〇〇円
国際教育開発の再検討——途上国の基礎教育普及に向けて	小川啓一・西村幹子・北村友人編著	二四〇〇円
中国大学入試研究——変貌する国家の人材選抜	大塚豊	三六〇〇円
大学財政——世界の経験と中国の選択	呂煒編 成瀬龍夫監訳	三四〇〇円
中国の民営高等教育機関——社会ニーズとの対応	鮑威	四六〇〇円
「改革・開放」下中国教育の動態	阿部洋編著	五四〇〇円
中国の職業教育拡大政策——背景・実現過程・帰結	劉文君	三八〇〇円
中国の後期中等教育の拡大と経済発展パターン——江蘇省と広東省の比較	呉琦来	三八二七円
中国の高等教育拡大と教育機会の変容	王傑	三九〇〇円
バングラデシュ農村の初等教育制度受容	日下部達哉	三六〇〇円
タイにおける教育発展——国民統合・文化・教育協力	村田翼夫	五六〇〇円
マレーシアにおける国際教育関係——教育へのグローバル・インパクト	杉本均	五七〇〇円

〒113-0023 東京都文京区向丘1-20-6
TEL 03-3818-5521　FAX 03-3818-5514　振替 00110-6-37828
Email tk203444@fsinet.or.jp　URL:http://www.toshindo-pub.com/

※定価：表示価格（本体）＋税

東信堂

《未来を拓く人文・社会科学シリーズ〈全14冊〉》

科学技術ガバナンス	城山英明編	一八〇〇円
ボトムアップな人間関係――心理・教育・福祉・環境・社会の現場から	サトウタツヤ編	一六〇〇円
高齢社会を生きる――老いる人/看取るシステム	清水哲郎編	一八〇〇円
家族のデザイン	小長谷有紀編	一八〇〇円
水をめぐるガバナンス――日本、アジア、中東、ヨーロッパの現場から	蔵治光一郎編	一八〇〇円
生活者がつくる市場社会	久米郁夫編	一八〇〇円
グローバル・ガバナンスの最前線――現在と過去のあいだ	遠藤乾編	二三〇〇円
資源を見る眼――現場からの分配論	佐藤仁編	二〇〇〇円
これからの教養教育――「カタ」の効用	葛西康徳・鈴木佳秀編	二〇〇〇円
「対テロ戦争」の時代の平和構築――過去からの視点、未来への展望	黒木英充編	一八〇〇円
企業の錯誤/教育の迷走――人材育成の「失われた一〇年」	青島矢一編	一八〇〇円
千年持続学の構築	桑子敏雄編	二三〇〇円
日本文化の空間学	木村武史編	一八〇〇円
多元的共生社会を求めて	宇田川妙子編	続刊
紛争現場からの平和構築――国際刑事司法の役割と課題	城山英明・石田勇治・遠藤乾編	二八〇〇円

〒113-0023　東京都文京区向丘1-20-6
TEL 03-3818-5521　FAX03-3818-5514　振替 00110-6-37828
Email tk203444@fsinet.or.jp　URL:http://www.toshindo-pub.com/

※定価：表示価格（本体）＋税

東信堂

責任という原理――科学技術文明のための倫理学の試み	H・ヨナス／加藤尚武監訳	四八〇〇円
主観性の復権――心身問題から『責任という原理』へ	H・ヨナス／宇佐美公生・滝口清栄・레・レングロク訳	二〇〇〇円
空間と身体――新しい哲学への出発	H・レンク／山本・盛永訳	三五〇〇円
環境と国土の価値構造	桑子敏雄	二五〇〇円
森と建築の空間史――南方熊楠と近代日本	桑子敏雄編	三五〇〇円
感性哲学1～8	千田智子	四三八一～二六〇〇円
	日本感性工学会感性哲学部会編	
メルロ＝ポンティとレヴィナス――他者への覚醒	屋良朝彦	三八〇〇円
堕天使の倫理――スピノザとサド	佐藤拓司	二八〇〇円
〈現われ〉とその秩序――メーヌ・ド・ビラン研究	村松正隆	三八〇〇円
省みることの哲学――ジャン・ナベール研究	越門勝彦	三二〇〇円
バイオエシックス入門（第三版）	今井道夫・香川知晶編	二三八一円
バイオエシックスの展望	松井昭・岡悦子編著	三二〇〇円
動物実験の生命倫理――個体倫理から分子倫理へ	大上泰弘	四〇〇〇円
生命の神聖性説批判	H・クーゼ／飯田亘之代表訳	四六〇〇円
カンデライオ（ジョルダーノ・ブルーノ著作集１巻）	加藤守通訳	三二〇〇円
原因・原理・一者について（ジョルダーノ・ブルーノ著作集3巻）	加藤守通訳	三四〇〇円
英雄的狂気（ジョルダーノ・ブルーノ著作集7巻）	加藤守通訳	三六〇〇円
ロバのカバラ――ジョルダーノ・ブルーノにおける文学と哲学	N・オルディネ／加藤守通訳	三六〇〇円
哲学史を読むⅠ・Ⅱ	松永澄夫	各三八〇〇円
食を料理する――哲学的考察	松永澄夫	二〇〇〇円
言葉の力（音の経験・言葉の力第Ⅰ部）	松永澄夫	二五〇〇円
音の経験（音の経験・言葉の力第Ⅱ部）――言葉はどのようにして可能となるのか	松永澄夫	二八〇〇円
環境 安全という価値は…	松永澄夫編	二〇〇〇円
環境 設計の思想	松永澄夫編	二三〇〇円
環境 文化と政策	松永澄夫編	二三〇〇円

〒113-0023　東京都文京区向丘1-20-6
TEL 03-3818-5521　FAX03-3818-5514　振替 00110-6-37828
Email tk203444@fsinet.or.jp　URL:http://www.toshindo-pub.com/

※定価：表示価格（本体）＋税

東信堂

【世界美術双書】

バルビゾン派	井出洋一郎	二〇〇〇円
キリスト教シンボル図典	中森義宗	二三〇〇円
パルテノンとギリシア陶器	関 隆志	二三〇〇円
中国の版画――唐代から清代まで	小林宏光	二三〇〇円
象徴主義――モダニズムへの警鐘	中村隆夫	二三〇〇円
中国の仏教美術――後漢代から元代まで	久野美樹	二三〇〇円
セザンヌとその時代	浅野春男	二三〇〇円
日本の南画	武田光一	二三〇〇円
画家とふるさと	小林 忠	二三〇〇円
ドイツの国民記念碑――一八一三―一九一三年	大原まゆみ	二三〇〇円
インド・アジア美術探索	永井信一	二三〇〇円
日本・アジア美術探索	袋井由布子	二三〇〇円
古代ギリシアのブロンズ彫刻	羽田康一	二三〇〇円

【芸術学叢書】

芸術理論の現在――モダニズムから	藤枝晃雄編著	三八〇〇円
絵画論を超えて	谷川 渥	四六〇〇円
幻影としての空間――東西の絵画	尾崎信一郎	三七〇〇円
図学からみた	小山清男	
美術史の辞典	P・デューロ他 中森義宗・清水忠訳	三六〇〇円
図像の世界――時・空を超えて	中森義宗	二五〇〇円
バロックの魅力	小穴晶子編	二六〇〇円
新版 ジャクソン・ポロック	藤枝晃雄	二六〇〇円
美学と現代美術の距離 ――アメリカにおけるその乖離と接近をめぐって	金 悠美	三八〇〇円
ロジャー・フライの批評理論――知性と感受	要 真理子	四二〇〇円
レオノール・フィニ――境界を侵犯する新しい種	尾形希和子	二八〇〇円
イタリア・ルネサンス事典	J・R・ヘイル編 中森義宗監訳	七八〇〇円
キリスト教美術・建築事典	P・マレー/L・マレー 中森義宗監訳	続刊
芸術/批評 0〜3号 藤枝晃雄責任編集		一六〇〇〜二〇〇〇円

〒113-0023 東京都文京区向丘1-20-6
TEL 03-3818-5521　FAX 03-3818-5514　振替 00110-6-37828
Email tk203444@fsinet.or.jp　URL:http://www.toshindo-pub.com/

※定価：表示価格（本体）＋税